Perfect Digital Cinematography

デジタル撮影技術
完全ブック

田中一成
Kazushige Tanaka

東京藝術
大学出版会

デジタル撮影技術 完全ブック
CONTENTS

はじめに ……………………………… 8

第1章 映像機器の変遷
(a) フィルムからデジタルキャメラへ ……… 10
(b) 機材の変遷 ……………………………… 10

第2章 基礎知識編

1．光
(a) 光の特性 …………………………… 14
(b) 光と可視光線 ……………………… 15
(c) 紫外線 ……………………………… 15
(d) 赤外線 ……………………………… 16

2．色温度
(a) 色温度とは ………………………… 18
(b) 色温度の設定 ……………………… 19
(c) ホワイトバランス ………………… 20
(d) 色温度計(カラーメーター) ……… 20
(e) ミレッド値 ………………………… 22

3．色彩
(a) 色 …………………………………… 23
(b) 三原色と補色 ……………………… 24
(c) 加法原色と減法原色 ……………… 24
(d) 色の表示 …………………………… 25

4．アナログ映像とデジタル映像
(a) アナログ映像とデジタル映像 ……… 27
(b) アナログからデジタルへの変換 …… 28
(c) コンピューター処理 ………………… 28
(d) 撮影素子(センサー) ………………… 29
(e) デジタルキャメラの構造 …………… 30
(f) デジタル圧縮 ………………………… 31

5．デジタル撮影
(a) デジタルキャメラの規格 …………… 33
(b) センサーのサイズと画素数 ………… 34
(c) 総画素数と有効画素数 ……………… 34
(d) ガンマ ………………………………… 35
(e) インターレスとプログレッシブ …… 36
(f) ドロップフレームとノンドロップフレーム … 37
(g) ゼブラパターン ……………………… 38
(h) ピーキング …………………………… 38

Perfect Digital Cinematography

(i) ニーとニー・アパチャー ……………… 39
(j) 輪郭補正 ……………………………… 40
(k) ブラックガンマとブラックレベル …… 41
(l) ピクチャープロファイル ……………… 41

6. 記録素材
(a) SDカード …………………………… 43
(b) コンパクトフラッシュカード ………… 44
(c) 記録モードの選び方 ………………… 44

7. 露出計
(a) 露出計と18%グレー ………………… 45
(b) 入射式露出計 ………………………… 46
(c) 反射光式露出計 ……………………… 48
(d) EV値 ………………………………… 49
(e) 計測する …………………………… 50

8. 露出とイメージコントロール
(a) 露出を決める3つの要素 …………… 51
(b) 絞り値とシャッタースピード ………… 51
(c) ISO感度 …………………………… 53
(d) オート露出と露出補正 ……………… 54
(e) 適正露出とアンダー、オーバー露出 …… 55

9. レンズ
(a) レンズの基礎知識 …………………… 56
(b) レンズの画角変化 …………………… 57
(c) 標準レンズ、広角レンズ、望遠レンズ …… 58
(d) 特殊なレンズ ………………………… 59
(e) 焦点距離 …………………………… 60
(f) 焦点深度、被写界深度を決める3つの要素 … 60
(g) 過焦点距離 ………………………… 63

10. 照明
(a) 反射素材 …………………………… 65
(b) 反射鏡面の形状と反射光 …………… 65
(c) HMIライト ………………………… 66
(d) LEDライト ………………………… 66
(e) 蛍光灯ライト ……………………… 67
(f) タングステンライト ………………… 68
(g) 光源の色分布と演色性 ……………… 68

11. 照明光の4要素
(a) 光色 ………………………………… 70
(b) 光質 ………………………………… 70
(c) 方向性 ……………………………… 70
(d) 光量 ………………………………… 70

12. 3灯照明
(a) キーライト ………………………… 71
(b) バックライト ……………………… 71
(c) フィルライト ……………………… 72
(d) その他のライトの種類 ……………… 72

13. 人物へのキーライト
(a) ブロードライティング ……………… 73
(b) レンブラント ……………………… 73
(c) ループ ……………………………… 74
(d) スプリット ………………………… 75
(e) バタフライ ………………………… 75

14. 照明比と画面の印象
(a) 照明比 ……………………………… 75
(b) ローキートーン …………………… 75
(c) ハイキートーン …………………… 76

第3章
テクニック編

1.映像の基礎知識
(a) 映画のアスペクト比 …………………78
(b) テレシネ変換とフィルムスキャン ………79
(c) キネコとフィルムレコーディング ………80

2.画面サイズ
(a) 画面サイズの種類 ……………………81
(b) カットの種類 …………………………82
(c) ショットの種類 ………………………84
(d) イマジナリーラインの理解 ……………85

3.映画撮影の基礎的パターン
(a) フィックス ……………………………90
(b) パン …………………………………91
(c) ティルト ………………………………91
(d) ズームアップ、ズームバック …………92
(e) トラックアップ、トラックバック ………92
(f) フォロー ………………………………93
(g) フレームイン、フレームアウト …………93
(h) フォーカスイン、フォーカスアウト ……93
(i) 手持ち ………………………………93

4.キャメラテスト
(a) 画面サイズの決定 ……………………94
(b) 全体のルックを決める ………………94
(c) キャメラの選択 ………………………94
(d) 機材チェック …………………………96
(e) フレームテスト ………………………96
(f) レンズの選択 …………………………97
(g) ピン打ち ……………………………99
(h) ダイナミックレンジ …………………100
(i) 人物のテスト ………………………102
(j) エフェクトテスト ……………………105
(k) キャメラテスト ………………………105

5.Log(ログ)の撮影
(a) ログの概念 …………………………109
(b) デジタル・インターミディエート ……110
(c) Log カーブ …………………………110
(d) Lut (Look up table) ………………113
(e) 各社のログカーブの比較 …………114
(f) Rawでの撮影 ………………………115

6.キャメラフィルター
(a) NDフィルター ………………………116
(b) 偏光フィルター ……………………117
(c) エフェクトフィルター ………………118
(d) カラーコンバージョンフィルター ……119
(e) 色温度補正フィルター ……………119
(f) CCフィルター ………………………119
(g) 白黒フィルター ……………………121

7.デジタル撮影の画像
(a) 解像度 ……………………………122
(b) 階調 ………………………………123

8.動画の構図
(a) 基本的な構図 ……………………124
(b) 動画における構図 …………………127

9.レンズの収差
(a) ザイデルの5収差 …………………128
(b) 色収差 ……………………………133
(c) レンズの構成 ………………………135

Perfect Digital Cinematography

10. 光質のコントロール
- (a) 直接照明 ……………………… 137
- (b) 間接照明 ……………………… 139

11. 照明用フィルター
- (a) 色温度変換用フィルター ……… 140
- (b) 光質変換フィルター ………… 141
- (c) 色彩効果用フィルター ………… 141
- (d) 光量変換用フィルター ………… 141
- (e) 蛍光灯補正用フィルター ……… 142

12. 時間帯、季節感の表現　142

13. モニター
- (a) モニターの役割 ……………… 145
- (b) 波形モニター ………………… 146
- (c) ベクトルスコープ …………… 147
- (d) ヒストグラム ………………… 147

14. 撮影時のトラブル
- (a) 小絞りボケ …………………… 149
- (b) フリッカー現象 ……………… 149
- (c) フラッシュバンド …………… 149
- (d) ブロックノイズ ……………… 149
- (e) ゲインアップノイズ ………… 149
- (f) ローリングシャッター現象 … 149
- (g) 白トビ ………………………… 149
- (h) 黒つぶれ ……………………… 150
- (i) 手ブレ ………………………… 150
- (j) オートフォーカス誤作動 …… 150
- (k) レンズ補正不対応 …………… 150

第4章 映像表現編

1. 劇映画の撮影
- (a) 撮影前の機材チェック ……… 152
- (b) クランクイン ………………… 153
- (c) 劇映画の露出計測 …………… 154
- (d) 劇映画のフォーカス送り …… 155
- (e) 劇映画の注意事項 …………… 156
- (f) 撮影後の機材手入れ ………… 158

2. ライティングの様々な考え方
- (a) 3灯照明 ……………………… 158
- (b) ソース・ライティング ……… 159
- (c) アベイラブル・ライティング … 160
- (d) プラクティカル・ライティング … 161
- (e) モチベーテッド・ライティング … 162
- (f) 動く光によるライティング … 162

3. 特機
- (a) クレーン ……………………… 164
- (b) リモートヘッド ……………… 164
- (c) ドリー ………………………… 165
- (d) 移動車 ………………………… 165
- (e) ミニジブ ……………………… 167
- (f) イントレ ……………………… 167
- (g) ステディカム ………………… 168
- (h) モビ、ローニン ……………… 168
- (i) その他の特機 ………………… 169

4. 印象的なイメージ
- (a) 日常から学ぶ灯り …………… 171
- (b) 朝のイメージ ………………… 171
- (c) 昼のイメージ ………………… 172
- (d) 夕方のイメージ ……………… 173
- (e) 夜のイメージ ………………… 175

5. ハイスピード撮影と微速度撮影
(a) 駒落としと微速度撮影(タイムラプス)…177
(b) 微速度撮影の方法と考え方 …………180
(c) 微速度撮影の計算 ……………………181
(d) ハイスピード撮影 ……………………182
(e) 「中学生円山」における微速度撮影………184

6.「探偵はBarにいる」の撮影と照明
(a) 昼間のロケセット……………………185
(b) 昼間のロケーション…………………187
(c) 夕方のロケセット……………………189
(d) 夜のロケーション……………………190
(e) 夜のロケセット………………………192

第5章 撮影現場

1. 撮影準備
(a) 撮影者の役割 …………………………196
(b) 撮影設計 ………………………………196

2. ロケハン ……………………………197

3. 撮影スタッフ
(a) 撮影助手 ………………………………198
(b) 照明部 …………………………………199
(c) 特機部 …………………………………199

4. 照明機材の選択
(a) ロケーションでのライト選択 ………200
(b) セットでのライトの選択 ……………200
(c) ロケセットでのライトの選択 ………203
(d) グリップ機材、アクセサリーの選択……205

5. 東京藝大大学院映像研究科 映画専攻の実習から 207
(a) 作例集……………………………………210

索 引 ……………………………………217

Perfect Digital Cinematography

はじめに

　デジタル技術の発達によって、映像は多様になって来ました。映画やTVをはじめインターネットを利用したブロードバンドなどが急速に発展して、スマホでも映像が見える時代になっています。デジタル技術はそういった視聴環境に寄与して来ましたが、私が関係する映像製作においても大きな変化をもたらしています。

　かつて映画がサイレントからトーキーになり、モノクロからカラーに変わって来たように、フィルム撮影からデジタル撮影に変わって来ました。映像製作のツールとしても撮影の表現技術においても飛躍的に向上してきたのですが、最大の変化は安価で映像が製作されるようになったことです。

　そして志があれば誰でも映画監督、映像作家になることが出来、撮影者も例にもれずカメラを手にすればキャメラマンとして映像製作に参加し、自由に映像を撮影できます。しかし、そういった撮影者が更に表現方法を磨くには、何処かで撮影技術を学ぶ必要が出て来ると思います。

　本書は、映像を学ぶ学生をはじめ、そういった映像の撮影を学ぶ人達に向けて書いたつもりです。

　デジタル撮影は技術的には新しいものもありますが、半分以上の撮影技術はフィルム撮影からの伝承です。本書は、著者が長い間フィルム撮影の現場に従事した経験とデジタル撮影の現場で得た知識の中から、参考にして欲しい項目を中心にまとめてあります。内容は基礎知識、テクニック、映像表現、撮影現場、そして私が教鞭をとっている学生の作品の解説などに分かれています。

　この本を書くきっかけは、映像を大学で教えはじめたとき、デジタル撮影と照明に関して参考書的な書物を探したのですが、この分野での技術書が見つけられなかったことにあります。

　フィルムに関しての撮影を解説したものはあるのですが、デジタル撮影に関しての専門書は殆ど見つからず、映像の照明に関しては、概論や機材を説明している本は有りましたが、具体的な映像の照明技術を解説した書物は皆無だったのです。

　そういった経緯のなかで、自分の経験と知識を纏めてみようと思い立った訳です。当然のことながら、本書の解説は私の経験と知識に基づいたものですから、取り上げた撮影や照明の方法は無限にある方法の中の一つであることを前提にして読んで欲しいと思います。

　嘗て私は、映画監督の今村昌平氏が設立した横浜放送映画専門学院（現日本映画大学）に2年間在籍していました。その時にキャメラマンの佐藤昌道先生の講義を記録したノートが有り、撮影助手やキャメラマンになった頃にも撮影の参考にしていました。学生時代は理解できなかった事柄も多かったのですが、年月が経つに連れて徐々に理解が及ぶようになり、今でも大切にしています。

　本書が、映像を志す若い人達にとってそういった存在になれば、私にとってこれ以上の喜びはありません。

【第1章】

映像機器の変遷

(a) フィルムから
　　デジタルキャメラへ

　映画は100年以上に渡ってフィルムで撮影が行われて来ました。19世紀の末にジョージ・イーストマンがセルロイドで出来たフィルムを発売し、それをエジソンが35mmのフィルムの左右にパーフォレーションという穴を開けて動画用フィルムを完成させ、映画の歴史が始まりました。

　映画のフィルムを見れば分かりますが、縦に1駒ずつ画像が連なっていて、この画像を連続して動かすことにより、人間の感覚ではあたかも動いて見えます。このような視覚の特性を利用して映画ができています。

　最初はサイレント映画で、秒16駒で撮影映写されていましたが、映画に音がついたトーキー映画になると秒24駒になりました。

　映画は現在もこのときの駒数で撮影、映写されています。

　初期のフィルムキャメラの構造は、レンズ、フィルム間欠輪動装置（ムーブメント）、フィルムマガジンですが、キャメラが箱型だったので、その中にフィルムを収める形でした。この基本構造は100年あまり不変です。

　大きく変わったのは動力供給部で、最初はクランクによる手回し駆動でしたが、ゼンマイモーターでの駆動を経て電動モーターへと変わったことで撮影の精度が向上しました。

　レンズは精度が上がりましたが、基本的には変わっていません。その構造はデジタルキャメラになっても引き継がれていて、映画初期のキャメラと比べてみると、唯一変らないで残っている部分です。

　今世紀に入ってから徐々にデジタルキャメラによる撮影が増えはじめ、今では大半の映画、TVの撮影がデジタル撮影になっています。

　デジタルキャメラの構造は、レンズを通した像を電気信号に変換するためのCCDやCMOS、電気信号を録画機構や外部へ出力するための信号処理機構、音声信号の処理機構、メディアに記録する記録機構から成っています。

　CCDに関しては3枚利用して記録する方式と1枚のCCDを利用する単板キャメラがあり、それぞれ機構が異なっています。3枚CCDを利用するデジタルキャメラの構造は、1935年に開発されたテクニカラー方式[*1]のキャメラと同じ構造で出来ていて、技術が伝承されていることを感じます。

　フィルムからデジタルになっていった原因は、コストの問題が一番だと思います。初期のデジタルキャメラの性能は決してフィルムを凌駕するほどのクオリティを持っていなかったのは事実です。最近4Kや8Kの画質が話題になっていますが、未だにフィルムのクオリティを超えたという声が聞こえてこないのです。とはいえ、本書ではこのデジタルキャメラについての解説をして行きます。

(b) 機材の変遷

　私が初めてデジタルキャメラを使ったのは映画「ゼブラーマン」[*2]でソニーのHDWF900Rでした。センサーは2/3型220万画素の3-CCD、パソコンでガンマカーブを作った事を覚えています。当時ファインダーは、カラーの画像を撮影するというのに白黒でした。フォーカスが見やすいという理由らしく、殆どのビデオキャメ

---

*1　特別なカメラを使用し被写体をプリズムで分解し、赤青緑それぞれのフィルターを通した画像を別々に3本のモノクロフィルムへ同時に記録し、その後「ダイ・トランスファー方式」で1本の映写用フィルムを作成すると言う方式
*2　映画「ゼブラーマン」三池崇史監督、哀川翔主演のヒーロー物、2003年封切り

【第1章】▶ 映像機器の変遷

ラは白黒のファインダーだったようです。

　白黒の映画の頃は、カラーのファインダーで白黒を撮影していたのですから、不思議な現象です。

　それから数年でF23、F35が発売され、F35ではセンサーも大きくなり放送用に使われていた2/3インチのサイズからスーパー35mmフィルムに相当する大きさのCCDで、被写界深度を浅くでき[*3]、シャロウフォーカスの画面も作れるようになりました。

　このキャメラは映画「少年メリケンサック」[*4]で使いました。ファインダーがカラーになっていて大変な進歩だ、と私は思いました。

　他にもS-Logという露光を対数で記録する方法により、ネガフィルムのようなガンマカーブを使い、デジタル撮影がフィルムの階調に近づくきっかけになりました。

　S-Logに限らずLogを利用したガンマは、広

---

*3　ピントが合う範囲少ないこと
*4　映画「少年メリケンサック」監督・宮藤官九郎、主演・宮崎あおいのコメディ。2009年封切り

　いラチチュードと黒付近の色再現性の高さを生かし、白トビや黒つぶれのない階調が表現できるようになりました。

　後継機としてF55が発表された頃には、総画素数約1,160万画素で有効画素数約890万画素に増えて解像度も改善し、ラチチュードも14Stopに広がりました。

　2018年頃に出たVENICEという機種では、感度もISO500とISO2,500のデュアル感度設定が出来るようになり、ラチチュードも15ストップに増えています。

　フレームも更に広がり、サイズも36.2×24.1mmのライカ判の大きさになり、総画素数約2,470万画素、有効画素数約2,440万画素に増えました、今後はラージフレームへの方向に向かっているようです。

　民生のキャメラにおいても4Kが当たり前になって来つつあり、機種によってはHDRに対応した物もあります。

　画像圧縮技術の進歩から高効率と高画質を両立したXAVC[*5]をはじめ、更にHEVC[*6]など幅広い記録フォーマットになり、民生機でも有効画素数約1,400万画素の機種もあります。

　これは単純に画素数だけ考えますと、映画「ゼブラーマン」の220万画素をはるかに上回っています。

　このようにデジタル技術の進歩は目覚ましく、我々撮影者も新しい撮影技術や感性を磨くだけではなく、機材の進歩にも対処していかなければなりません。

＊5　高画質4KとHD映像の新たなビデオフォーマット
＊6　H.265のことでH.264/MPEG-3AVC後続の動画圧縮規格

【第 2 章】

基礎知識編

1. 光

　光とは粒子と波の両方の性質を持った電磁波の一種のことを言います。人間の目は光の種類と強さを認識し区別ができます。撮影者にとって光の原理を知った上で、「光」を操ることは映像を操る事につながり、撮影の原点です。

(a) 光の特性（図2-1）

（ア）光は空気中、水中、ガラスの中、宇宙空間などの遮るものが無くムラがない均質な媒質の中では真直ぐに進みます。
（イ）水とガラス、空気と水など媒質の異なる物質の境界に光が斜めに差し込んだときには折れ曲がる性質があります。同じ空気でも熱い空気と冷たい空気、同じ水でも真水と砂糖水というようなわずかな性質の差があれば同じ現象が起こり、これを屈折といいます。
この現象は成分の違うガラスをレンズの構成部分に使うことにより様々な特性を持つレンズを作ることに応用されています。
（ウ）光は凸凹のない鏡や不透明な面に当たったとき、当たる角度と同じ角度で反射します。光の当たる表面がざらざらした面では乱反射になり、つるつるでなめらかな面では鏡反射になります。
（エ）光が透明な媒質の境界面に当たったときに起こる現象に反射、透過、吸収の3つがあり、反射は前述の通りです。
● 透過とは、反射しなかった光の一部が媒質の内部を通過する現象です。
● 吸収とは、反射しなかった光の一部が媒質の内部を通過するとき別の媒質に変換される現象です。
例えば透明なプラスチックに光が当たったとき、全ての光が透過するわけではなく反射、吸収も同時に起こっているということです。
（オ）2つの光が重なり合うことで光が強くなったり弱くなったりする現象を干渉と言います。
（カ）光が伝播するときに障害物の後方に回り込む現象を回折と言います。堰き止めておいた水を流すとまっすぐ流れるだけではなく、堰き止めていた堰の裏側にも水が回り込むような現象です。
（キ）光の強さは光源からの距離の2乗に反比例します。例えば照明の光源から1m離れた場所の光量は、2m離れた場所では同じ光源からの光量が1/4になるということです。

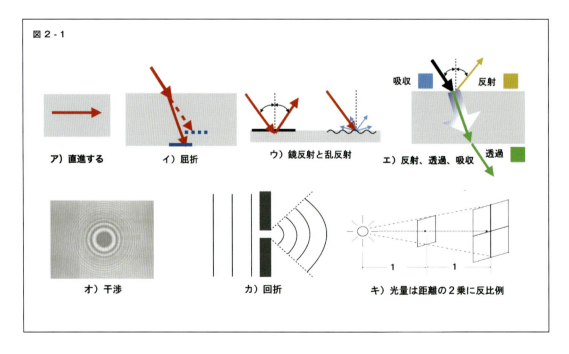

図2-1

【第2章】▶ 基礎知識編

(b) 光と可視光線　（図2-2／図2-3）

　人間の眼は電磁波の波長のおよそ380nmから780nmの波長域を認識し、これを可視光線と呼びます。

　電磁波は周波数が低い（波長が長い）方から順に、電波、赤外線、可視光線、紫外線、エックス線、ガンマ線などに分類されていて、可視光線は電磁波の中のごく一部であることがわかります。

　可視光線の代表は太陽光です。その太陽光をプリズムに通すと赤、橙、黄、緑、青、藍、紫と虹のような連続した色の帯となって現れます。この色の帯をスペクトルと言い、我々の眼は、これらの異なる波長が混合されたものを白色光として感じているのです。

(c) 紫外線（Ultra-violet sensitive）
（図2-4）

　紫外線は紫色よりも波長が短い不可視光線です。

　天気の良い日に海辺や標高の高い山で撮影すると、太陽の当たっている部分は通常と変わらないのですが、UVフィルター[*1]無しで撮影すると日陰部分は眼では感じない青みがかった像として撮影されます。これは可視光域外の紫外線をセンサーが感じているのです。

　夜のバーなど視覚効果の一種としてブラックライト[*2]でライティングされた場所があります。その様なシチュエーションで撮影するとき厄介なのは、ブラックライトの光源である紫外線は波長が365nm付近にあり、人間の眼に感じることが出来ません。衣装などに含まれる蛍

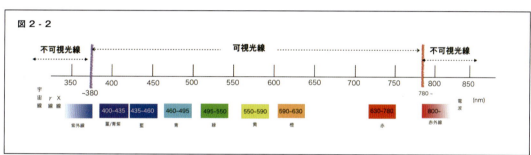

図2-2

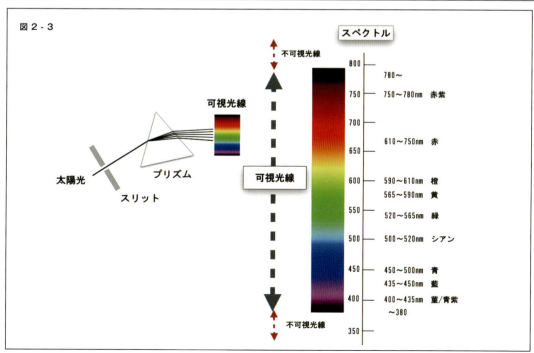

図2-3

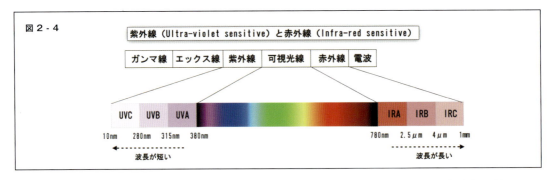

図2-4

光色だけがブラックライトに反応するだけなので、照明された光の効果がわからないことで、撮影者は結果を予測できず非常に不安です。

そういったブラックライトでライティングした被写体を撮影する機会が映画「中学生円山」[*3]のオープニングシーンでありました。妄想のシーンなので、ブラックライトを使い、他のシーンと差別化したい狙いがあったのです。撮影ではそれを強調するため、登場人物の衣装に蛍光色の含有率が多い白い衣装を提案し、ブラックライトでライティングしました。

筆者の台本には入射1/12、反射2/3とデータを記していたのですが、あまりに暗かったので少しだけ普通のライトを当てて不安を解消した覚えがあります。

(d) 赤外線 (Infra-red sensitive)
（写真2-5）

赤外線は赤色光よりも波長が長い不可視光線です。

夜間でも被写体に気付かれることなく撮影できる赤外線撮影は野生動物の観察などに用いられています。

赤外線撮影に効果をもたらす近赤外線は760nm〜1400nmで、紫外線と同じように春から夏の季節が日射量が多く、時間帯では午前10時〜午後2時くらいが一番強く照射されています。

赤外線による撮影の最大の難点は、不可視光である赤外線の規則性を見いだすのが難しく、被写体や環境によって出来上がる映像は予測不能のため、思ったような映像を得ることが極めて難しいのです。

赤外線による映像の撮影はフィルムを使った撮影でもIRフィルター[*4]を使って行われて来ました。ピントを合わせる位置が可視光線とは違うことや現像するまで結果が判らず、相応の経験値が必要だったのですが、デジタル撮影が主流となった現在は画像もその場で確認でき、格段に撮影が簡単になりました。

市販のIRフィルターを使えばある程度赤外線撮影のような効果を得ることはできるのですが、肝心の近赤外線領域の光がカメラに装着されているIRカットフィルターによりカットされてしまうため、それを解除できる機構を持つカメラが必要で、単にIRフィルターを入れても赤外線画像の面白さを持った映像は得られません。

デジタル撮影の初期の頃、戸外での撮影では濃いNDフィルターを使用して撮影していました。ところがファインダー上では気付かなかった人物の顔色や黒い服が思ったより赤色を感じ

---

*1 紫外線をカットするフィルター
*2 紫外線を放射するライトで315〜400nmの波長を持つ
*3 2016年東映系で封切り。監督・宮藤官九郎、主演・草薙二郎、遠藤憲一のコメディ映画
*4 赤外線用の可視光を取り除くフィルター

【第2章】▶ 基礎知識編

ていることをグレーディングの時点で気づいたのです。後にこの現象はセンサーが赤外線域まで反応していた影響だとわかりましたが、濃度の濃いフィルターほど赤外域のカットが甘くなっていたのです。最近ではその影響を避けるためIR.NDフィルターという確実に赤外域をカットするフィルターを使うようになり、こういった現象にも対処できるようになりました。

キャメラのセンサーも人間の目と同じ光の範囲を記録できれば良いのですが、可視光線の外側にある赤外線と紫外線にも反応することから、様々なフィルターをセンサーの前に置いて可視光線以外を除去しようとしていますが、完全には補正できていません。

写真2-5はストレートな可視光線での写真（上部2枚）とIRカットフィルターを解除できるキャメラ（参考写真はPanasonic AG-EVA1を使用）で、レンズに590のIRパスフィルターを用いて撮影されたものです。下3段の写真は赤外線撮影された素材をカラーシフトした後のグレーディングの違いによる比較画像で、非常に個性的な色を出しています。

写真2-5

写真提供　©2018 palette

2. 色温度

同じ太陽の光でも朝日や夕日が昼間の太陽の色と違うことや、曇天や雨の日の光の色も晴天の昼間とは違うということは感じていると思いますが、普段あまり意識をしない白色光源でも全て同じ色合いではありません。

この光源の光の色合いを数値で表すために色温度という考え方があります。

(a) 色温度とは （図2-6／表2-7）

物理学では、外部からの光エネルギーを完全に吸収し全てのエネルギーを100％放射するという理想的な物体（黒体）を想定し、それを熱していったときに赤→黄→白→青白と色が変わっていき、それぞれの光の色を数値で示したものを色温度と定義しています。単位は絶対温度を表すK（ケルビン）が使われています。

では、なぜ色を温度で表すのでしょうか？それは、ある物体を高温で熱したときの「光の色」を言うのに「温度」との関係で表すことを採用していたからです。我々撮影者が理解している色温度とはそれぞれの光源が発している光の色を便宜的に数値で表現する尺度であり、実際の温度ではありません。

また光源の温度や明るさとも関係が無く、色温度の数値差は肉眼による色差とは全く一致しませんが、色温度の逆数[*5]は肉眼の感覚色差と一致しています。

そして、炎の色が高温になるほど青く見えることから、暖色系は色温度が低く寒色系は色温度が高いのです。こうしてあらゆる光源に色温度いくつという風に当てはめて考えられているのです。

主な照明光源下の色温度は米国のワシントン州が基準となっていて、朝日や夕日の色温度は概ね2,000 Kであり、普通の太陽光線は5,000～6,000 K、澄み切った高原の空の太陽の光はおおよそ6,800 Kと言われますが、同じ太陽光でこれだけの違いが出るのは天空光（直射日光以外の光）の青色がかなり色みに影響しているからです。

図2-6

| 低い | 赤みが増す | 色温度 | 青みが増す | 高い |

| 2000K | 3000K | 4000K | 5000K | 6000K | 7000K | 8000K |
| 日の出、日没 ろうそくの炎 | 白熱電球 | 蛍光灯 | 太陽光 | | 曇天 | 晴天日陰 |

表2-7

主な照明光源の色温度

灼熱した鉄	鈍い赤	800K
ろうそくの炎		1,850K
家庭用タングステン球		2,400K
50W		2,509K
100W		2,865K
500W		3,190K
真夏の日光直射最大		5,800K
（米ワシントン州が基準、以下も）		
普通の昼の日光		5,500K
正午の青空の反射	12,000～27,000K	
青空の反射と日光の反射		6,800K
日の出、落日（水平線際）		3,200K
早朝の日光（日の出後30分）		4,300K
カラー撮影用電球		3,200K
ハロゲン電球		3,200K
高輝度カーボンアーク		5,500K

＊5　ミレッド値のこと。後述

【第2章】▶ 基礎知識編

(b) 色温度の設定 （図2-8）

人間の目は明るさだけに適合するのではなく、この色温度にも適合していて、その見え方を自然な色調と人間は感じ取っているのです。デジタルキャメラはこのように自然に適合させることができませんので、撮影に際して我々自身がいずれかの色温度に設定することが必要です。

基本的にどのキャメラにも色温度を設定する項目があり、「白いものを白く見せる」という目的のために色温度を撮影条件下での色温度に合わせるのです。

基本的には**タングステン**の光源に適合させる**3,200K**に設定するか、**デイライト**の光源に適合させる**5,600K**に設定し、この2つに設定して撮影する場合が大半です。

タングステンの光源とは家庭の裸電球やスタジオでの照明の場合で、この設定を選び色味が正しく自然に見えるようにします。

デイライトの光源とは昼間の光源のことで、この設定にすると昼の戸外での撮影では自然な色味になります。

色温度を設定せずに撮影するとどうなると思いますか？例えばこの設定を忘りキャメラをデイライト設定のままタングステン光源下で撮影すると、撮影された画面は**赤味**を帯びた映像になり、逆にタングステン設定でデイライト光源下に撮影された画面は**青味**を帯びた映像になります。

撮影後に色を修正することは可能ですが、余分な時間を費やすことになりますので、出来るだけ事前にキャメラの色温度を設定しておくことが望ましいと思います。

色温度を正しく設定しないと自然な色が出ないことを利用して、意識的にある色を強調したり、または実際と違う色になるようにするなど映像表現上の効果を出すために狙いによって異なった色温度に設定して利用することもあります。

人にはそれぞれ暖色系、寒色系など色そのものが持つイメージがあり、普通の色調で撮影された映像では納得出来ないことがあります。そこで、強調したい色を出すときに少しだけ色をずらすなどの操作をすると狙いどおりの撮影ができることがあります。

これは映像では寒暖や味覚、恐怖、高低など人間の感情を写すことが難しいことから、プロの撮影者はいつも何かしらの工夫を凝らすのですが、そういったときに色調は大きな働きをするのです。

具体的には、紅葉、夕陽、ろうそくの灯、暖かい室内などは赤味を強く表現することで実際より美しく感じることや、夜明け前、冬景色、寒々しい風景、氷などは青味を実際より強く表現することで寒さや時間を表現することに役立ちます。

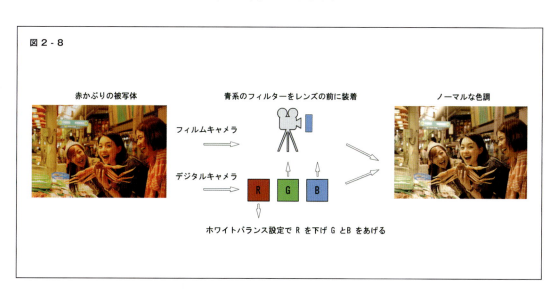

図2-8

(c) ホワイトバランス（図2-9）

　今はデジタル処理が簡単にできる様になり、丁寧に色温度を設定しなくても、撮影したものを後処理で調整すればいいのでは？と思われる方もいると思います。しかし、極端な露出オーバーで白トビした画像をあとで救えないのと同じで、ホワイトバランスも極端にズレてしまった場合自然な色合いに戻すのは難しく根気のいる作業になってしまいます。

　日常の光源は常に一定というわけではありません。朝夕や曇りの日など、天候や時間帯により色温度は変化します。そういった色温度の変化に対応する機能が、デジタルキャメラには備わっています。

　フィルムキャメラでは、色温度による色かぶりはフィルムの種類を変えたり色温度変換フィルターを使用して対処していましたが、デジタルキャメラでは、設定ひとつで色温度による被写体の変化を自動的に補正する、ホワイトバランス調整という機能があり、これを自動的に行うのがオートホワイトバランスです。

　これはキャメラ内部の設定でホワイトバランスを自動的に「補正する」という考え方です。例えば夕焼けのような赤味が強いショットのとき、キャメラが色温度が低いことを感知すると補正機能は映像が正しい色調になるように働きます。

　色温度が高い青味がかったシーンでは、補正機能が青味を打ち消すように働き、高い色温度の映像を正しい色調になるように働くのです。

　このようにキャメラ内部の補正が、自動的に正しい色温度へ変換されることで困ることが起こります。雰囲気が作られた場所にいた人が、自動的に色温度が変換された画像を見た場合、何かが違うと感じて違和感を持つことです。このように人のイメージと正しい色味に撮影することは違う意味を持つことになります。従って、オートの設定を使う場合は条件を選ぶ必要があります。

　それ以外の条件ではキャメラの設定をマニュアルホワイトバランスで基準となる色を撮影するモードに設定することを勧めます。

　マニュアルホワイトバランスを設定するには、白い紙を画面いっぱいに撮影することで、その場に応じた最適なホワイトバランスが設定できます。

　しかし無彩色の汎用的な白い紙だと思っても正確には青・黄など他の色が混ざっていることも有ります。より正確にホワイトバランスを決めたい場合、反射率18%のグレーカードと呼ばれる無彩色のグレーを使用することで、撮影時の光に応じて最適なホワイトバランスを設定することができます。この反射率18%は、入射光や反射光式露出計で「適正露出」を決めるために、現実世界の平均的な反射率を求めた数値です。

(d) 色温度計（カラーメーター）

（写真2-10／写真2-10A）

　光源の測定は光の強さと分光組成を測るのが一般的で、そのうちの分光組成を測定、即ち色

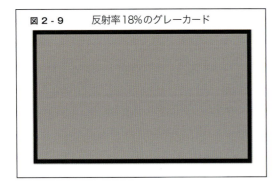

図2-9　反射率18%のグレーカード

写真2-10

色温度計（カラーメーター）

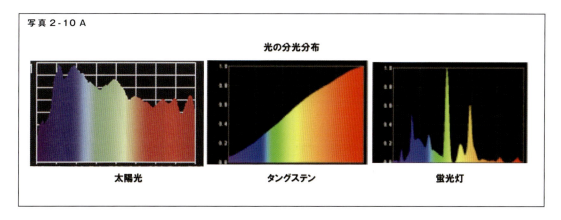

写真2-10A

温度を測定する計測機器が色温度計（カラーメーター）です。

　色温度の測定だけではなく、色温度の補正値の計算、可視光内の光に含まれる色の成分の分光分布、演色評価数[*6]の測定など光源の管理を行います。光源色の把握から正しい色の認識が始まり、光の色を表す値として「色温度」がK（ケルビン）という単位で表記されます。

　人間の目は色温度に左右されることは少なく自動的に補正をしますが、キャメラは色温度の設定が異なった光源下では正しい発色は得られません。そこで、色温度計は正確な色温度を求めるため380nm〜780nmの可視光波長域で分光測定を行い、従来使われてきたフラッシュ光、定常光照明、タングステン光やHMIのみならず、近年撮影現場で増加しているLEDや蛍光灯などの光源の測定も可能になっています。

　最近の色温度計は光の成分であるスペクトルの分光分布も測定できることから、色々なライトの光源成分も可視化出来ることで分光分布グラフを表示することができます。

　グラフを見ると。太陽光はスペクトルの欠落した色もなく理想的な光源であることがわかり、タングステンの光源は赤方向にバランスが偏って見えますが欠けた波長が無いことがわかります。

　蛍光灯には「白色」、「昼白色」、「昼光色」など色々な波長のバランスを変えた製品がありますが、どのタイプの蛍光灯でも明るさを感じる黄緑色成分が多く、これを撮影すると画面が緑がかって見える、緑かぶりという現象になります。色温度計を使って計測すると、こういった緑かぶりを事前に知ることもでき、その時の補正値を表示する機能も有ります。

　こういった理由から撮影する前には光源の色温度を調べる必要があります。映画の撮影現場では数多くのライトを同時に使うため、それぞれのライトの色温度を測定しキャメラの色温度を基準にして、CTBやCTOのコンバージョンフィルターで細かく色温度を補正しています。人物がライトによって顔色が違うとおかしなことになりますので、そういったことのないようにするためです。

　このように動画や写真において正しく色を再現するためには、色温度を把握しキャメラの色温度を正しく設定する必要と、光源の演色性も同時に考える必要があり、そのために色温度計が必要とされているのです。

＊6　CIE標準光源の演色再現性を数値化したもの

(e) ミレッド値（表2-11）

撮影の際の微妙な色温度補正を行うには、光源の色温度をミレッド値（MRD）[*7]という数値に変換します。その値と、デジタルカメラで設定された色温度のミレッド値との単純な引き算によって選択されたフィルターを用いて補正を行うことができます。

色温度とは別に、このようなミレッドといった別の尺度が使われる理由は、同じ色温度差でも色温度の低い状態では色の変化が大きく、高い状態では小さく表されてしまい、数値的な変化が一定ではないからです。その点ミレッドでは、例えば10MRD変われば色温度の高低に関わらず一定量だけ色が変わり、光色の差をあらわしたり色温度変換能力を示したりするのに便利だからです。

例えば同じ100Kの違いでも6,000Kあたりで

表2-11

ミレッド値　(Mired : micro reciprocal degree)

ケルビン	ミレッド値	ケルビン	ミレッド値	ケルビン	ミレッド値
2,000	500	4,100	244	6,200	161
100	476	200	238	300	159
200	455	300	233	400	156
300	435	400	227	6,500	154
400	417	4,500	222	600	152
2,500	400	600	217	700	149
600	385	700	213	C　6,740	149
700	370	800	208	800	147
800	357	B　4,870	205	900	145
A　2,854	350	900	204	7,000	143
900	345	5,000	200	7,500	133
3,000	333	100	196	8,000	125
100	323	200	192	8,500	118
(T)　3,200	313	300	189	9,000	111
300	303	400	185	9,300	108
400	294	(D)　5,500	182	9,500	105
3,500	286	600	179	10,000	100
600	278	700	176	A：CIE A光源	
700	270	800	172	B：CIE B光源	
800	263	900	170	C：CIE C光源	
900	256	6,000	167	T：タングステンタイプ	
4,000	250	100	164	D：デイライトタイプ	

[*7] 色温度の逆数を10^6倍した数値。10^6/色温度＝ミレッド

【第2章】▶ 基礎知識編

は変化はほとんどありませんが、3,000K付近では100Kの違いで光色が大きく変わります。キャメラやライトの色温度を変化させる目的で使用するLB（ライトバランシング）フィルターの色温度変換はミレッド値で表示されていて、容易に計算することができます。

> （例）ライトの5,500Kと6,000Kの色温度差と3,200Kと3,700Kの色温度差をミレッド値に換算[*8]すると、
> $10^6/6,000 - 10^6/5,000 ≑ 166.7-181.8 = -15.1$
> $10^6/3,700 - 10^6/3,200 ≑ 270.3-312.5 = -42.2$
> となります。

つまり5500Kと6000Kの差は－15.1MRDなのに、3200Kと3700Kの差は－42.4MRDあります。このようにミレッド値を使うとはっきりとした数字で表せるのです。

これらの光源の色温度を揃えるには、プラスの値のときは色温度を下降させるアンバー系のフィルターを使用し、マイナスの値では色温度を上昇させるブルー系のフィルターを使用します。

3. 色彩

(a) 色 （図2-12）

色にもそれぞれに表情があり、その表情を創り出しているのが色の三属性と呼ばれる色相、明度、彩度といった要素の組合わせです。

色相（Hue）は赤、黄、緑、青、紫といった色味の違いを表します。

明度（Value）は色の明るさの度合いを表します。

彩度（Chroma）は色の鮮やかさ、或いは色の純度を表します。

色の三属性はこれらのどれか1つが変化しても他の2つは影響を受けません。これは色の三属性が互いに独立しているということで、色の世界は「三次元空間」で表されるのです。

すべての色は大きく分けると無彩色と有彩色の2つに分ける事ができますが、白、灰色、黒は、明度で区別されるのみで色味が無く、色相と彩度を持ちません。これを無彩色と言います。それ以外の色は色味があり、色相、彩度、明度の三属性すべてを持ちます。これを有彩色と言います。

有彩色はそれぞれ人の心理に与える特性を持っていて、暖色系や寒色系といった呼び方も

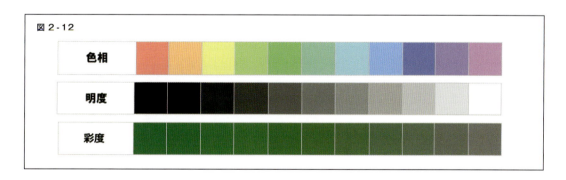

図2-12

---

*8 計算は色温度の高い方から低い方へ行う。

あります。これは撮影照明の観点からは重要な意味を持っていて、例えば暖色の赤系の色調は温かさや危険の象徴、寒色の青系の色調は冷たい、寒い、落ち着きなど、言葉で説明しなくともそのシーンの狙いを感じさせます。

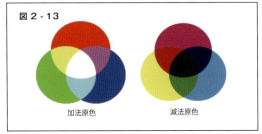

図2-13

(b) 三原色と補色

（図2-13／図2-14／図2-15）

有彩色の中で各色相ごとに、最も彩度の高い色を純色といい、純色の中で他の色との混合で作り出せない色のことを原色と言います。「原色」とは、他の色を混合することで作り出すことの出来ない色のことです。

色の再現には加法原色と減法原色の2種類があり、加法原色は色光どうしの混合を扱い、原色はRed（赤）・Green（緑）・Blue（青）の3色です。減法原色では光が物質を透過や物質表面で反射するときの関係を扱い、原色はC（シアン）・M（マゼンタ）・Y（イエロー）の3色です。

原色に対してその反対色としての補色があります。加法原色で補色とは「合わせて白になる関係の色」或いは「白から、或る色を取り除いたときに残る色の関係」のことです。

減法原色の補色は「合わせて黒になる関係の色」或いは「黒から、或る色を取り除いたときに残る色の関係」のことです。

図2-15を見ると加法原色と減法原色は重ねるとピッタリ補色の関係になっていることがわかります。

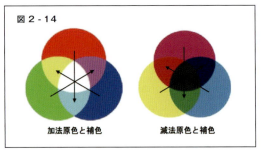

図2-14

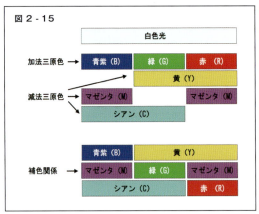

図2-15

(c) 加法原色と減法原色 （図2-16）

図2-14を見ると加法原色(R・G・B)の混合で減法原色(C・M・Y)を、減法原色の混合で加法原色が出来ています。加法・減法三原色は常に純色です。

加法原色で白いスクリーンに3色を別々に投影していくと全ての色光が重なり合ったところは白くなりますが、2色の光が混ざりあったと

ころには新しいシアン、マゼンタ、イエローの色が生じます。この原理を利用してカラーテレビ、コンピュータモニター、ステージ照明などで色を表現しています。

撮影前にモニターに使用するカラーバーは、この原理から原色とその補色が混合された色を利用して、色の再現具合が正確かどうかモニターでチェックしています。

図2-16の減法原色の混合ではそれぞれの補色が吸収されて結果的にC、M、Yが残ります。原色の2色が混合されたとき、双方の補色が吸収されR、G、Bが生成されます。3色全てが混合されたとき全て吸収され黒になります。

光が物体に当たった時、その物体の特性によって特定の波長のみが反射され、それ以外の波長はその物体に吸収され、人の眼には反射さ

【第2章】▶ 基礎知識編

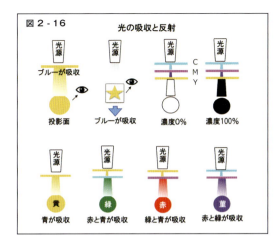

図2-16 光の吸収と反射

れた光だけがその物体に特有の波長の光となって届き、それがその物体の色として認識されるのです。物体に吸収された光は、物体色の補色です。補色部分が吸収されるから物体色が残るということです。

物体に吸収された波長成分は熱エネルギーに転化します。従って黒い物ほど太陽の熱を吸収しやすいということで、夏に白い服装が多いのはそう言った理由があります。

デジタルカメラの色調は撮影された色を三原色に分解し、それぞれの原色ごとの成分として記録し、再生では記録された三原色を混ぜ合わせて元の色を作り出しています。この混合具合が各カメラメーカーによって微妙に異なることにより、カメラの色再現が変わってくるのです。

減法原色のマゼンタという色は、スペクトルに含まれていませんが、短波長域のブルーと長波長域のレッドをそれぞれ同じ割合で混合することで得られます。

(d) 色の表示

色相、明度、彩度に具体的に目盛りをつけていくと、色を特定して表示することができます。例えば赤と一口にいってもトマトの色も赤、口紅も赤と多くの赤がありますが、どれも違う色のはずです。このような場合に色を特定することが求められ、さまざまな特定表示の方法が存在します。

① **マンセル表色** (Munsell color system)（図2-17）

マンセル表色系は、色彩を色相、明度、彩度の3つの属性でとらえ、それを三次元の空間に配置したものです。

色相 (Hue) は、R（赤）、Y（黄）、G（緑）、B（青）、P（紫）の5色相を円環上に等間隔に置き、その間にYR（橙）、GY（黄緑）、BG（青緑）、PB（青紫）、RP（赤紫）を配し、更にその間を10色相に分割し、全部で100色相になっています。

明度 (Value) は、理想の黒を0、理想の白を10とし、間を11段階に区切ります。ただし色票（色見本）では理想の黒や理想の白は作れませんので、現実の色票では、白は9.5、黒は1の値を用います。無彩色に関してはニュートラルのNを使用し、N5やN7など、明るさのみで表します。

彩度 (Chroma) は、無彩色を0とし色味を増すごとに数字を増やしていきます。最初は一番鮮やかな色を10としていましたが、今は蛍光

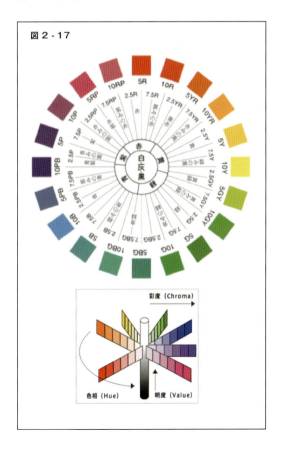

図2-17

25

色などの出現で改訂されており、それ以上の数字もあります。色相ごとにこの彩度の最高値は変わります。

この三属性を含めて図示したものを<u>マンセルの色立体</u>と呼びます。色相環の中心に軸を想定しその上下方向が明度を示し、軸の底が黒、頂上が白です。また軸からの距離が彩度を示し、外側に行くほど鮮やかな色になり、上に行くほど明るくなります。色相、明度により彩度の範囲は異なるため、全体がいびつな形をしています。

マンセル表色系は色を直感的にわかりやすく指定できるという特徴があります。しかし、光を含まないので、他の色を混合しても赤、緑、青の三原色は出来ないことや、鮮明な色が出来ないなどがあります。撮影は光を扱いますから、この点ではマンセル表色の表示には不満ですが、デジタル映像における色彩の考え方も、基本的に<u>マンセル色環</u>と同じで、これら3要素の属性を電気信号に変えて表示している器具が<u>ベクトルスコープ</u>です。

② **CIE XY色度図** （図2-18／図2-19）

これは、1931年にCIE（国際照明委員会）で標準表色系として承認された色の特定表示の方法です。

この表色系のすばらしい点は、<u>光の色（光源色）も数字で表す</u>ことができる点です。マンセル表色系では物体色は記号で表せますが、光源色は表すことができません。

このXYZ表色系の考え方と表示法は、フィルム撮影はもちろんのこと、光と色を操る人たちにとって重要であると言えます。色は混色

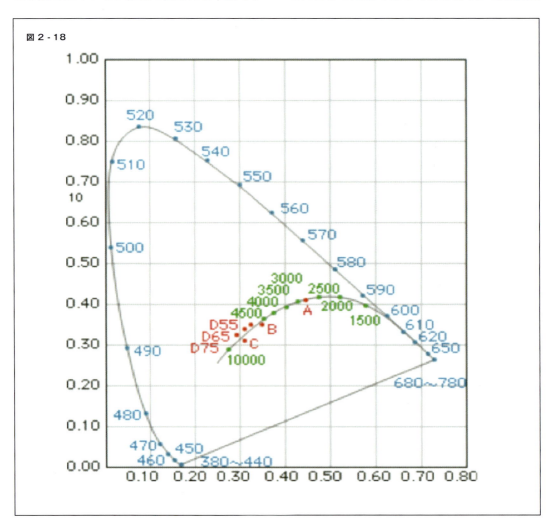

【第2章】▶ 基礎知識編

比で表されるので、x + y + z = 1（100％）となりますがxとyが解ればzの値も解るので、あえてZの表示をせずXY色度図と呼びます。XY色度図は色相と彩度を表し明るさに相当するものは表していません。

x軸の「x = 0.33」のところは赤みの混色量が33％であることを示し、y軸の「y = 0.33」のところは緑みの混色量が33％であることを示します。この位置の近くは、残りのzも約0.33になりR、G、Bの混色の結果は色度図のC（色温度6,774K）の白色点と呼び、最も低彩度（無彩色）となる部分です。

釣鐘状に湾曲している部分はスペクトル軌跡と呼び、赤・橙・黄・緑・青・藍・青紫といった色相の違いを表しています。直線上の部分は純紫軌跡と呼び、スペクトルに含まれない紫と赤紫、またその混色の部分を表しています。中心の白色点から周辺に向かうにしたがって低彩度から高彩度へと移行し、彩度の違いを表しています。

この色軌跡の上で、点Aはタングステン電球の光（色温度2,865K）、点Bは太陽の光色温度点Cは青空からの光（色温度6,774K）で、これらの光は国際照明委員会CIEが標準の光として定めたものです。

4. アナログ映像とデジタル映像

(a) アナログ映像とデジタル映像

（図2-20）

図2-20はフィルムのセンシトメトリーカーブのアナログ表示とデジタル表示の例を表していて、アナログ映像はこのカーブのように連続した濃度差で画像を記録しています。

一方、デジタル映像では、明るさの段階を段階的な数値でこのカーブのように表しますが、中間の明るさを表現することができません。

デジタル情報というのは「0か1」という2種類の記号だけで何かを表す方法で、たとえば0と1だけでは2つの情報しか表せないとしても桁数を増やしていけば表現できる情報数も多くなっていきます。そして何度コピーしても元の情報を損なうことがありません。コピーしてもなぜ劣化しないのかというと、デジタル画像の情報が「0」と「1」の2つの数値しか扱っていないからです。

アナログ画像の場合、画素の明るさは黒から白まで連続した情報ですからどんな中間の明るさでも表すことができます。しかしこれらをコピーする場合、元画像と完全同一なものを得ることは難しく、保管する間にも画像品質が経年劣化してしまいます。

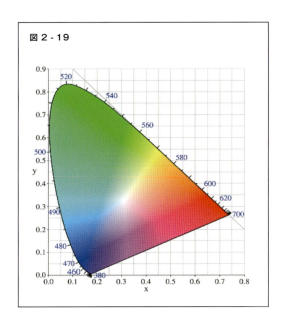

図2-19

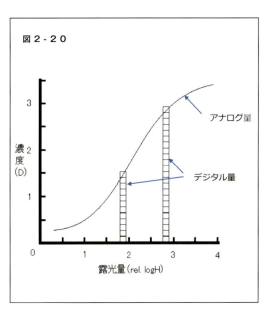

図2-20

27

(b) アナログからデジタルへの変換
（図2-21／図2-22／図2-23）

デジタルキャメラでは、映像をアナログ信号からデジタル信号へ変換して処理しています。この変換をA-D変換(Analogue to Digital conversion)といい、標本化と量子化の2つの処理によりデジタル信号へ変換されています。

アナログ映像で連続的な変化量として記録された画像の濃淡を、デジタル画像では画素(pixel)の配列に変換しています。この変換を標本化、もしくはサンプリングと呼んでいます。標本化は、元のデータ量をどのくらい細かくして「0」と「1」の情報に変換し、画素の数をいくつにするかということです。

たとえば、デジタル画像の画素の明るさの段階を10段階に区切った場合、その明るさを0～9の10通りの数値で表現することになり、たとえば1の明るさと2の明るさの中間の明るさは表現できません。1か2のどちらかにする必要があるのです。この様な理由からサンプリングは出来るだけ細かくできたほうが映像の解像度が上がります。

このように、本来は連続的な量を飛び飛びの値に置き換える処理が量子化です。量子化された濃度値の事を量子化レベル(階調)と言い、これを0と1の並びの2進数や符号数（コード）などで表現し、この標本化と量子化処理を合わせてデジタイズと呼んでいます。

従来の動画は8bitで記録していましたが、ダイナミックレンジの広い映像を記録するようになると、8bitのままでは対応しきれなくなって登場してきたのが10bit記録です。これは再現できる階調の数を左右するもので、8bitなら2の8乗で256階調、10bitなら2の10乗では1,024階調で映像を記録でき、10bitは8bitに対し、4倍の情報を記録できるのです。

(c) コンピューター処理 （図2-24）

2進数（Binary Notation）は0と1で表されるのですが、2は1と0の組み合わせで10、3は01、4は11となります。このように、コンピューターでは2進法で情報（数値）を入力することをビット(bit)を立てると言います。

たとえば、「1001」という数値は4つの桁のbitが立ち、この4桁のbitでの演算処理を4bit処理と言っています。4bit（2の4乗=16）では、16通りの数値表現ができます。8bitでは256段階となり、2進法は4bitを一つの単位として扱い8bit(256通り)が入力の基本桁数となり、それを1バイト（byte）と呼びます。

この数字が大きければ量子化の精度が高くなり、撮影の表現の幅が広がります。

現在のTVで放送されている映像や映画も10bitでの撮影ですが、BT-2020放送規定が策定され、その中で量子化の規定が12bitになっているため、現場では徐々にその方向に動き始めています。

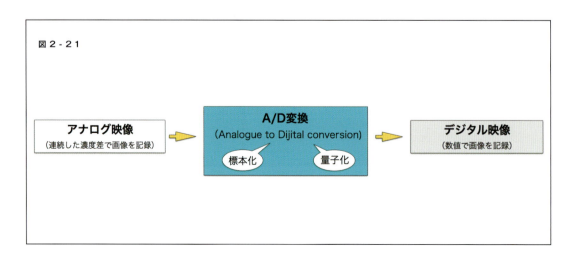

図2-21

【第2章】 ▶ 基礎知識編

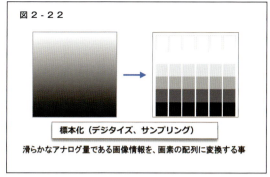

図2-22

標本化（デジタイズ、サンプリング）

滑らかなアナログ量である画像情報を、画素の配列に変換する事

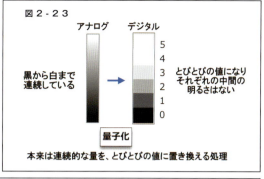

図2-23

黒から白まで連続している

量子化

とびとびの値になりそれぞれの中間の明るさはない

本来は連続的な量を、とびとびの値に置き換える処理

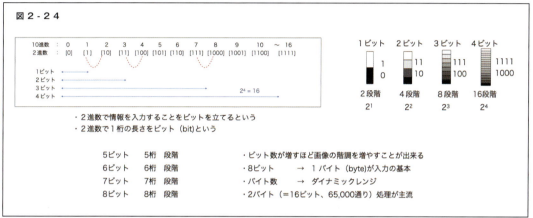

図2-24

- 2進数で情報を入力することをビットを立てるという
- 2進数で1桁の長さをビット（bit）という

5ビット	5桁	段階
6ビット	6桁	段階
7ビット	7桁	段階
8ビット	8桁	段階

- ビット数が増すほど画像の階調を増やすことが出来る
- 8ビット → 1バイト（byte）が入力の基本
- バイト数 → ダイナミックレンジ
- 2バイト（=16ビット、65,000通り）処理が主流

(d) 撮像素子（センサー）

（写真2-25／図2-26）

フィルムはハロゲン化銀の感光性を使って画像をつくりだしますが、デジタルカメラの場合、センサーが受光して生まれる電荷を利用して画像を作り出しています。

センサーの表面には画素数分のフォトダイオード（受光素子）が規則正しく高密度に配列されています。受光素子は明るさは読み取れますが、色の識別能力はありませんので、受光素子の上にR（赤）G（緑）B（青）のフィルターを被せ、単板キャメラの場合ベイヤー配列というパターンを使うことが一般的です。

ベイヤー配列ではR（赤）とB（青）の行と列に必ず1画素おきにG（緑）が入れてあります。これは人の目が緑に対して敏感に反応するためで、緑を2倍に増やす事で見かけの解像度を上げているのです。

RGBそれぞれが8bitのダイナミックレンジで合計24bitの濃淡情報を持っている場合、それぞれの色は256段階の濃度値を取ります。画

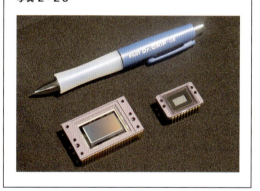

写真2-25

素の値を濃度値で表現するとすれば、黒は（0、0、0）最も明るい白は（255、255、255）となります。三原色の最大値は、赤（255、0、0）、緑（0、255、0）、青（0、0、255）となり、色の組み合わせは16,777,216色となり、これをフルカラー画像と言います。

この受光素子のそれぞれが、画像を構成する部分の光を電気信号に変えることで画素単位の光の情報が集まり、一枚の画像情報が構成されています。

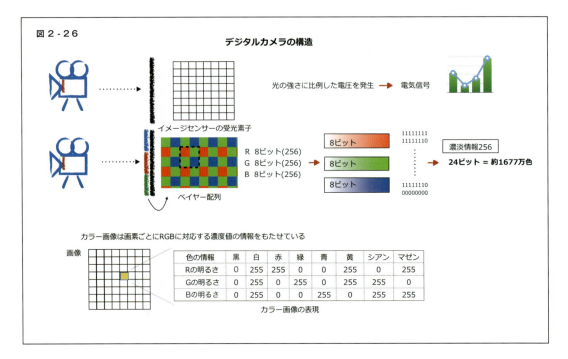

(e) デジタルキャメラの構造
(図2-27／図2-28／写真2-29)

デジタルキャメラの構造は図2-28のようになっていて、撮影レンズを通ってきた光は最初にUV/IRカットフィルターを通過します。

これは紫外線と赤外線をカットするフィルターで、可視光線だけをセンサーに取り込もうとしているために必要なものです。

次にローパスフィルターがあります。これはデジタル素子が自分の画素以上の細かい情報が入ると元画像とは違った画像が現れることから、デジタル素子の処理能力を超えた周波数をカットするフィルターです。

細かな模様や葦簀（よしず）などを撮影するときに実際に存在しない色（偽色）が現れ、このような現象をエイリアス（幽霊）やモアレと呼んでいます。ファインダーで発生していてもモニターでは見えないこともあり、その逆もあります。被写体の模様と撮影倍率、撮像素子の画素ピッチがからんでくるようです。

モアレや偽色は、一般的には絞りを絞り込んだり、画面サイズを変えることで低減できる可能性があります。

同じセンサーと画像エンジンであってもローパスフィルターの種類によって画質の傾向は変化し、光をカットしますから解像力も落ちます。

また、撮像素子の小さいコンパクトデジカメにはローパスフィルターがありません。この種

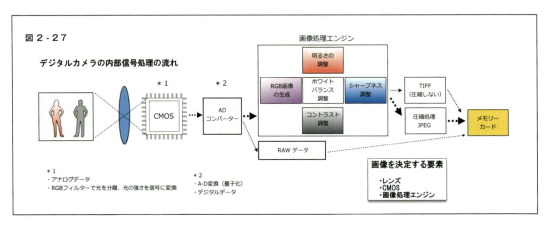

【第2章】▶ 基礎知識編

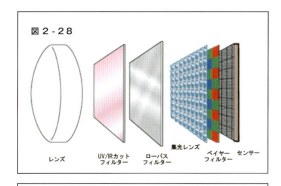

図2-28

写真2-29

のデジカメのセンサーは画素ピッチが小さく、レンズの解像力がセンサーの解像力に追いつかないため必要が無いからです。

ローパスフィルターを通過した光はカラーフィルターを通してセンサーに達します。センサーから得た情報がA/D変換され、デジタルカメラの心臓部となる画像処理エンジンに到達し、1枚の画像を構成する膨大なデータを画像処理エンジンによって演算処理を加え、初めて人が見ることができるカラー画像となります。画像処理エンジンは正しい色やディテールなど、まさにデジタルカメラの基本性能を決定づける心臓部です。

この画像処理エンジンを通さず、フォトダイオードで取り出したデータをそのまま保存したものがRAW形式です。

(f) デジタル圧縮

動画は複数の画像ファイルを連続して見せることにより映像にしているのですが、1秒あたりのデジタル動画のデータ量は、

> （横の画素数）×（縦の画素数）×（画素あたりのbit数）×（フレーム数）＝データ量

という計算によって求められ、現行のTV放送では約1.2Gbps、デジタルシネマでは4.5Gbpsになります。

この画像を全く圧縮せずに1つの映像としてしまうと膨大なデータサイズになってしまうため、様々な圧縮手法が提案され、データ量の削減が行われてきました。ここでは圧縮に関わる言葉の説明だけにとどめておきます。データ圧縮の詳細は専門書を参考にしてください。

①エンコード(Encode)とデコード(Decode)

動画の容量を圧縮したり、視聴が可能な動画形式に変換したりする作業をエンコード(Encode)、逆に圧縮された情報を再現するのがデコード(Decode)です。そしてエンコードやデコードを行うときの圧縮・変換、復元をする仕組みがコーデック(codec)と言います。

どういう方法で圧縮するかで画質の違いがあらわれ、コーデックが画質や音質を左右します。

② エンコードの種類と方法

通常行われるエンコードは2回のプロセスによって行われます。1回目のプロセスで映像の状態に応じたビットレート、フレームレート、バッファサイズの最適な組み合わせを探し、2回目のプロセスで実際のエンコードをします。

動画ファイルや音声ファイルをエンコードする際の方法には、CBR（固定ビットレート）・VBR（可変ビットレート）・ABR（平均ビットレート）の3種類が有ります。

CBR（固定ビットレート）は、転送レートが

同一なので、ビットレートを割り当てなくて良い単調なシーンでも一定数割り当てられたり、ビットレートを多く必要とするシーンなのにビットレートが足りない場合がありますので、ファイルサイズに対しての画質・音質の効率があまり良くありません。

VBR（可変ビットレート）は、必然的に多くのビットレートを必要とする動きが激しいシーン、音声が複雑なシーンではビットレートを上げ、単調な絵柄のシーン、音声が無いシーンなどはビットレートを下げ、それぞれのシーンに応じてビットレートが上下します。ファイルサイズ当たりの画質（音質）が一番良いと言えます。

ABR（平均ビットレート）はVBRに目標ビットレートを指定しておけるバージョンです。全体を平均して目標ビットレートになるようにするのでファイルサイズ当たりの画質（音質）が良いと言えます。

③ Long GOP (IPB)（図2-30）

これはMPEGで一般的に利用されている圧縮方法です。連続するフレームの映像が大きく異ならないことを利用して、1枚で圧縮が完結しているイントラフレーム（Iピクチャ）を基準に、前後のフレームを予測して違いだけを記録する方法です。

複数のフレームをまとめたGOP(Group of Picture)という単位ごとに前後のフレームの情報を参考にしながら圧縮し、効率よくデータを減らしています。以下Pピクチャ、Bピクチャの順に圧縮率が高くなり、圧縮後のデータ量は少なくなりますが、再生時の負荷は高くなります。

④ All-Intra

PピクチャとBピクチャをなくしてイントラフレームだけで構成されているため、ビットレートが高ければ高画質になり圧縮率は低くデータ量は多くなりますが、再生時の負荷は比較的軽くなります。

⑤ ビットレート（bps）

1秒間のデータ転送量を表していて、通常数字の高い方が圧縮率が少なく画質が良いということになります。コーデックとも関係があり、ビットレートを高くすれば画質・音質は向上しファイルサイズは大きくなり、記録時間が短くなります。

反対にビットレートを低くするとファイルサイズは小さくなり、長時間記録できますが画質・音質は下がります。

ビットレートが高いと画質が良いと思われがちですが、それは同じ圧縮形式で圧縮した場合に限ります。同じ圧縮形式でも圧縮方法がLong GOPかALL-Intraの違いでも変わってきます。

⑥ フレームレート

1秒間に何枚の画像を記録できるかということを表し、60pと言えば60枚の画像を記録する形式です。60pと言ったときの「P」はプログレッシブの略で、間引きされていない完全な画

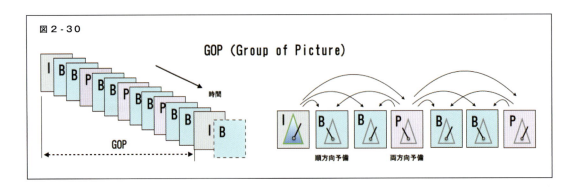

図2-30　GOP (Group of Picture)

【第2章】▶ 基礎知識編

を表示しています。「i」はインターレスの略で、間引きされた画像を交互に記録する方式を表しています。

⑦ サンプリング（標本化）（図2-31）

前述したように画像の濃淡を画素の配列に変換する処理のことですが、1秒間の分割数をサンプリングレートと言い、サンプリングレートとサンプリングの精度の値が大きいほど、オリジナルのデータを忠実に再現できます。

色のサンプリング形式には、RGB444、YCbCr422、YCbCr420、YCbCr411などがあります。図2-31のようにRGB444の形式は加法原色から見ると理想的で、輝度や色味が映画にはベストなので、映画のキャメラではこの形式で撮影されることが多いです。

一方YCbCr422形式は、現在のTV放送用の基本形でデータ量が軽い割には色の解像度も良く、バランス的に優れています。

他にも数種類のサンプリング形式がありますが、前述の2形式から比べると合成での色分離や色調に少し不満が残ります。

5. デジタル撮影

(a) デジタルキャメラの規格（図2-32）

デジタルキャメラには様々な仕様がありますが、ファイル、圧縮方式、解像度、ビットレートなどの要素の組み合わせを決めたものが規格です。

規格は図2-32に示すように時代順に、DV、HDV、AVCHDがありますが、現在広く普及しているのはAVCHD、XAVC等で最近ではMPEG-4での記録も増えてきました。

テープやDVD、ハードディスク上に配置された情報の集まりをファイルと言います。これらのファイルを正しく格納し、必要な時に必要な物を使用できるようにする仕組みのことをファイル形式といい、あるファイルが、どのフォルダにあり所有は誰か、最後に更新された日時はいつか、ハードディスクのどの部分に格納されているのかが分かるシステムです。例えばMPEG-4、QuickTimeなどはファイル形式の名称です。

MXF（Material Exchange Format）は様々な映像データや音声データを梱包するための「容器」のようなものでコンテナフォーマットと呼ばれています。動画は映像と音声を一緒の

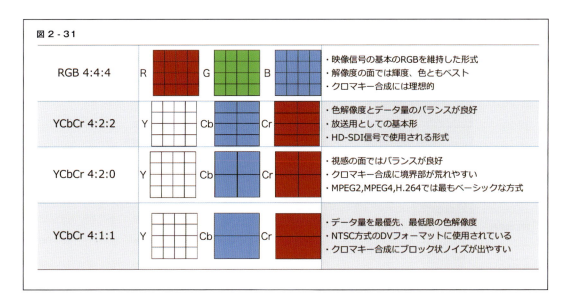

図2-31

図2-32

規格	走査線数/フレームレート	画素数	アスペクト比	コーデック
DV	480/60i	720×480	4:3	DV
HDV	1080/60i	1440×1080	16:9	MPEG-2 Video
AVCHD	1080/60i	1920×1080	16:9	H.264

ファイルにまとめ、それを同時に再生して「動画」としていますが、この時映像ファイルと音声ファイルをまとめる際に使用するファイルフォーマットのことを言います。このコンテナの種類にはMP4、MOV、AVIなどがあります。

(b) センサーのサイズと画素数 (図2-32A)

デジタルカメラの画質を左右する大きな要素が画像を取り込むセンサーの性能であり、それは画素数とセンサーのサイズで決まってきます。

CCDやCMOSのセンサー上に並ぶすべての画素数を、200万画素や400万画素のように表し、数字が大きいほど細密な画像を記録できます。

同じセンサーサイズで画素数が多くなると、画素密度が上がり得られる情報が多くなるので解像度は上がりますが、画素当たりの受光面積が小さくなり感度は下がります。感度が下がればS/Nが悪化し、暗部のノイズが増加します。結果的に解像度をとるか、S/Nをとるかという選択になります。

受光素子の画素数が同じなら、センサーサイズの大きい方が1画素あたりの面積が大きくなり、感度が上がりノイズも抑制される傾向にあります。しかし大きくなればレンズのイメージサークルも大きくする必要があり、レンズも大型化し機材全体が大きくなるので、一概に大きいセンサーがよいとは言い切れません。

(c) 総画素数と有効画素数

総画素数は、センサー上に並んでいる受光素子すべての画素数です。しかしすべてが画像を再現するのではなく、例えば映画のアスペクト比にトリミングされ、さらにデータを送る回路に使用されるなど、実際に画像記録に使用される画素数は少なくなります。この画像用に使われる画素数を有効画素数といいます。

図2-32A センサー（撮像素子）の画素数とサイズ

(d) ガンマ （図2-33）

図2-33はフィルムのセンシトメトリーカーブで、露光量とフィルムの濃度の関係を表しています。このカーブの直線部分の傾きをガンマと呼んでいますが、同じようにデジタルでも入力信号レベルと出力信号レベルの関係をガンマと言います。入力信号とは被写体や映像がもつ光の量で、出力信号とはキャメラが出力する映像の信号量です。

被写体を忠実に映像再現するためには、入力信号に対して出力信号が直線的に比例しているのが理想で、ガンマ値は1となり信号が直線的に比例します。しかし、ほとんどのパソコンやモニターはガンマ値2.2で、これをモニターガンマと呼び、図2-33のような曲線になっています。

このモニターにキャメラのRGBをそのまま渡すと画面が暗めになりますから、モニターガンマが2.2の場合、見た目に近く表示するには、キャメラ側であらかじめ明るめに補正した映像を入力すれば、モニターにちょうどいい明るさになり、これをガンマ補正といいます。

キャメラが持つガンマカーブは、モニターとは逆の特性を持つことでCRTモニター（ブラウン管）と特性が相殺され、元の被写体の様子を自然に再現しています。

一方、最近使用されているLCD（液晶）モニターはCRTモニターとは異なる特性を持っています。しかし、キャメラは従来のCRTモニターを前提に設計されているため、LCDモニターはCRTのガンマカーブを模した設定となっています。

このようにイメージセンサーは光に対してリニアな信号を発生させますが、キャメラはこの信号にガンマ値を適用して変換したデータを収録します。ガンマにも複数の規格がありますが標準は「約0.45」というガンマ値で、これをビデオガンマと言います。キャメラ側が0.45というガンマ補正を行い、CRTモニターで約2.2のディスプレイガンマが働くとトータルガンマは「1」となり、これがキャメラとモニターを合わせたときのガンマで、システムガンマと呼びます。

一般的なビデオキャメラではRec.709基準のビデオガンマ0.45を使った撮影が行われています。しかし、最近では民生用のビデオキャメラにも色々なガンマカーブが内蔵されていますので、作品の内容に合わせてガンマカーブを選ぶことができます。ガンマカーブのつくり方によってハイライト部分を圧縮したり、あるいは暗部の階調を増やしたりなどの調節が出来ます。

現在の撮影環境はビデオガンマを使った撮影、Logを使った撮影、そしてRaw撮影の3

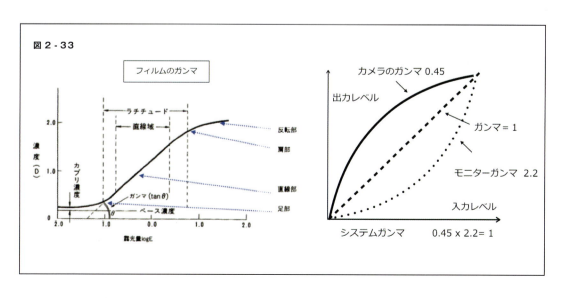

図2-33

つの方法があり、TVでの放送はビデオガンマを使った撮影、映画や一部のTV放送ではLogやRawでの撮影が主流です。

キャメラが行うガンマ補正の最も重要な役割は、現実世界のリニアの光を人間の視覚特性に合わせて効率よく保存し、モニターで鑑賞したとき自然に見えるようにすることです。

(e) インターレスとプログレッシブ
（図2-34）

静止画が毎秒何十枚も連続して再生された時、人間の目はその流れを動画として認識しています。映像の世界ではこの静止画にあたるものをフレームと呼んでいて、TVの映像と映画では毎秒記録、再生されるフレームの数やフレーム自体の表示のさせかたが異なり、映画は1秒間に24枚、テレビは30枚の静止画を記録、再生しています。

TVは赤・青・緑の点が集まって映像になっていて、点の集まりは左から右へ順番に表示されます。これが走査線です。

インターレスやプログレッシブは、画像をテレビやディスプレイなどの映像出力機器に表示する走査方式の名称です。

インターレスでは1枚のフレームが偶数の走査線と奇数の走査線の集まりとして2分割のフィールドになっていて、最初の1/60秒間は奇数番目のフィールドを上から下へ描き、次の1/60秒間に偶数番目のフィールドを描く方法で1枚のフレームを作っています。1秒間に60フィールド（約30フレーム分）の偶数・奇数の走査線が交互（インターレス）に記録・再生されるため、これをインターレス方式と言い「60i」で表します。

テレビの初期は1フレームの情報を一度に送ることが技術的に難しかったことや、画面のチラつきを無くすためだったのです。

一方、すべての走査線を1本ずつ順番に伝送

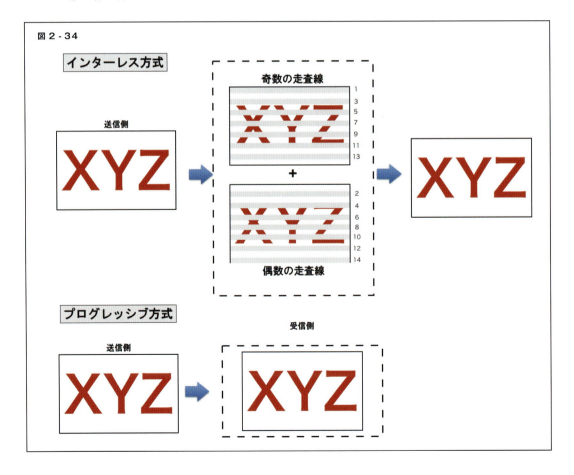

図2-34

するのがプログレッシブ方式で、「24P、30P、60P」と表します。

両者を比較すると、インターレス方式では、1秒あたりに更新する画像枚数がプログレッシブ方式の2倍になるため、比較すると動画をなめらかに表示することができますが、細かいフォーカスが悪くなる欠点もあります。

プログレッシブ方式では1枚の画像を構成する走査線数がインターレス方式の2倍あり、画像1枚あたりの解像度はプログレッシブ方式の方が高くなります。特に動いている被写体を静止画で表示した場合、プログレッシブ方式の方がブレのない鮮明な映像をとらえることができます。

キャメラの多くは両方の方式が切り替え可能になっていますが、以上の理由で映像がインターレスなのかプログレッシブなのかによってコマ数の考え方が変わるため、フレームレートを表記するときは、インターレスならフィールド数の後ろに「i」を、プログレッシブならフレーム数の後ろに「p」を付けるのが通例です。

(f) ドロップフレームとノンドロップフレーム （図2-35）

タイムコード（TC）は編集時に、ある編集点を決めたときに場所を特定するため必要となります。

「60i」のフレームレートは正確には29.97fpsで運用されています。これはアナログのNTSC放送時代に音声信号と色副搬送波の干渉を避けるために取られた措置で、HD映像信号に移行した現在でもNTSC時間として引き継がれています。

通常、タイムコードは時刻とフレーム数が記録されますが、29.97fpsで運用されているため誤差が生じ、TCの数値を元に1時間の番組をつくると1時間3.6秒必要となり、3.6秒が未放送となってしまいます。

3,600秒（60分×60秒）×0.03フレーム
　　　　　　　　　　　　　= 108フレーム

となり、1時間あたり108フレーム（約3.6秒）をTCから取り除いてやる必要があります。そこでTC値と実時間が一致するカウント方式が必要となり、DF（ドロップフレーム）方式が考案されました。DF（ドロップフレーム）を1時間で考えると、

① 原則、毎秒30フレーム数える（00～29）。
② 毎分00秒のときは例外として2フレーム少なく数える（02～29）。
　例　00：02：59.29→00：03：00.02
③ 毎10分では、30フレーム分数える（00～29）。

60分のうち「0・10・20・30・40・50分フレーム飛ばしをしないでカウントするというルールになっています。

こんな妙な数え方をせず、単純に毎秒30フレームとする数え方もあり、これをノンドロッ

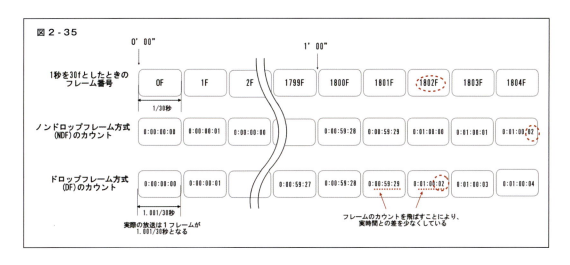

図2-35

プフレーム（NDF）と言います。

　このようにTCには、実尺時間とTC値が一致するように1.001秒＝30フレームとしてカウントするDF方式と1秒＝30フレームとしてカウントするNDF（ノンドロップフレーム）方式とがあり、使い分けが必要となります。

　テレビ番組などではドロップフレーム、短い作品のCMなどではノンドロップフレームがよく使われています。

　ドロップフレーム方式は、タイムコードの時間のズレをスキップ補正するだけで、映像内容には影響しません。また、テープに書き込まれたタイムコードがノンドロップかドロップかを判断するには、1分の表示まで早送りし「01：00：00」が存在すればノンドロップ、「01：00：02」にスキップしたらドロップフレームということになります。

(g) ゼブラパターン　（写真2-36）

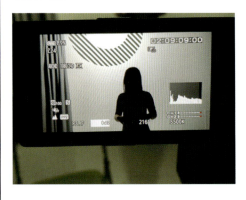

写真2-36

　ゼブラパターンとはデジタルカメラに設定した輝度レベルをファインダーやモニターに斜線状のパターン（ゼブラ）で表示し、露出の参考にする機能です。

　ビデオの輝度信号は、黒から白までの間を0％から100％といったパーセンテージで表わしていますが、カメラの調整でゼブラが出る輝度を設定できます。

　輝度が100％を超えると被写体のディテールが無くなりますから、ゼブラを100％に設定して撮影すると非常に便利です。しかし画面に光源がある場合や逆光で広い範囲で設定の輝度を超えていることもあり、ゼブラが出たからと言って絞ってゼブラを無くすのは間違いで、必ずゼブラがない状態の画面を見て絞る必要があるかを判断することです。

　画面上にゼブラがあると露出計の代わりになり便利なのですが、画作りに邪魔になるという弊害も生じます。

　撮影者によってはゼブラを70％くらいに設定し、顔色に合わせて絞りを調整する人もいます。

　ゼブラは輝度レベルを設定することができ、白トビ以外の警告にも応用できます。

　例えば合成の際に使用するグリーンバックの濃度を輝度的に揃えたい場合に、必要な輝度にゼブラを設定しておけばほぼ均一のグリーンが簡単に揃えることができます。

　ゼブラは使いこなせばとても便利な機能なので、使いようによっては手放せなくなります。

(h) ピーキング　（写真2-37）

　画面の中で、コントラストが高い部分に色をつけてフォーカスが合っていることを表示する機能のことです。

　フォーカスが合っている部分の輪郭があらかじめ設定した表示色（赤、黄、白、黒）に縁取られ、これを目安にすれば正確にピントを合わせられます。

　ゼブラは露出の目安でしたが、ピーキングはフォーカスの目安となりますが、この機能も画面に出ていると非常に画作りの邪魔になります。

　映画の現場では、多くのフォーカスマンは別モニターを出しピーキングを入れた状態でピントを送ることが多くなっています。被写界深度が浅く、気軽にスケールで計測できない状況だとこういった使い方も良いと思います。ピン

【第2章】▶ 基礎知識編

写真2-37

ボケよりフォーカスが合っていた方が良いに決まっていますから。

(i) ニーとニー・アパチャー

（図2-38／図2-39）

これは、画像の明るい部分が白トビを起こす時、レベル以上の高輝度部分に圧縮をかけてダイナミックレンジに収まるようにする機能です。

CCDやCMOSセンサーは非常に明るい入力信号まで対応できますが、ビデオ信号として出力するためにはこれを規定のレベル内に収める必要があります

図2-38で見ると、高輝度部分のあるポイントで線が膝（knee）のように折れ曲がっています。この境目となるポイントをニー・ポイント、折れ曲がった先をニー・スロープと呼び、この2つの設定を組み合わせて調整することで、高輝度部分のコントラストの表現を変更することができます。

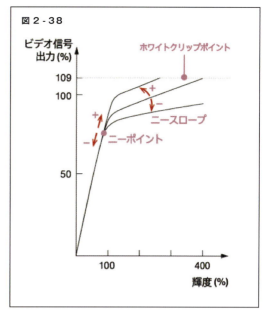

図2-38

ニー・ポイントはどの出力位置からニーを効かせるかの設定で、ニー・スロープはガンマの設定です。マイナス側は傾きを緩やかにし、表現できるダイナミックレンジを広げますが、階調の表現力を低下させます。プラス側は傾きを急にし、表現できるダイナミックレンジを狭くしますが、階調の表現力は高まります。

ニー機能を使って高輝度部分を圧縮した場合、映像のコントラストが弱くなり、輪郭がぼやけているように見えることがあり、この場合に使用するのがニー・アパチャーという機能で、圧縮された高輝度部分の輪郭を強調します。

たとえば雲や雪景色など高輝度が占めている画面を撮影するときは、この機能を強めにつけると、表現力が増します。逆にレベルを低く調整すると、柔らかい印象の映像を撮影できます。

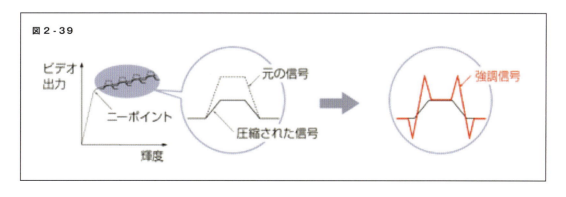

図2-39

ニー・アパチャー機能は、ディテール機能と似ていますが、ディテール機能は映像全域に強調信号を与えますが、ニー・アパチャー機能はニー・ポイントを超えた高輝度部分の信号のみに強調信号をつけます。

(j) 輪郭補正（ディテール）
（図2-40／図2-41／写真2-42）

元来、ビデオレンズの解像度を電気的にシャープにするために使っていた機能で、画像の輪郭（エッジ）を強調する信号処理です。

ディテール信号は輝度差のあるところに付くエッジ信号で、ざらざらした様子や透明感の表現に影響を及ぼします。顔の皺の見えかたや肌のきめの細かさもディテールの調整で雰囲気が変わってくるため、映像の持つ質感が失われたり、ノイズが目立ってしまうことがあります。

人の目や口のような、水平方向の要素を多く持った被写体の印象を強めたい場合には、輪郭の上下に付加される垂直（V）ディテールの割合を増やすこともあり、輪郭の左右に付加される水平（H）ディテールという項目もあります。

B/Wバランスとリミットは、低輝度側に付ける黒色のディテール量と高輝度側に付ける白色のディテール量のバランスを変更し、リミット項目で最大値を設定し制限をかけます。

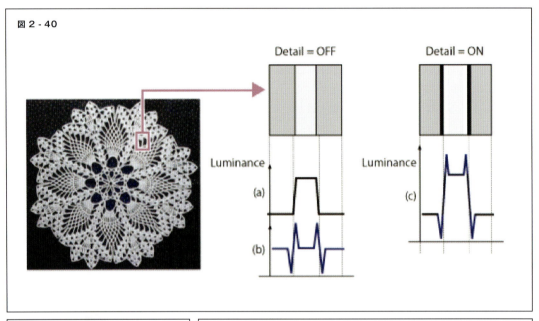

図2-40

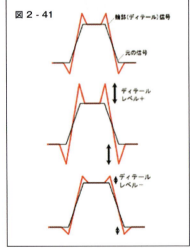

図2-41

写真2-42

【第2章】▶ 基礎知識編

黒色のディテールはエッジを強調し、被写体に力強さや堅さといった印象を与えますが、皺や毛穴が強調されるなど場合によっては好ましくない影響も生じ、白色のディテールは被写体に透明感や輝きを強調するという印象を与えます。黒色と白色の最大値を別々に調整することはできません。

被写体にディテールを付けたいがノイズはなるべく目立たせたくないときにはクリスプニングという機能があり、ノイズに付いてしまうディテールを減らします。

(k) ブラックガンマとブラックレベル
（図2-43）

ブラックガンマは、暗部のガンマカーブの形状をわずかに変更する機能です。

ブラックガンマを上げた場合、範囲の設定にも関係ありますが、明るい部分を変化させず暗部のみを持ち上げ、映像の明るさを上げることができます。

調整には「範囲」と「レベル」があり、まずブラックガンマが効く明るさの範囲を調整します。暗部の質感だけを調整するときは範囲を狭めに設定し、全体のトーンを調整するときは範囲を広めに設定します。レベルはプラスにすると画面が明るくなり、マイナスにすると暗くなります。

一方、ブラックレベルは黒を浮かせたり沈ませたりする調整なので、映像全体に影響しブラックレベルを下げた場合は全体的にコントラスト感が増し、あげた場合は全体が明るくローコントラストになった印象になります。

ブラックレベルとブラックガンマは映像の同じ部分を調整している場合もあり、両方の効果を見ながら調整をした方が良いでしょう。

(l) ピクチャープロファイル（図2-44）

多くのカメラには色やトーンなどのルックを自在に作ることができる機能が内蔵されています。ピクチャープロファイルもその一つで、映像の特徴を決めるパラメーターを調整、変更するメニューです。

ピクチャープロファイルを用いると、映像の色や鮮明さを撮影時に調整することができます。編集時にも編集ソフトで似た作業が可能で

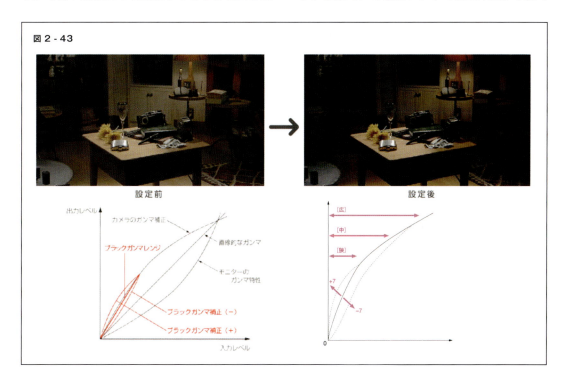

図2-43

設定前　　　　　　　　設定後

図2-44　　　　　　　　　　　　　　　ピクチャープロファイル

1) 基本的な発色を決める項目

ガンマ	硬調のトーンと軟調のトーンを選ぶ事が出来る。
カラーモード	メリハリの効いた発色と忠実な発色、深みのある発色を選ぶ事が出来る。ガンマと対となるものを選ぶ。

2) 階調(トーン)を調整する項目

ブラックレベル		マイナスに調整すると暗部階調が切り捨てられ、しゃきっとした黒に。
ブラックガンマ	範囲	暗部質感を調整するときは低め、全体トーンを調整するときは高めにする。
	レベル	ブラックレベルの調整と違い、明暗調整が柔らかに表現されるのが特徴。
ニー	ポイント	ポイントとスロープは一体にして考える。ハイライトの階調を見ながら、ポイントとスロープを調整する。
	スロープ	スロープ高めだとハイの部分が柔らかく表現される。

3) 発色を調整する項目

色の濃さ	階調とセットでの調整が前提で、明るく鮮やかだとビデオらしく、暗く鮮やかでフィルムらしくなる。
color phase(色相)	色全体の色相が変化する。赤→黄→緑→水色→青→紫→赤がそれぞれ玉突きで動く。カメラ機種間の色合わせに使う。
color depth(色の深さ)	色を鮮やかにしたり、深くしたりの調整が出来る。シーン作り、カメラ間の色合わせにも使う。

4) ホワイトバランスを補正する項目

WBシフト	上げると暖色に、下げると寒色になる。

すが、編集ソフトと撮影時の調整の違いがあります。キャメラは撮影した映像を圧縮して記録しますが、圧縮処理を行うと映像は少なからず劣化してしまいます。編集ソフトは撮影済みの劣化した映像に対して加工することになり、さらに状態が悪くなってしまいます。

一方、ピクチャープロファイルは撮影時点での処理であるため、圧縮前の信号を劣化がない状態での調整が行えるのです。撮影時に黒つぶれや白トビなどの階調が失われている部分は撮影後の加工で階調を再現することは出来ません。ですから撮影時にできるだけ理想の映像になるように、ピクチャープロファイルを使って各種設定を調整しておけば、撮影後の仕上げでも作業が少なくなり良い仕上がりになります。

調整項目は分類すると、

① 基本的な発色を選択する項目
ガンマでカーブを、カラーモードで色の特性を選択します。ガンマとカラーモードのセットで組み合わせて基本的な階調や発色を設定します。

② 階調（明暗のトーン）を調整する項目
ハイライトと暗部の描写を決めます。

③ 発色を調整する項目
彩度、色相、色の深さで発色を調整します。

④ ホワイトバランスを調整する項目
暖色か寒色かの調整をします。

撮影後の加工に充分な時間が取れる作品や完成尺が短い作品では、できるだけフラットな映像を収録しておくと仕上げでの調整が可能になります。Log撮影での映像は、暗部を持ち上げ、ハイを抑えたフラットな映像であり、この手法のわかりやすい例です。

逆に、制作期間が短く長時間の作品であれば、撮影前に完成イメージを作ったうえで撮影に臨めば効率の良い制作になります。

これら4種類の項目を撮影前に調整しておくことで、基本的な映像のルックが決まります。

またシーンによっては、ピクチャープロファイルの設定を変えたプログラムを準備しておき、狙いによって使い分けることもできます。撮影後、監督やプロデューサーは撮影素材を繰り返し見ながら編集しますので、シーンによってはルックの設定を変えた方が作品に効果的な場合もあり、そういった場合にも素材的に加工する部分が少ない状態で、グレーディング作業を狙いの方向へ調整することが可能になります。

6. 記録素材

現在のデジタルカメラの記録メディアは内臓メモリーかメモリーカードですが、メモリーカードには種類があります。カードには容量以外にも色々な数値が表示されていますので、カメラが推奨するカードの使用と動作検証をチェックすることが必要です。

(a) SDカード （図2-45）

ファイルシステムの異なるSDカード、SDHCカード、SDXCカードの3種類の規格がありますが、総称してSDカードと呼んでいます。それぞれの種類で記録できる容量に上限があり、容量の上限はFATというカードに記録されたデータを管理するファイルシステムの種類によって決まっています。

図2-45のSDHCカードに記されている32GBという表記は、どのくらいの大きさのデータを記録できるかという容量を表します。当然数値が大きいものほど容量は大きく、沢山の情報を取り込めます。

SDカードはFAT16（ファイルシステム）で2GB以下、SDHCカードはFAT32で32GBまで、SDXCカードはexFATで2TBまでの容量に対応しています。各カードのファイル形式に対応していない機器ではカードを入れても認識しませんが、SDXCカードまで対応しているスロットであれば下位のSD、SDHCカードも読み込めます。

95MB/sとあるのは最高転送速度です。これは1秒間に最大でどのくらいのデータ量を転送できるかを測定した値です。

転送速度には読み出し速度と書き込み速度があり、読み出し速度はカードからデータをパソコンなどに移す時の速度で、書き込み速度はカメラの撮影データをカードに記録する速度を表していますが、最高転送速度はそのどちらか大きい方を表示しています。

カメラが要求するカードの書き込み速度の最高値を確認するだけではなく、⑩とあるスピードクラスの転送速度の最低保証値を確認する必要があり、当然カメラが要求する転送速度以上が必要です。

SDHCカードから最大転送速度とスピードク

図2-45

ラスを表記するようになり、現在スピードクラスはクラス⑩（最低転送速度10MB/秒）が最高でほとんどがこの⑩に対応しています。

　Uの字の中に数値があるのはUHSスピードクラスと言い、クラス1（10MB/秒）に加え、4K記録対応のクラス3（30MB/秒）があります。デジタルカメラの場合は、転送速度の最大値よりこのクラスの方を意識する必要があり、特に大容量のデータを記録する必要のあるビデオカメラの場合はこの最低保証速度を重要視していて、どのクラス以上のカードを使用するか撮影前に確認する必要があります。

　最近はビデオ撮影を対象としたVの字が頭に着くビデオスピードクラスという表記も出てきました。ただし、カードにこの表示があっても、機器の方も同じクラスの対応がなければ性能は発揮されません。

　SDXCの横にⅠやⅡなどのローマ数字で表記されているのはUHSの物理的インターフェイスの規格です。UHS Ⅰ（104MB/s）は1列の端子で、UHS Ⅱ（312MB/s）は端子が2列となりスピードアップができます。

(b) コンパクトフラッシュカード（CFカード） （図2-46）

　CFカードはSDカードと同じように64GBは容量を表していて、160MB/Sは最大転送速度を表しています。

　UDMA(Ultra Direct Memory Access)は最大転送速度の規格で、UDMA6は133MB/s、UDMA7は167MB/sが採用されています。

　カチンコの中に65と表示されているのはVPG（ビデオパフォーマンスギャランティ）のマークで、4K動画を安定して撮影できます。当然ですがUDMAもカメラとカードの両方に適合する対応が必要です。

　他にもCFast1.0、CFast2.0、XQD、S×Sなどの記録カードがあります。

図2-46 コンパクトフラッシュカード（CFカード）

UDMAモード	最低保障速度	最大転送速度
UDMA6	VPG-20	133MB/s
UDMA7	VPG-65	167MB/s

UDMAもカードとカメラの両方で対応が必要。
VPGマークの中の数字が最低書き込み速度の保障値。

(C) 記録モードの選び方 （図2-47）

　記録モードは図2-47のように7つの要素の組み合わせで構成されています。入門モデルでは組合せの選択肢は少なく、グレーで表されている部分は選択できない機種が多くあります。

　ビットレートはメーカー側が決めている場合が多く、選択出来ても2種類くらいから選ぶ程度になっています。

①フレームサイズ
　動画を構成する画像の解像度。例えば4KかHDを選びます。

②フレームレート
　1秒間の駒数です。

③ビット数（量子化）
　デジタル化する際の階調の細かさで、10ビット記録した方が有利ですが選択できない場合もあります。

④色形式
　記録時の色の情報量を決めますが、422で記録する方が画質的に有利ですが、選択できない場合もあります。

⑤コーデック
　記録する際のデータの圧縮形式で通常はH.264形式が使われているが、最近は性能の高いH.265を選べるモデルもあります。

【第2章】▶ 基礎知識編

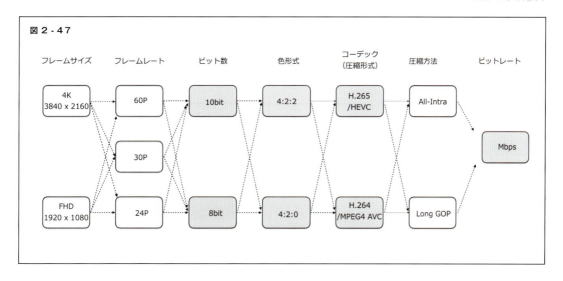

図2-47

⑥圧縮方法

複数のフレームをまとめて圧縮するLong GOPかAll Intraを選びます。

⑦ビットレート

映像を記録する際に1秒間に利用するデータ量で、選んだ内容に応じて適切な数値が提示されます。選べる場合はメディアへの記録時間を考慮して選択します。

組み合わせが決まったら、実際に撮影したものをパソコンで再生し、どの組み合わせならスムーズに再生できるかを確認します。

この他にもMP4、MOV、XAVCなど、記録するファイル形式を選択するキャメラもありますが、現在はMP4形式が主流になっています。

キャメラの仕様書より

フォーマット	ファイルシステム	フレームレート	ビットレート	
XAVC Intra422 (MPEG-4 AVC/ H.264)	exFAT	60i/30p 24p 60p	111Mbps 89Mbps 111Mbps	CBG
XAVC Long (MPEG-4 AVC/ H.264)	exFAT	60p/30p/24p 60i 60p	50/35Mbps 50/35/25Mbps 50Mbps	VBR
MPEG HD422 (MPEG-2 422P@HL)	exFAT/UDF	60i/30p/24p 60p/30p/24p	50Mbps	CBR
MPEG HD422 (MPEG-2 422P@HL)	exFAT/UDF	60i/30p/24p 60p/30p/24p	35Mbps	VBR(35M) CBR(25M)

7. 露出計

(a) 露出計と18%グレー

（図2-48／図2-49／図2-50）

露出計は、写真や映画の撮影において光の強度を測定し、設定すべき露出値を割り出すための光量計です。

最近のデジタルキャメラには一部のプロ機種を除いて露出計が内蔵されていて、キャメラ任せで撮影してもある程度適正な明るさの映像に仕上がります。これはキャメラの内蔵露出計で計測され、自動的に平均的な明るさになるように設計されているからです。

適正な露出とは、表現意図を含んだ上での明るさに撮れた写真の意味でもあります。

映画では台本の内容とシーンによって狙いがあり、その狙いを表現するために露出点は変わってきます。つまり撮影者の狙いや感覚まではキャメラの露出計は対応できないので、キャメラが表示した露出点に対して、撮影者は表現意図どおりの明るさへの補正が必要になるということです。言い換えれば、露出は撮影者の狙いによって決めるものなのです。

ではキャメラ内蔵の露出計は何を基準に計測しているのでしょうか。それは18%の反射率を持つグレーを計測しているのです。

何故18%かというと、現実の全ての物体は5

図 2-48

%〜90％の反射率を持っていて、18％はその平均値なのです。

露出計は測定方式の違いにより反射光式と入射光式の2つに分けられますが、いずれの方式も18％のグレーを基準に作られていて、これが適正露出の基準になっています。ですからこれより反射率が高かったり、低かったりすると計測の値をより正確な露出にするために多少補正してやらなければなりません。補正の方法は測光方式により異なってきます。

(b) 入射式露出計 （写真 2-51／図 2-52）

この測光方式の露出計はノーウッドタイプ[*9]と呼ばれていて、入射式の特徴は被写体の位置でそこにある光量を直接測定できることです。

入射式の露出計は18％の反射率を持つグレーを基準に作られていて、被写体の反射率によっては露出補正が必要です。

例えば被写体が白っぽいものであればその反射率は70〜80％くらいあり、基準の18％から換算するとおよそ4倍ほど反射率が高いので、計測した値で撮影された被写体は見た目に比べると実際より白っぽく撮影されてしまいます。

図 2-49

図 2-50

こういう場合には計測値より少し絞りを絞って露出点とします。

被写体にもよりますが、写真2-51のような白い風景に曇り空ですと1絞り程度絞りますが、絞りすぎると白っぽい被写体がグレーになってしまう可能性があります。

逆に黒っぽい被写体であれば、その反射率は3〜5％くらいの反射率ですから、18％から換算すると1/4位と反射率が低いので、このときの計測の値で撮影すると実際より黒く撮影されてしまいます。この場合は白とは逆に計測値よ

---

*9　セコニックスタジオSの元になった入射式露出計

【第2章】▶ 基礎知識編

写真2-51

図2-52

入射式露出計

a) 戸外で晴れている場合

1) 光球を太陽に向けて直射を計測
2) カメラに向けて暗部を計測
3) ハイライト（2～5倍）と暗部（1/2.5～1/6）のバランス考慮

b) 戸外で曇りの場合

天空光

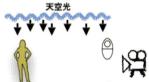

1) 光球を天空に向けて計測（N～2, 3倍）
2) カメラに向けて計測（2/3～1/3）
3) 天空をどの位載せるか考慮

c) 室内で

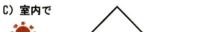
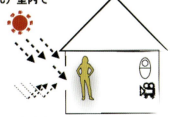

1) 外光を 何倍載せるか計測（4～16）
2) 窓辺の外光を計測（2～4）
3) カメラに向けて暗部を計測
4) 外景の飛び具合と人物暗部の考慮

d) スタジオで

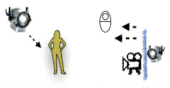

1) 人物の位置でキーライトを計測
2) 人物位置でカメラに向けてオサエを計測
3) 照明比を考慮

47

り少し絞りを開けた値が露出点になります。

いずれにせよ入射式の露出計は被写体の反射率を考慮して露出補正をする必要があり、その度合いは被写体の反射率と基準の18%グレーを換算する経験によります。

露出計測の他に照明されたライトのバランスを取る場合はこのタイプの露出計が欠かせません。被写体に当たるキーライトと抑えのライトのコントラスト比を照明比と言いますが、劇映画の撮影では各シーンで撮影するカット数が何カットもあり、またショットの方向も違う位置から撮影することが日常的にあるので、各ショットの光のバランスを繋げる照明比が大変重要になります。

こういったライトバランスを取ることにも使われているのがこの入射式の露出計です。

しかし、この測光方式は被写体に当たっている光量を測定するので、光に透けた紅葉、夕焼け、光源や夜景を撮影する場合などの測光には向きません。

(c) 反射光式露出計
（写真2-53／図2-54）

この測光方式はカメラ位置から被写体の反射光量を測定する方式で、反射式露出計と言います。カメラに内蔵されている露出計も反射光式ですが、代表的なのはウエストンの露出計[*10]で、広い範囲の反射を計測するタイプの露出計でした。最近は計測角度が1〜5度くらいのスポットタイプが反射式露出計の主流となっています。また入射と反射の両方の方式が一緒になり、測光方式を切り替えることで計測するタイプの露出計もあります。

反射式露出計のスポットメーターも反射率

写真2-53

18%のグレーを基準に作られていて、それ以上の反射率を持つ被写体も18%の表示になり、計測値をそのままで撮影すると実際より暗い画像になります。同様に18%以下の反射率を持つ被写体も18%と表示され、計測したままの露出値では、結果的には白っぽい被写体だと露出アンダー、黒っぽい被写体は露出オーバーになり、反射率18%の被写体以外は露出補正が必要となります。

反射式露出計のスポットメーターでは計測角度が極端に狭いため、計測は出来るだけカメラの光軸近くから測ります。カメラと計測位置が違うと、場合によっては被写体の反射率が変わってくるからです。

スポットメーターは、写真2-53のような空や雲を計測するには便利で、他にもショットにおけるバックグラウンドの明るさを同じにするなどカットを繋げる必要がある場合の計測に便利です。

例えば、バックグラウンドに当てるライトの角度が変わるとカメラ位置では反射してくる明るさが変わりますから、いつもカメラ位置で計測することによりバックの明るさを同じにして、ショットごとにバックの明るさが変わらないように揃えていくのです。

---

*10　最初の電気式の反射式露出計

48

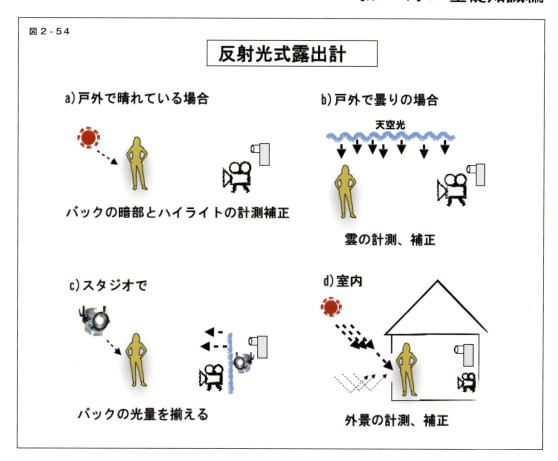

図2-54

　スポットメーターでの人物の測定は被写体の動きやライトの角度によって計測の数値が大きく変わるため、顔の頬や額などの計測しやすい場所などの計測値を参考程度に記憶しておき、基本は入射光式で計測した露出に補正を加えるという考え方をしています。

　反射式のメーターでは被写体と離れた位置で計測できるため、雲や日没などの計測には便利で、考え方としては計測点が露出点からどのくらいの濃度か知るために計測し、ダイナミックレンジに納まっているかどうかを判断します。

(d) EV値 (Exposure Value) （図2-55）

　EV値とは、主にスチール写真で使われている露出の指標です。

　ISO感度が100のときの絞りF1.0、シャッター速度1秒の露出値を0EVと定め、絞りを1段絞るか、シャッター速度を1段早くするごとに1EVずつ増えていきます。絞りとシャッター速度の組み合わせが変わってもEV値が同じであれば露光量は変わらず、同じ露出になり同じ明るさになります。

　例えば表のEV11を見ますと、シャッタースピードが1/125秒と絞りF4の組み合わせがあります。このEV表では他にも沢山のEV11がありますが、同じEV値を選ぶことによりこれらの露出値は全て同じになります。

　例えば1/1000秒のシャッタースピードで絞りF1.4の露出値も1/125秒と絞りF4の露出値も同じ露光量となるのです。ですから撮影者が被写界深度を深くしたいときは絞り値の大きい組合せを選び、動いているものを止めたいときにはシャッター速度の大きい組合せを選べます。この様に同じ明るさになる絞りとシャッター速度の組み合わせは複数あります。

　同様にEV値でISO100を基準にすると、ISO400なら4倍で2絞り、ISO800なら8倍で

図2-55

EV値

シャッタースピード \ 絞り	1	1.4	2	2.8	4	5.6	8	11	16	22	32
30	-5	-4	-3	-2	-1	0	1	2	3	4	5
15	-4	-3	-2	-1	0	1	2	3	4	5	6
8	-3	-2	-1	0	1	2	3	4	5	6	7
4	-2	-1	0	1	2	3	4	5	6	7	8
2	-1	0	1	2	3	4	5	6	7	8	9
1	0	1	2	3	4	5	6	7	8	9	10
1/2	1	2	3	4	5	6	7	8	9	10	11
1/4	2	3	4	5	6	7	8	9	10	11	12
1/8	3	4	5	6	7	8	9	10	11	12	13
1/15	4	5	6	7	8	9	10	11	12	13	14
1/30	5	6	7	8	9	10	11	12	13	14	15
1/60	6	7	8	9	10	11	12	13	14	15	16
1/125	7	8	9	10	11	12	13	14	15	16	17
1/250	8	9	10	11	12	13	14	15	16	17	18
1/500	9	10	11	12	13	14	15	16	17	18	19
1/1000	10	11	12	13	14	15	16	17	18	19	20
1/2000	11	12	13	14	15	16	17	18	19	20	21
1/4000	12	13	14	15	16	17	18	19	20	21	22
1/8000	13	14	15	16	17	18	19	20	21	22	23

ISO感度	
2	25
1	50
0	100
-1	200
-2	400
-3	800
-4	1600
-5	3200
-6	6400
-7	12800
-8	25600
-9	51200
-10	102400

3絞りを絞り値かシャター速度値から補正すれば適正なEV値が得られます。

(e) 計測する （図2-56／写真2-57）

図2-56を見てください。これは著者が計測する場合の呼び方です。

絞りによる光量変化は1絞り分が2倍の明るさで、2絞り分が4倍の明るさとなり、アンダーの方向ですと1絞りが1/2の明るさ、2絞りが1/4の明るさになります。絞りの位置がどこであっても、露出点からの明暗は同じ倍数であることから、露出を探る時は倍数で考えてます。

劇映画で光量の計測は、チーフ撮影助手が照明部と連繋してライトの強弱を司っています。撮影者が考えている光量と、実際にきている光量の差を撮影チーフとやりとりし最終的な絞り値を決めるのですが、意見交換する光量は倍率で考える呼び方です。撮影現場ではショットによって光量が繁雑に変わりますから、それに応じて光量変化を適切に言い表すことができるこの様な呼び方をしています。

例えば写真2-57のような家屋を撮影するとします。この場合の計測は、
① 入射式露出計を太陽に向けて直射を計測し、その値が現在の露出点から3絞り明るい8倍あるとします。
② 入射式露出計をキャメラに向けて暗部のみを計測すると2絞りアンダーの1/4です。
③ この場合に著者が明るすぎると感じ、撮影チーフに直射を4倍にして欲しいことを伝えれば、露出点を1絞り変え暗部が1/8になる露出点に変更します。

こういったやり取りで、露出点を探りながら撮影しています。

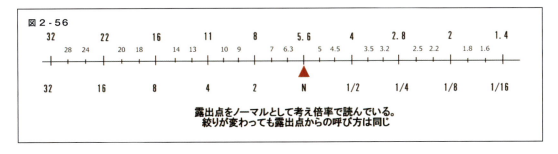

図2-56

露出点をノーマルとして考え倍率で読んでいる。
絞りが変わっても露出点からの呼び方は同じ

【第2章】▶ 基礎知識編

写真2-57

8. 露出とイメージコントロール

(a) 露出を決める3つの要素
（図2-58／図2-58A／図2-59／写真2-60）

　キャメラのレンズを通過してくる光を、フィルムなどの感光材料やCCD、CMOSなどの固体撮像素子に当てることを露出と言います。露出は構図、ピントと共に映像の大きな要素で、絞り、シャッター速度、感度の組み合わせによって決まり、これを露出の3要素といいます。

(b) 絞り値とシャッタースピード

　絞り値とはレンズを通ってセンサーに到達する光量を調節した値のことです。
　シャッタースピードとは撮像素子がレンズを

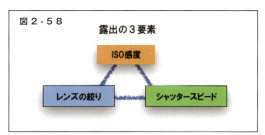

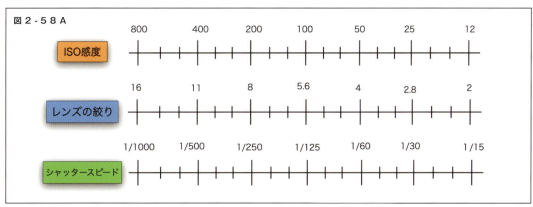

51

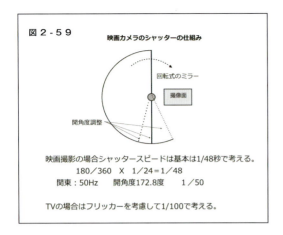

図2-59 映画カメラのシャッターの仕組み

映画撮影の場合シャッタースピードは基本は1/48秒で考える。
180/360 × 1/24 = 1/48
関東：50Hz　開角度172.8度　1/50

TVの場合はフリッカーを考慮して1/100で考える。

通した光にさらされる時間のことを言います。この時間が短いほどシャッタースピードが速い、長いほどシャッタースピードが遅いといいます。

絞りの働きは2つあります。1つはセンサーへの光量のコントロールで、もう1つはピントの合う範囲の調節によるボケの表現です。

例えば光量のコントロールは、絞りを開けるとセンサーに届く光の量が多くなり、その結果画像は明るくなります。逆に絞りを絞ると光の量は少なくなるので画像は暗くなります。

また、シャッタースピードを遅くすると光が当たる時間が増えるので画像は明るくなり、速くすると光が当たる時間が減るので画像は暗くなります。

このように絞りとシャッタースピードの両方を調節して、ちょうど良い明るさになる組み合わせで撮影された状態を適正露出と呼びます。

絞り値を調整したときは、それに見合う分だけシャッタースピードを調整するのですが、例えば適正露出から、絞りを1絞り絞ったとき光がセンサーに到達する光量は1/2になります。そうするとシャッタースピードを現在の半分のスピードにすることでセンサーに到達する光量は2倍の光量になり、同じように適正露出である光量が到達していることになります。このようにシャッタースピードと絞りを調節をすることで、どの組み合わせでも適正露出の映像となります。

写真2-60

【第2章】▶ 基礎知識編

次に、もう1つの働きであるフォーカスの範囲ですが、フォーカスを合わせた位置に対して、その前後のフォーカスが合っているように見える範囲を被写界深度と言います。

絞りを開けると被写界深度が浅くなり、被写体の前後がボケてきます。逆に絞りを絞り込むほど被写界深度は深くなり、フォーカスの合う範囲が広くなります。このようにシャロウフォーカス[*11]で背景をぼかし主人公を際立たせたり、手前から遠景までフォーカスが合っているパンフォーカス[*12]のシャープな画像を創ったりと、多彩な表現が楽しめます。

絞りを調節する方法にはシャッタースピードの増減を利用するのですが、動画のシャッタースピードは撮影駒数が1秒間に24駒か30駒の制限があり、スチール写真のように多くのシャッタースピードを選ぶことはできません。

しかも、シャッタースピードを速くすると、動画では連続した動きの一部を切り取り撮影する状態が続き動きが不自然になったり、画面にパラパラ感が出ることでスムーズな動画にならず、あまりシャッタースピードは変えません。しかしアクション映画ではこのパラパラ感を利用して動きを速く見せる効果を狙う場合もあります。

フィルムキャメラの場合、円盤型のミラーの回転によって開角度180度、シャッタースピード1/48秒が基本でしたが、デジタルキャメラも、同じように開角度表示とシャッタースピード表示がありますが、どちらの表示でも同じ結果です。

電気の周波数の関係からフリッカー[*13]を防ぐため開角度でのシャッタースピードの調節は地域によって変わります。50Hz地域は1/50秒と1/100秒、60Hz地域は1/48秒か1/60秒のシャッタースピードで撮影されています。

こういった場合に絞りをコントロールするのは、NDフィルター[*14]です。このフィルターを使うことにより絞りの調節をおこない、フォーカスの範囲を選びます。

(c) ISO感度 （図2-61）

これはフィルムやデジタルキャメラがどのくらいの明るさの光を記録できるかを示している指標です。

以前は米国国家規格協会のASA感度やドイツ工業規格のDIN感度などの規格が表示されていましたが、現在はISO感度（国際標準化機構）が一般的に用いられています。

ISO感度は数字が大きいほど感度が高く、数字が小さいほど感度が低くなり、例えば、ISO100とISO200のキャメラを比較すると、ISO200のキャメラのほうが2倍明るいといえ

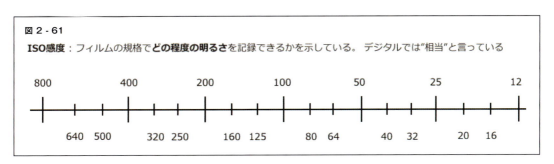

図2-61
ISO感度：フィルムの規格で**どの程度の明るさ**を記録できるかを示している。デジタルでは"相当"と言っている

---

* 11　フォーカスが合っている範囲が狭い画像のこと
* 12　画面全体のフォーカスが合っている画像のこと
* 13　画面が明るくなったり暗くなったりが続く現象
* 14　濃淡を調整するフィルターで何段階もある。後述参照

ます。前章で絞りとシャッタースピードの関係で露出が変わることを述べましたが、この他にISO感度も露出に影響してきます。

　例えば、露出の3要素によって適正露出を求めることが出来たとして、そこからボケを強調するには絞りを開けます。そのためにはISO感度を下げる方法や、シャッタースピードを上げることもあり、NDフィルターを使う方法の3つの選択肢があるということです。この中でどの方法を選ぶかは撮影者自身が判断することになります。ただ3要素のうちのどれか1つの項目を変更する場合には、同時に他の項目も調節しなければならないことを忘れないでください。

　デジタルカメラの便利なところは、基準感度を上下して使うことも出来るほか、最近ではデュアル感度と表示されている2種類の基準感度を持つカメラも出てきました。

　しかし感度を落として使いたい時に、ハイライト部分の階調描写が少なくなり暗部の階調描写が増え、逆に感度を上げるとハイライト部分の階調描写が増え暗部の階調描写が減るという傾向があります。こちらの思惑とは反対の作用にダイナミックレンジが増えることになりますので、著者は明るい場所でも感度を変えずにNDフィルターを使って絞りを調節しています。

(b) オート露出と露出補正 (図2-62)

　今はほとんどのスチール、動画のカメラはオートで露出が決められるようになっていて、大半の人がオートを利用して撮影していると思います。

　しかし図2-62のように、条件によってはオートでの撮影は適正な露出が得られないことがあります。

　それはバックグラウンドが真っ黒で、手前の被写体も黒っぽいとき、カメラのオート露出は黒を持ち上げた形で適正露出だと判断して絞りを割り出します。その結果、黒が持ち上げられ全体にグレーのような色調になります。同じように薄暗いパーティなどの条件では、ノーマ

【第2章】▶ 基礎知識編

ルの明るさまで持ち上げられ、実際の雰囲気とはまるで違う状況の画像になります。

オートでの露出はカメラ内の露出計の測定によって適正露出を割り出しているのですが、その内蔵された露出計の計測方法は反射光式で、反射率18%を適正露出の基準としています。露出計の章でも述べましたが、被写体の反射率が18%からかけ離れているときは補正を必要とします。

例えば被写体や周囲を取り囲む環境が真っ白であったり黒っぽかったりすると状況に応じてカメラの露出を少し変えてやる必要があるのです。

オート露出で撮影する場合にはこの事をふまえて上手く露出をコントロールすることが必要です。

我々撮影者は、こういった手順が煩わしく、オート露出に頼らない入射式と反射式の露出計の両方で計測し、露出計の値とその場の雰囲気を確認しながらマニュアルで露出を決めています。

デジタルカメラのラティチュードは、シビアで後に編集ソフトで修正できるといっても、一度失ったデジタル情報は修正しきれません。

(e) 適正露出とアンダー、オーバー露出
（図2-63）

適切な条件で撮影すると、写真もちょうどいい具合に仕上がります。このように露出がうまい具合になっているものを適正露出といいます。

明るさ暗さには個人差が生じるのが自然で、オート露出のスチールカメラにはその個人差を調節するための機構が組み込まれているものもありますが、一般的には入射式の露出計やカメラ内蔵の露出計は18%グレーを基準に適正値が決められています。

適正露出以下の露出で撮影されたものを露出アンダーといい、色の再現やトーンをコントロールすることが難しくなり、逆に適正露出以上の露出で撮影されたものを露出オーバーといい、デジタルでは100%以上の輝度を持つものは画像が無くなり、その部分の画像はどうやっ

図2-63

適正露出とアンダー、オーバー露出

18% 適正露出
18%の反射率を基準に露出計では基準に露出を決定している。

適正露出：自然な明るさ・色彩で表現される露出。
個人の好みによって差が生じるが、露出計では**18%グレー**を基準に適正値が決められている。

露出アンダー：光の量が足りないため、画面全体が暗くなり、
ディテールが黒くつぶれてしまう。

露出オーバー：光の量が多すぎて、画面全体が白っぽくなり
ディテールやトーンが飛んでしまっている。

ても戻ってきません。

　映像には適正露出以外の条件で撮影することもあり、場面によっては非常に明るいシーンとか極端に暗いシーンも当然あります。その時に考慮するのが、キャメラが18%グレーを中心に上下何段階表現出来るかの幅で、これをラティチュードあるいはダイナミックレンジ[*15]と言います。

　撮影においてキャメラが適正より少ない露光量や、反対に適正より多い露光量であっても階調が無くならず、画像として成立するような特性をラティチュードが広いと言います。

　逆に再現できる露光の範囲が狭い特性をラティチュードが狭いと言い、この場合露出オーバーやアンダーに対して白トビ(blown out highlights)[*16]や黒つぶれ(blocked up shadows)[*17]を起こしやすいのです。撮影においては、ラティチュードが広い方が扱いやすいと言えます。

　我々はラティチュードが狭いキャメラを用いる時や階調再現を重視する際は、強い光であればディフューズし、シャドー部分にはレフ板や白い反射板を使用し明暗比を小さくする様にして撮影します。

9. レンズ

(a) レンズの基礎知識　（図2-64）

　レンズの働きは幾つかありますが、撮影するときは必ずフォーカスを合わせます。このフォーカスを合わせる事がレンズの働きの1つです。

　撮影中に、オートフォーカスがフォーカスを探ることでレンズを動かすことがあり、それ

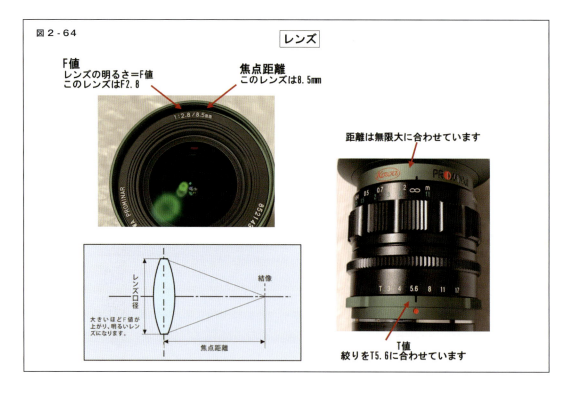

図2-64

---

* 15　デジタルではダイナミックレンジと呼ぶことが多く、フィルムではラティチュードと呼ぶことが多い
* 16　露出オーバーで階調を失って真っ白になること
* 17　露出アンダーで諧調を失って真っ黒になること

【第２章】▶ 基礎知識編

がショットをNGにする原因となりますのでマニュアル設定を選び、フォーカスを合わせます。

次に適度な露出値を得るために絞りを使って明るさを調整しますが、これが２つ目の働きです。絞りは明るさの調整だけではなく、絞り具合によって被写界深度が決まってきます。こういったことから映像ではフォーカスの位置も絞りの位置も自分で調節します。

他にもレンズによる働きがあり、レンズによって結像した像はレンズの性質を透すことにより、実際のものを変化させて見せる事ができます。これは撮影における表現そのものなので、レンズの性質を知ることは非常に大切です。

レンズの明るさは、焦点距離とレンズの口径で決まります。同じ焦点距離であれば口径が大きいレンズほど明るいレンズになります。
例えば焦点距離50mmでレンズ口径が20mmであれば、口径をD、焦点距離をfとすると、

f（焦点距離）/ D（口径）=50/20=2.5：1＝口径比

となり、F値は2.5になります。

レンズの鏡胴にこの比率が描かれていますが、これはレンズの明るさの能力をあらわします。

F値が小さい程そのレンズは明るく、数字が１つ上がると光量が1/2に、２つ上がると1/4になっていき、レンズの鏡胴にはその系列の1.0 1.4 2 2.8 4 5.6 8 11 16 22と記されていて、これが絞り値をあらわしています。開放時の明るいレンズほどさまざまな条件下で撮影の自由度が高くなります。

映画用のレンズではF値ではなく、T値という表示で絞りを表しています。これは、F値というのはレンズの設計時の計算値ですから実際の明るさとは少し違います。F値とT値の明るさの違いは1/3絞りくらいですが、T値は実際のレンズを通した明るさを表示していることから、我々はT値が表記されたレンズを使っています。

(b) レンズの画角変化（図２-65）

レンズは、焦点距離の数値が大きくなるにしたがって遠くのものでも大きく撮影できるようになりますが、撮影できる範囲が狭くなってしまいます。この範囲のことを画角と言います。別名視野角ともいい、レンズによって写る範囲が違います。

レンズは焦点距離の違いから、映画の35mm換算で言いますと12～18mmの「超広角域」、

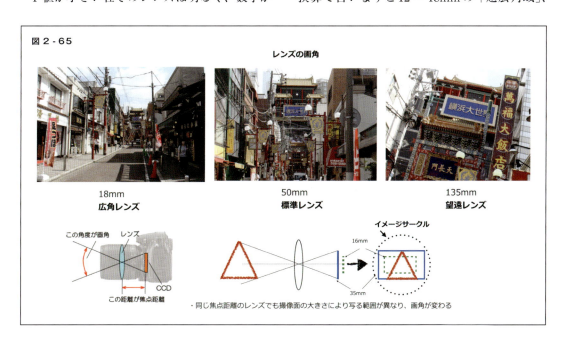

図２-65
レンズの画角

18mm 広角レンズ　　50mm 標準レンズ　　135mm 望遠レンズ

・同じ焦点距離のレンズでも撮像面の大きさにより写る範囲が異なり、画角が変わる

57

20〜32mmの「広角域」、人間の眼に最も近い35〜60mmの「標準域」、75〜135mmの「望遠域」、さらにそれ以上の「超望遠域」まで5グループに分けられます。焦点距離の違いは、画角や遠近感、被写界深度など、表現にも影響を与えます。

著者は映画を撮影する場合、それぞれのグループから1本ずつ、その他に標準域からさらに1本のレンズを選び作品に入りますが、このレンズの選択は撮影者によって違う選択となると思います。

レンズを通ってきた光は図2-65のように丸い形で像を結んでいて、この丸い範囲をイメージサークルといいます。

映画、TVなどのアスペクト比は長方形で、レンズのイメージサークルの中に納めますが、レンズによってはイメージサークル内に必要とされる画像を納めきれず、四隅がケラれた画像になってしまいますので、レンズが必要とするイメージサークルを持っているか確認する必要があります。

またイメージサークルの周辺ほど解像度が落ちていきますので、出来るだけイメージサークルの真ん中の部分を使った設計のレンズの方が解像力の良さを発揮できます。

図2-65のように同じレンズでも撮像面の大きさが違うと写る範囲が異なってきます。1インチCCDの画角では50mmが標準でも撮像面の大きさが違う2/3インチのCCDを使ったキャメラでは望遠になります。

イメージセンサー(撮像素子)の大きさによって同じミリ数でも望遠になったり、広角になったりするということです。

(c) 標準レンズ、広角レンズ、望遠レンズ (写真2-66)

人間の視覚は左右150度、上下110度くらいの画角があり、両眼で1点を見つめた時、ピントが合い色彩を認識できる角度が約50度といわれています。そして人間にとって見慣れた

写真2-66

広角レンズ

標準レンズ

望遠レンズ

50度前後の画角を備えた50mm近辺のレンズを、標準レンズと呼んでいます。

標準レンズは画が極端に強調されず、ほぼ肉眼で見たままの自然な描写が特徴です。遠近感も人間の感覚に最も近いため、何気ない印象を創れ、絞りの調整でパンフォーカスから柔らかなボケまで自在に表現できます。ボケの自然さで人物を強調した画面も作りやすく、スナップから風景撮影までオールマイティに活躍するレンズです。標準レンズはキャメラのセンサーサイズによってレンズのミリ数が変わってきますが、著者はビスタサイズの映画では40mmくらいが標準レンズだと思います。

焦点距離が短く、画角が広いレンズを広角レンズといいます。広角レンズの特徴は、近い被写体は近いままで、遠くの被写体はより遠くに感じさせるパースペクティブ (遠近感)が強調された描写にあります。焦点距離が短くなるほど、手前と奥の遠近感が誇張され、狭い空間を

広く見せる効果もあります。

上下の煽りで被写体を誇張でき、ビルの高さを誇張したり、低く構えると人物でも足が長く見えたり、顔が小さく見えたりします。極端な遠近感やパースペクティブによるスケール感あふれる描写が魅力です。そして同じF値であれば、レンズが広角になるほどフォーカスが合う範囲も広くなります。

焦点距離が長く、画角が狭いレンズを望遠レンズといいます。望遠レンズの特徴は、遠くの被写体を拡大して撮影できる引き寄せ効果、遠近の距離感をなくす圧縮効果、そして浅い被写界深度で被写体を浮かび上がらせるボケ効果などがあり、インパクトのある描画ができます。スポーツや野生動物の撮影から極端なボケを活かしたポートレート撮影にも使われます。

3種類のレンズを使い分ければ、被写体サイズが同じでも、レンズの焦点距離の違いで遠近感が変化する効果があります。

(d) 特殊なレンズ （写真2-67）

ある特殊な効果を実現するために作られたれたレンズを特殊レンズと総称しています。

一般のレンズでは不可能な表現が独特な映像になり撮影の世界を広げます。

① ソフトフォーカスレンズ

ピントを合わせた周囲にやわらかな光の滲みを加え、幻想的でソフトな表現が絵画のような独特のイメージを創るレンズです。特に女性ポートレートや花の撮影などで多く使われています。

② マクロレンズ

小さな被写体をクローズアップ撮影が出来るレンズです。主に花や昆虫などで多用され、普段見ることのできない世界を見せてくれます。

③ ミラーレンズ

レンズの長さを抑え重量を軽減する目的で光学系の一部に鏡を使っていて、光源が丸い円形のボケになる望遠レンズです。

④ ワイドコンバーター

レンズの前につけて画角を広げ、広角レンズの役目をします。レンズを付け替えないで済むことからTVの取材などで用いられています。

⑤ エクステンダー

レンズの後につけて画像を拡大し、望遠レンズの役目をします。1.4倍と2倍の拡大率を持つものがあり、それぞれ2倍と4倍の露出ファクターが発生しますが、2種類の望遠レンズを持つことに匹敵します。

⑥ 魚眼レンズ

180度程の広大な画角で、広い範囲を湾曲させて写しとることが出来ます。周囲が極端に湾曲した画像になり、広い範囲をデフォルメしたり、遠近感を極端に強調した演出が行えます。

写真2-67　特殊なレンズ

ソフトレンズ

魚眼レンズ

マクロレンズ

(e) 焦点距離 (Focal Length)（図2-68）

レンズにはさまざまな種類がありますが、大きくは焦点距離とF値で分類されます。

焦点距離が短くなるほど広角系に、長くなるほど望遠系のレンズになります。

太陽の光のように無限遠（インフ）から来る平行光線が、レンズにより屈折された光が集まる場所を焦点と呼びます。

レンズには焦点が2つあり、前方から光を入れたときに集光する点が後側焦点（F'）、レンズ後方から光を入れたときに集光する点が前側焦点（-F）です。

図において（A'）の位置がフォーカスが合っている場所です。被写体が動くことにより焦点も移動するのですが、カメラではレンズを移動させ、焦点面は一定の位置に固定されています。

レンズは収差を抑えるために凹レンズと凸レンズを組み合わせています。レンズの焦点距離を決める際に、厚いレンズや凹凸が組み合わったレンズを仮想のレンズに置き換え、仮想レンズの中心位置を主点といい、主点の中心点と焦点の中心を結んだものを光軸と言います。

レンズの主点から焦点までの距離が焦点距離（f'）で、絞りを開放にして無限遠（∞）にフォーカスを合わせた時のレンズの主点から焦点に至る長さのことです。

レンズの種類を表す時に「何mmのレンズ」と呼びますが、これは焦点距離の違いを表した呼び方です。前述のように焦点距離の違いで被写体をとらえる倍率が変化し画角が変わります。

焦点距離が長いと屈折力が弱い望遠系のレンズになり、焦点距離が短いと屈折力が強い広角系のレンズで、実像の大きさが小さくなり、虚像の大きさは大きくなります。

凹レンズには焦点を結んでないように思えますが、発散する光を反対方向に逆延長すると仮想集光点があると考えられ、この点が凹レンズの焦点（A'）になります。

(f) 焦点深度、被写界深度を決める3つの要素（図2-69／図2-70）

レンズは厳密な意味でフォーカスが合っている場所は1つの平面上にしかありません。

しかし実際に奥行きのある被写体では、フォーカスを合わせた位置の前後の範囲は

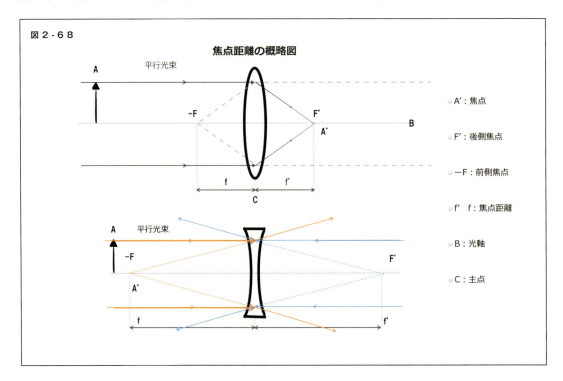

図2-68 焦点距離の概略図

A'：焦点
F'：後側焦点
-F：前側焦点
f'：焦点距離
B：光軸
C：主点

【第2章】▶ 基礎知識編

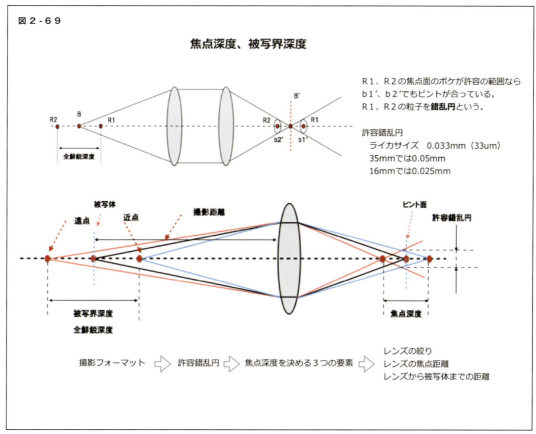

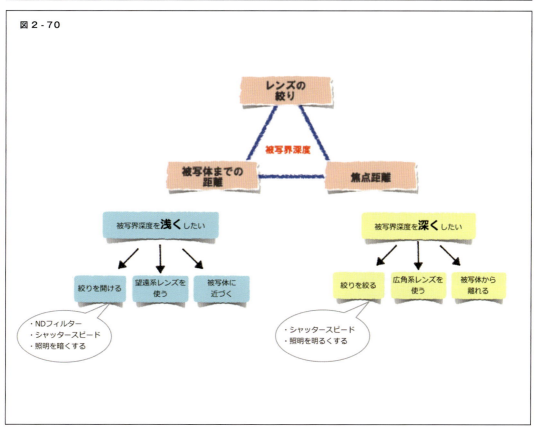

61

フォーカスが合っているように見えます。これは被写体のボケが小さければピントが合っているように見えるからです。

そこで媒体によって、一定の許容量を参考にすることでフォーカス面の前後にも許容範囲があり、それは許容される粒子のボケの大きさにより左右されます。

絞りの形が円形ならば結像面上で結ぶ粒子のボケの像は円形となり、この円のことを錯乱円と呼び、許容の中で最大の錯乱円のことを許容錯乱円と呼びます。許容錯乱円の大きさの範囲内ではフォーカスが合ったように写り、センサー側ではその範囲を焦点深度と呼び、被写体側ではこの範囲を被写界深度といいます。

許容錯乱円はセンサーのサイズによって異なりますが、画像の仕上がりから許されるボケは経験的に導き出されていて、ライカサイズでは、0.033mm、映画の35mmサイズでは0.05mm、16mmサイズでは0.025mmが許容錯乱円の大きさです。

撮影するフォーマットが決まると許容錯乱円の大きさも決まり、焦点深度、被写界深度の範囲も決まってきますが、それには3つの要素があります。

① レンズの絞り（図2-71）

絞りAの時の焦点深度と絞りBの時の焦点深度を比べてみると、許容錯乱円が同じであれば絞りBの深度の方が深く、被写界深度は絞りを絞るほど深くなります。

② レンズの焦点距離（図2-72）

1人の人物を同じ大きさでワイドレンズと望遠レンズで捉えた場合、レンズによる深度の差がわかります。被写界深度はレンズの焦点距離が短いほど深くなります。

③ レンズから被写体までの距離（図2-73）

同じレンズで撮影した場合、遠いところにいる人物と近いところにいる人物を比較すると、遠くの人物の焦点深度の範囲が広くなり、被写界深度は被写体との距離が遠いほど深くなります。

これら3つの要素により焦点深度、被写界深

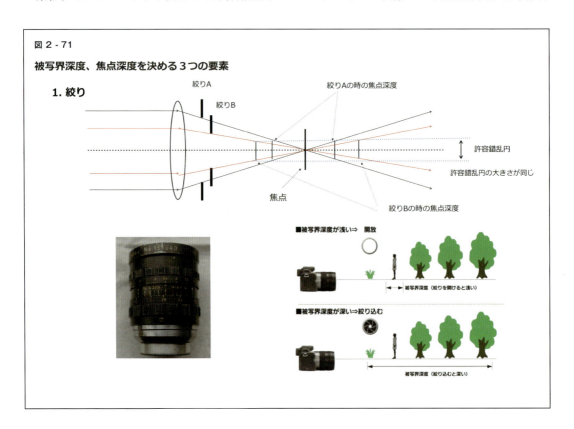

図2-71

被写界深度、焦点深度を決める3つの要素

【第2章】▶ 基礎知識編

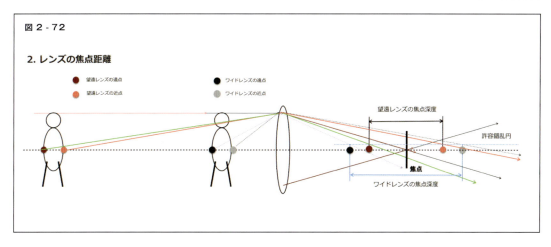

図2-72

2. レンズの焦点距離

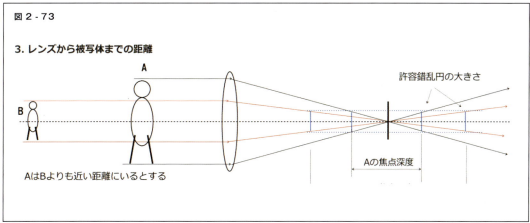

図2-73

3. レンズから被写体までの距離

AはBよりも近い距離にいるとする

度の範囲が決まります。

　撮影にはバックグラウンドをもう少しボカしたい、あるいはもっとシャープにフォーカスが合った状態にしたいという時に、被写界深度が影響し、これを利用することで狙いの映像を作ることができます。

(g) 過焦点距離 (Hyper-focal distance)
（図2-74）

　被写界深度を使って出来るだけ深くフォーカスを設定して撮影したい場合があります。

　例えば、何人もの人が出演している場面などで、全員にフォーカスが合った状態にしたい場合などです。

　レンズ上のある距離にフォーカスを置くと、その フォーカス位置の半分の距離から無限大（∞）まで被写界深度に入る距離があり、その距離のことを 過焦点距離 と言います。レンズの焦点距離と絞り、許容錯乱円をどの程度で定義するかで決まり、そのレンズにおいて最もフォーカスが深く合う位置とも言えます。

　図2-74においてAの位置が過焦点距離で、その位置でBもCも被写界深度内ですが、Dの位置だけフォーカスが甘いと言えます。これはDがフォーカスを置いた位置の半分の距離よりキャメラに近くなっているからで、過焦点距離から外れているのです。

　過焦点距離は、レンズの 焦点距離の2乗に正比例してレンズの絞りに反比例 するので、レンズの焦点距離が短いほど、近点からピントが合い、レンズの絞りも絞り込むほど近点からフォーカスが合うようになります。

　下記の公式で過焦点距離が求められます。

過焦点距離＝（距離×距離）÷（絞り×許容錯乱円）

63

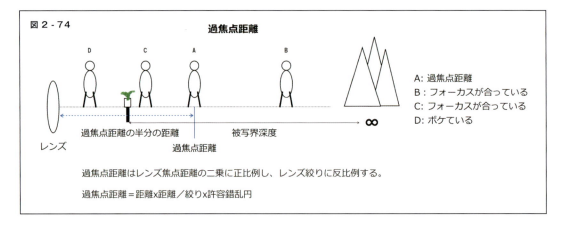

例：レンズが50mmでT4、許容錯乱円は映画の35mmフィルムの0.05mmとすると、

過焦点距離 ＝ (50 × 50) ÷ (4 × 0.05)
　　　　　＝ 2,500 ÷ 0.20
　　　　　＝ 12,500

となり、過焦点距離は12.5mで、過焦点距離の半分の距離6.25mからインフまでが被写界深度内になります。

例：レンズ20mmでT2、許容錯乱円は映画の35mmフィルムの数値0.05mmとすると、

過焦点距離 ＝ (20 × 20) ÷ (2 × 0.05)
　　　　　＝ 400 ÷ 0.1
　　　　　＝ 4,000

となり、過焦点距離は4mで、過焦点距離の半分の距離2mからインフまでが被写界深度内になります。

動画では、フォーカスの操作は被写体がボケない限り出来るだけ送らないのが理想で、被写界深度や過焦点距離を利用することで各ショットのフォーカスの位置を決めています。

焦点距離が短いレンズでは被写界深度が深いため、超広角レンズではフォーカスリングが設けられていないレンズもあります。

10. 照明

照明とは、明部と影、そして色をコントロールして作り出す光の芸術です。前述の第2章「光」でも触れましたが、太陽光はすべての色の波長を持ち、演色性に優れている特徴を持っていて、点光源でありながら、尚且つ平行光線であることも特徴です。

天気の良い日の太陽は点光源で、被写体に直射光が強くあたり、地面にくっきりと影を落とします。そして被写体の影の部分は空の反射と地上からの反射光を受けています。

曇天の日には太陽光が雲によって拡散し、天空光が面光源として柔らかな光で被写体や環境を照らし、地面の影はあまり感じません。

何気無く見過ごしがちな日常の灯りですが、映像照明は、この太陽と天空光の関係を参考にして組み立てられているのです。そして明部と暗部、色彩をコントロールして雰囲気を醸し出すのが映像照明です。

スタジオでの照明は、撮影するには暗すぎるからライトを使い明るくするというのが本質ですが、それだけでは照明とは言い難いのです。撮影には創作意図を含んだ照明設計が必要で、それは作品における撮影者の意図や、全体を通しての照明の方向性と各シーンの雰囲気などです。

照明には太陽光だけの場合、太陽光と人工光線の場合、そして人工光線だけの場合など幾つかの状況が想像されます。それぞれの場合にお

【第2章】▶ 基礎知識編

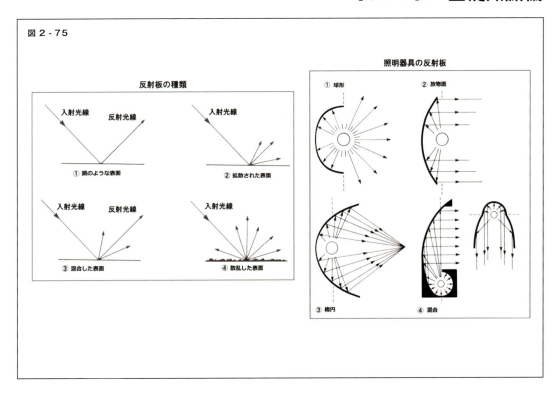

図2-75

いて点光源や面光源などの光の質や色、光を創造するための適切な照明機材を選ぶことから照明が始まります。照明機材は用途別に沢山の種類があり、使用方法や注意点を知っておくことが必要です。

(a) 反射素材（図2-75）

照明機材に組み込まれている反射板には様々な機能があります。反射板の凹凸は光の質と照射距離に作用し、サイズは光の質に影響します。反射板が小さいほど点光源に近くなり、大きいほど面光源の性質を持ちます。

① 鏡面
鏡のような表面で、入射光と同じ角度、同じ強さで反射する表面です。

② 拡散された表面
入射光とは反射面で逆の角度に拡散して広がりますが、入射光よりは弱くなります。

③ 混合した表面
入射光に対して同じ角度で反射する強い反射と小さな反射があり光が拡散します。

④ 散乱した表面
入射光は広範囲に不規則に散乱して反射します。

このように性質の違った反射板があり、ライトの用途によって使われ方が変わってきます。

図2-75はこれらの反射板を使って作られたライトの概略図ですが、ほとんどのライトがこれらの反射板の応用で作られています。

(b) 反射鏡面の形状と反射光

鏡面の反射板を使えば、点光源を得ることができ、ランダムに凹凸をつけた反射板を使えば、中程度の照射距離でやや弱めの点光源となります。また、艶のない拡散する反射板を使うと照射距離の短いソフトな光を作ります。

① 球面反射

光を前方に拡散反射させるライトで、反射板の形状（球面や多面など）から、ある程度光の方向付けもできます。表面の材質や凹凸をつけるなどの加工によって拡散反射面の反射率を変化させ、光の質と照射距離を変えます。ライトへの応用は、レンズの有無に関係なくもっとも

多く使用され、フレネルライト[18]などに使われています。

② 楕円

楕円面の反射鏡は焦点が2つあり、1つの焦点（光源）からの光をもう1つの焦点に効率よく集める構造です。オープンフェイス[19]のライトがこの応用で、フレネルライトよりシャープな影を作ることができ、同じ消費電力でフレネルライトの約1.5倍の光量が得られます。

③ 放物面

反射鏡がパラボラ状のものは、焦点に置かれた点光源の反射光は平行光になり、照射距離が長くなります。サーチライトや灯台などのライトがこの応用例で、照明用としてはパーライト[20]に使われています。レンズの種類によって照射範囲（ビーム角）が変わるので、灯体の他に何種類かのレンズを交換して使います。フレネルライトと比べると2倍の光量が得られます。

④ 混合曲面

最もソフトな光を作り出します。影のない広範囲に拡散する光が得られるため、通常抑えのライトに使用します。しかし最近では柔らかな光をキーライトに使用することもあり、これをキーライトにすることも珍しくありません。モールリチャードソン社のスクープライト[21]がこの形をしていて、日本には殆ど入って来ませんでしたが、非常に柔らかで魅力的な光でした。

(c) HMIライト （図2-76）

映像照明で使われる代表的な照明機材です。
HMIは高圧放電灯の一種でオスラム社が撮影用に開発した照明用ライトです。外部のバラスト（電流制御と昇圧装置）からDC電圧を使って発光させ、昼光に近いスペクトルと約6,000Kの色温度の光を作ります。ただ他の光源とは違い、点灯後色温度が安定するまでのウオームアップ時間が数分必要です。

以前は各地方の電力周波数の違いからフリッカーが出ることもありました。カメラの開角度とバラストの周波数を合わせることが必要でしたが、今はフリッカーフリータイプのバラストになりハイスピード撮影でも使用できる様になりました。

一番の特徴は電力の使用量が少ない割には熱効率が良く、タングステンライトに比べて、明るく力強い光を作ることが出来ます。おおよそですが575WのHMIライトで2KWのタングステンライトと同等の光量が得られます。

小型のHMIライトでは家庭内の15A（アンペア）のコンセントから電源を取ることが可能になり、ロケセットでの照明を大きく変えました。大きなライトを使うときに必要だったゼネレーター（電源車）が必要でなくなったのです。

(d) LEDライト

発光ダイオードを使用した照明機材です。色温度の調節(3,200K ～ 5,600K)が簡単にできるので、これまでのようにライトの色温度調整にフィルターを使用する手間が減りました。

新製品が出るごとに演色性も上がり、今では蛍光灯の演色性を超えています。HMI程の光量は無いのですが、電源がAC/DC兼用で消費電力が少なく、バッテリーでも使用できるので配線する手間も省けます。

筆者が初めてLEDライトを使ったのが2010年ごろで、その頃は光量調節も色温度調節も出

---

*18 凸レンズを使用したライト
*19 レンズを使用しないで反射板だけのライト
*20 何種類かのレンズを付け替えて使用するライト
*21 反射板だけでソフトな光質なライト

【第2章】▶ 基礎知識編

図2-76

来なかったのですが、小型でバッテリー仕様で光量が強力だったので、絶えず抑えやキャッチライト[*22]に使っていました。今は改良され電力消費も少なく発熱も殆どないことから、瞬く間に撮影現場に導入されましたが、色温度調整の広域化と高光量へまだ開発の余地があると思います。

(e) 蛍光灯ライト

日常生活であらゆるところに利用されている蛍光灯ですが、これを撮影用に使い始めたのはそう古いことではありません。

蛍光灯を使い始めた頃はフィルム上にグリーン被りがあり、これを抜くことが難しかったのですが、ラボとフィルム会社の努力によって徐々に解決していきました。蛍光灯の色温度は約5,000Kで、色温度では大きな問題ではなかったのですが、分光分布を見ると蛍光灯には極端に緑の成分が多かったのです。

今でもグリーン被りはありますが、オフィスなどをロケセットで使う場合は、蛍光灯にマイナスグリーンの蛍光灯補正フィルターを1本づつ巻きつける方法か、ライトにプラスグリーンのフィルターを使い、後処理でグリーンを抜いています。

[*22] 眼に光の玉を作り、魅力的にするための専用のライト

67

90年代にグリーン被りの出ない撮影用蛍光灯が開発されましたが、今度は撮影場所の蛍光灯と撮影用の蛍光灯を交換する作業が必要になりました。

　そして高周波のフリッカーレス・バラストになると、消費電力が少なく灯体が軽いキノフロ社の蛍光灯が爆発的に現場で使われ始めました。

　ロケセットの室内灯の代わりにキーライトとして使ったり、普通のライトでは当てきらない場所へ単管の蛍光灯を仕込むことで、細かなライティングも出来る様になりました。

　灯体全体の面積がありましたからディフューズしなくても面光源としての利用もできることや、家庭用のコンセントから電源を得られる低消費電力なことが大きな魅力でした。

　LEDライトが登場するまでは、蛍光灯の照明器具は軽くて明るい照明機材としてあらゆる現場で使われていました。

(f) タングステンライト （図2-77）

　映画の初期から使用されていた照明機材で、裸電球からスタジオで使われる20kwの大型ライトまで照明機材では幅広く使われています。

　種類の多さと扱いやすいことから今でも撮影所ではタングステンライトを使うことが多く、光質が柔らかく色味が暖かい良さもあることが多用される理由です。しかし、フィラメントを燃焼させて光を作るため、効率が悪く電力の20%位しか光として利用出来ないことで、熱になっていくのが欠点です。

(g) 光源の色分布と演色性 （図2-78）

　太陽光は全ての色光を含んでいます。しかし人工光では全てのスペクトルを含んでいない光源もありますので、光源の性質を示す演色性という評価値を参考にします。

　同じ服が、昼間の太陽の下で見る色味と人工

図2-77　タングステンライト

【第2章】▶ 基礎知識編

図2-78

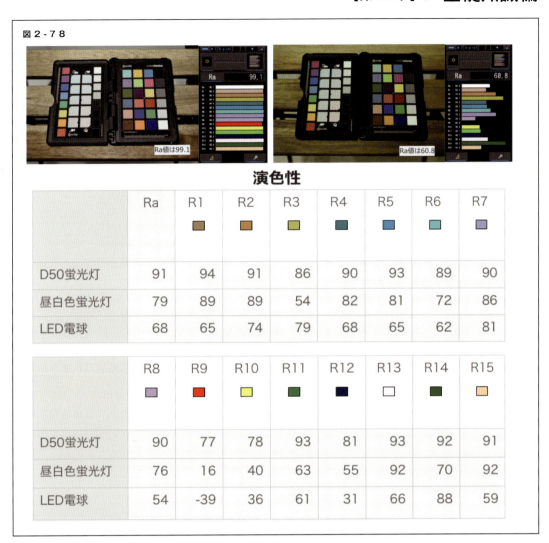

演色性

	Ra	R1	R2	R3	R4	R5	R6	R7
D50蛍光灯	91	94	91	86	90	93	89	90
昼白色蛍光灯	79	89	89	54	82	81	72	86
LED電球	68	65	74	79	68	65	62	81

	R8	R9	R10	R11	R12	R13	R14	R15
D50蛍光灯	90	77	78	93	81	93	92	91
昼白色蛍光灯	76	16	40	63	55	92	70	92
LED電球	54	-39	36	61	31	66	88	59

光では分光分布が異なるため、色味が違って見えることがあります。その色ズレの度合いを数値化したものが演色評価数（Color Rendering Index）です。

ライトに含まれる色光の成分が、色温度だけでは再現されないことから近年この演色性が注目を浴びてきました。これはCIE標準光源[*23]を基準として光源の色に含まれる色光の再現性を数値化したものです。

基準となる演色評価用色パッチがR1～R15まであり、R1～R8が平均演色評価用で、その数値を平均した値が演色評価数「Ra」で光源の演色性の指標となっています。R9～R15は特定の色再現性の評価に用いられ、R9は彩度の高い赤、R15は標準的な日本人の肌の色など光源の演色再現性と色再現の指標となります。いずれも100が最高数値で、光源自体の演色性の特性を把握でき、高い次元の光源管理ができます。

＊23　CIE（国際照明委員会）によって定められた人工光源のこと

11. 照明光の4要素（図2-79）

映像照明においての基本的な原則は、**主光源はただ1つ**であり、その他のライトはすべて主光源に従属し、補助となるものでなければならないということです。

そして照明が満たすべき、一般的なガイドラインは次のようなものです。
① 被写体の形を適切に表せること
② 被写体の立体感や材質感を適切に表せること
③ 影の濃度やボケ具合が適切なこと
④ シーンにおける雰囲気を表現していること
などです。

映像のライティングは自然に見えることを目標にライティングをしていきますが、自然と違うのは三次元のものを二次元に再現し、それを三次元的に見えるようにすることです。

ライティングを始めるにあたって具体的に4つの要素があります。

(a) 光色

映像を見て最初に感じるのは色調です。色調の印象は観客に強く影響を与えるので、まず狙いの色温度の設定を決めます。

(b) 光質

光の硬さ、柔らかさを表す間接光や直接光などがあり、光質の違いを決めます

(c) 方向性

被写体にどの方向から光を当てるかを決めます。正面やサイド、後ろからなど色々な角度が考えられます。

(d) 光量

キャメラの感度と絞りをきめ、必要な明るさを作ります。

この様な基本を理解した上で具体的な照明をしていきます。

図2-79

光の4要素

A) **光色** 　　加法混色、減法混色、色温度などによる違い

B) **光質** 　　間接光と直接光などによる光の硬さや柔らかさ。
　　　　　　　ライトの種類によると光質の違い。
　　　　　　　透過と反射による光質の違い。

C) **方向性** 　どの方向からライトをあてるかの違い
　1）レンブラントライト　　被写体の斜め約45度の角度と高さからあてると影に立体感が出やすい。
　2）フロントライト　　　　キャメラまたは被写体の真正面からの光。雨戸を開けた瞬間のような感覚。
　3）トップライト　　　　　被写体の真上からの光。ダウンライトの真下にいるような感覚。
　4）バックライト（艶、逆）　被写体の真後ろや反逆めからの灯り。背景から際立たせたり、髪の毛の艶を作る。
　5）サイドライト　　　　　被写体の横目からあてる。半面光ともいう。
　6）フットライト　　　　　被写体の真下からの光。不自然な配光で不安さを感じさせる。補助光としても使う。
　7）ベースライト　　　　　撮影場所全体のローベースとして全体的に回った光。暗部をコントロールする。
　8）バックグラウンドライト　主に背景を照らすライト。窓からの光だったり、アクセントを作ったりする。
　9）フィルライト（抑え）　　通常はキャメラの光軸近く、柔らかい光質で影が出ないようにあてる。

D) **光量** 　　キャメラの感度による違いによる適正光量の違い。
　　　　　　　ダイナミックレンジの違いでのハイライトや暗部の光量の違いがある。

12. 3灯照明（図2-80／写真2-81）

人物は映像にとってもっとも代表的な被写体であり、さまざまな照明技術が試されてきました。そのもっとも基本的な方法が3灯照明です。

3灯照明とは、キーライト、フィルライト、バックライトの3灯で被写体をライティングします。それぞれのライトは図2-80のような位置関係にあります。

(a) キーライト

文字通り中心になるライトのことで、最も大きく、明るく被写体を照らすライトのことで、キーライト、メインライトなどと呼びます。ショットにおいて光の方向性を決めるライトであり、画面の灯りを支配するライトとなります。

3灯照明のキーライトは、平面、高さ方向ともにプレーンの位置（45度）からあてるのが基本で、方向は被写体の形状や特徴によります。

画面に窓などの光源が入っている場合とそうでない場合では少し考え方が異なってきます。

光源が画面に入っている場合は、光源から光が来ているような位置にキーライトを置くことが基本で、画面に光源がない場合は、キーライトがあたっているような自然な位置を決めなければいけません。

人物の場合は特に顔が重要なので、例えば右頬に痣がある人の場合、できるだけ目立たないように左側からキーライトをあてるという配慮が必要です。また、前髪が斜めにかかっている人物には、前髪の影が顔にかからない方向からキーライトをあてるべきでしょう。

(b) バックライト（ヘヤーライト）

人物の上部後方からあて、毛髪の表現にディテールを加えるライトをバックライトと呼びます。

人物の輪郭をくっきりと浮かび上がらせる効果があり、髪の毛や肩の線などの立体感や質感が向上します。例えば、黒い壁を背景として人物を撮影すると、黒髪は黒壁に溶け込んでしまってのっぺりとした画になってしまいますが、こうした場合にバックライトをあてることによって髪の毛や肩の線がはっきりし、立体感や質感が向上します。

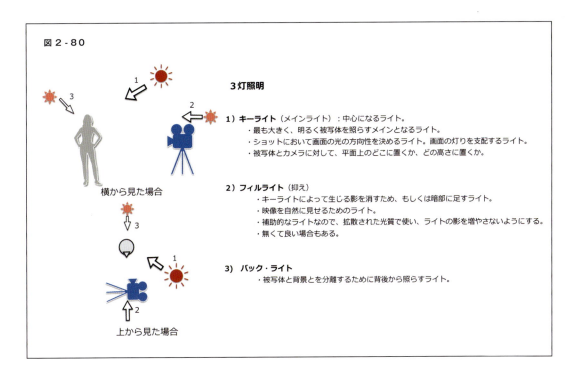

図2-80

3灯照明

1) **キーライト**（メインライト）：中心になるライト。
 ・最も大きく、明るく被写体を照らすメインとなるライト。
 ・ショットにおいて画面の光の方向性を決めるライト。画面の灯りを支配するライト。
 ・被写体とカメラに対して、平面上のどこに置くか、どの高さに置くか。

2) **フィルライト**（抑え）
 ・キーライトによって生じる影を消すため、もしくは暗部に足すライト。
 ・映像を自然に見せるためのライト。
 ・補助的なライトなので、拡散された光質で使い、ライトの影を増やさないようにする。
 ・無くて良い場合もある。

3) **バック・ライト**
 ・被写体と背景とを分離するために背後から照らすライト。

写真 2-81

3灯照明 / 全てのライト / 抑えのみ / バックライトのみ / キーライトのみ / キーライトと抑え

　バックライトが強いほど劇的・演出的な雰囲気がでますが、デジタル映像の再現領域の向上により、弱い自然な感じでの照明方法が多くなっています。

(c) フィルライト（抑え）

　キーライトの影になる部分を救う補助的なライトです。現場では抑えと呼んでいて、ライティングの最後の段階で作ります。

　通常はキャメラの光軸近くから柔らかめの光質で人物の影が出ないようにあてます。照明比[*24]で決まった光量をあてることもありますが、キーライトを極端に強くとる場合もありますから、露出点からの光量で決めておく方が良いと思います。

　抑えのライトを置く位置ですが、キャメラを跨がない位置で抑えを当てると人物の最も暗い部分が残り、キーライトで出来た鼻の影も弱まります。キャッチが2つになるようでしたら、抑えの位置かキーライトの位置を変え、キャッチは出来るだけ1つにします。

(d) その他のライトの種類

① アンビエンス

　自然界で言えば、太陽光の反射や天空光など拡散された光のことで、場所全体に散乱している光をこう呼びます。抑えとは意味合いが違います。

②バックグラウンド・ライト

[*24] キーライトと抑えのライトの強さの割合

【第2章】▶ 基礎知識編

被写体の背景となる壁やスクリーンにあてる照明です。このライトは基本的にはそのシーンの雰囲気を作ります。窓からの光の角度や強弱でシーンの時間や季節を感じさせたり、夜などは明暗を創ることで演出的な効果をもたらします。

③ **キャッチ・ライト**

人物の目の中に丸い光点を入れるライト。この丸い点を目の黒い部分に入れると目に力が出てきます。小さなレフで当てる場合もあります。

④ **ヘヤーライト （キッカー）**

被写体の上部後方からあて、毛髪の表現にディテールを加えるもの。顔に漏れないようにし、必要量は髪の色と輝きによって決めます。最近は、弱いヘヤーライトにするか使わない場合が増えてきましたが、これはデジタルでは暗部の描写が良く髪とバックの分離が出来やすいことや、ロケセットでは逆のライトを作ることが難しいことが理由だと思います。

⑤ **リムライト**

窓辺にいる人物など、光源を背負った状態の光で、場合によってはキーライトとして使われます。主に逆目かサイドからの明かりです。

⑦ **フットライト**

下からくる明かりです。太陽の光の反射を考え、地面、畳、水面の反射などの雰囲気を作ると効果的です。通称おばけライティングとも呼ばれ特殊な場合に用いられます。

⑧ **エフェクトライト**

警察の赤灯、サーチライトなどで光を強調させる演出的な効果となります。

⑨ **アクセント・ライト**

強調したい物にハイライトをあてることで、画面のアクセントとするものです。

人物撮影の場合は、髪の毛にあてることも多く、その名前からわかるようにスポット光にしたり、バーンドアを調節したり、フラッグで余計な光をカットして、必要な範囲以外に光があたらないようにします。

13. 人物へのキーライト（写真2-82）

(a) ブロードライティング

キャメラ側からキーライトを作るやり方をブロードライティングと呼び、痩せた顔を健康的に見せ、ほっそりした顔のライティングに向きます。

ブロードライティングでは、キーライトが正面気味から当てられますので抑えは弱くして、顔の暗部の出具合と、首の下の影の出具合で調節しています。

(b) レンブラント

ポートレイトのライティングでよく知られるのはレンブラントライティングです。キャメラと反対側からキーライトを作るやり方で、影の部分が多い重厚なポートレイトの撮り方です。

暗部を多用してドラマチックな表現をした画家レンブラントにちなんで名付けられた呼び名で、暗部になる顔半分の頬骨辺りに三角形のハイライトを作るライティングのことを言います。

絵画や版画で明暗のコントラストによって立体感を出す表現技法をキアロスクーロといいますが、これはイタリア語で「明暗」を指します。レンブラントライティングはポートレイトにおける「キアロスクーロ」のひとつです。

顔の立体感を強調して力強い印象を出し、顔を細く見せるので、ちょっと太った人をやせて見せたり、丸顔の人を大人っぽく見せたりできます。

日本ではこの例のようにキーライトが逆側に回った位置をレンブラントと呼ぶことが一般的になっています。横顔も鼻筋に対するライトの角度が45度であればレンブラントで、キャメラの撮影方向に拘らずレンブラントと言えます。

レンブラントライティングではキャメラ側に暗部が多くできますが、光量操作によって増減することで、痩せて見えたり太って見えたりと

73

写真2-82

レンブラント	スプリットライト
ループ	バックライト
バタフライ	フットライト

表情をコントロールしやすいので、映画、TVではこの方法でキーライトを作ることが多いです。

しかしレンブラントライトにも問題点はあります。立体感が強調されすぎて、顔が老けて見えるのです。特に眼窩が深い欧米人の場合は、目の部分に影が強く出てしまい、ハイライトと暗部のメリハリがつきすぎる欠点があります。

(c) ループ

レンブラントの特徴である、閉じた三角形ハイライトを無くすために、レンブラントよりもライトの位置を下げ、目の部分にも光があたる

【第２章】▶ 基礎知識編

ようにすると、暗部側の頬の影と鼻の影が無くなりますが、新たに鼻の影が丸く出てきます。その影の形からこの照明をループライトと呼んでいます。

　写真が一般的になると、アメリカではよりカジュアルな印象のポートレートが好まれるようになりレンブラントほど暗部が重くならないループライティングが主流になりました。

　最近は光も全体的に回し気味でコンストラストはさほどつけませんが、基本の部分にはレンブラントやループの考え方があります。

　日本人の顔は、今でもループよりレンブラントライティングが基本にあり、極端な陰影がつかないのでレンブラントライティングが向いていると思います。

(d) スプリット

　スプリットライトというのは、Split（分割する）の字のごとく、鼻梁を境にして、暗部側とハイライト側をきっちりと分けるライティングです。1灯でライティングコントラストをつけるとかなりドラマチックになります。通常は抑えでシャドー側の明るさを補うのですが、太った人をやせて見せる時に使ったりします。

(e) バタフライ

　やや斜め上正面からのトップライトで、鼻の下の影が蝶々に見えるのでバタフライライトと言います。メインライトが顔の真正面に来て、普通の卵型の顔に最も無難で、特に若い女性に適している魅力のあるライティングとされていて、キーライトとしてよく使われます。少し顔が膨れて見えますが、影の面積が少なく明るい表情になります。

　顔の骨格ががっしりとした男性だと、上方からの光が滑らかに下に回らず、変な影ができたり、耳の上にハイライトが出来るので、男性にはあまり向きません。

14. 照明比と画面の印象

(a) 照明比 （写真2-83）

　照明比とは、被写体のキーライトに対する抑えのライトの強さの割合です。

　キーライトが1の光量とすると、抑えが半分の光量だと照明比は2：1、同じくキーライトが1の光量で、抑えの光量が1/4の場合の照明比は4：1となります。

　最近のライティングは間接照明が多く、光源も大きいことから暗部にも光が回り、最近は照明比という考え方が薄れてきたように思います。モニターで暗部まで見えるため、フィルライトを使わない映像もよく見かけ、そのため計算外の印象的なショットもあります。

　ただコントラストの強い画面では、やはり暗部を揃えておかないと、ショットの印象がバラついてしまいます。見た目だけで撮影を続けると全体の統一感が薄れますので、露出計を使って照明比を揃える方が良いと思います

　劇映画では作品ごとに光量比を決めて撮影しています。特に生ライトでは、抑えを使わないと暗部が極端に暗くなりますので、光量的に照明比を揃えています。主にアップでの照明比を揃えないと、シーンによって被写体がキツイ性格に見えたり、逆に優しそうな性格に見えたりするものです。

　男性の被写体は5：1など少しコントラストをつけ、女性の被写体では3：1くらいにして暗部を男性に比べて抑えを強くし、柔らかな印象にしています。

(b) ローキートーン

　画面の暗部の階調を多めに使う表現をローキートーンと言います。

　心理的、あるいは時代的に陰鬱な印象を作りたいときに明るい部分を極力排し、暗部のディテールを多く使った画作りをします。

写真2-83

照明比2：1

照明比4：1

照明比8：1

　ローキーでフラットな画面作りでは陰気、不安、弱さなどが表され、直接光でのライティングでは尊厳さや威厳、力強さを表します。

　デジタルでは暗部の階調がフィルムと比べると出やすいのですが、ノイズも出やすくなりますので、撮影段階で同じような平面的な色味のバックグラウンドは避けるべきです。

(c) ハイキートーン

　画面のハイライト部分の階調を多く使う表現をハイキートーンと言います。

　心理的、あるいは場面的に明るい印象を作りたいときに暗部をできるだけ排し、ハイライトのディテールを多く使った画作りをします。ハイライトを白く飛ばすこともありますが、露出オーバーとは異なります。

　フラットな照明と組み合わさると、上品でしっとりした雰囲気になり、直接光でのライティングでは鮮明、陽気さ、希望などを表します。

　デジタルではハイライト部分の階調表現が弱く、キャメラの設定でニーや、ニー・アパチャーを利用しながらモニターで確認しながら撮影した方が良いと思います。

【第3章】
テクニック編

1. 映像の基礎知識

(a) 映画のアスペクト比 （図3-1／図3-2）

　映画館で上映されている映画には色々な画面サイズ（アスペクト比）があり、アスペクト比に合わせてカーテンで横を広げたり天地を仕切ったりして調整しています。

　アスペクト比は、映画が発明された当初エジソンが1:1.33（4:3）を採用したことから始まり、サイレント映画の時代はこのサイズで上映されていました。映画に音が加わったトーキーの時代に1:1.37の比率に変わり、それ以降このサイズをスタンダード、あるいはアカデミーサイズと呼んでいます。

　テレビの出現によって、映画に付加価値をつけるために出現したのが、大画面の横長サイズのシネマスコープ（1:2.35）です。これは20世紀フォックス社の登録商標で1953年以来このアスペクト比は存続していて、アナモフィックレンズ*1という特殊なレンズで撮影時に横を圧縮し、上映時にそれを再び広げた横長の画面で上映されています。

　図3-1のようにネガ上では圧縮された楕円ですが、上映時には正円になります。アナモフィックレンズの製作は難しく、ヨーロッパではフィルムをサウンド面まで使い上下をカットするスーパー35mmの方式を開発し、シネマスコープの比率を採用した撮影方法が生み出されました。日本では1956年に新東宝がシネマスコープを最初に取り入れ、各映画会社は自社の名前を冠して上映していました。

　TVの地デジ放送でテレビが横長(16:9)になった頃から、映画では再びシネマスコープのアス

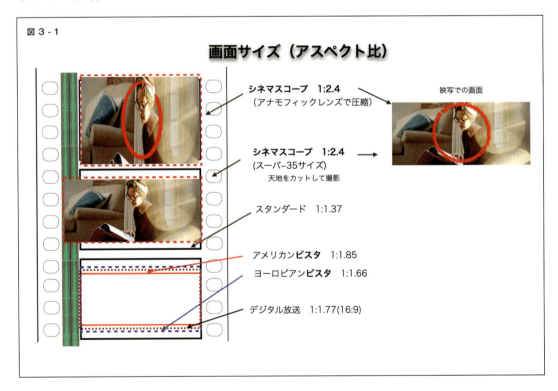

図3-1

＊1　画面の縦はそのままで横を２倍圧縮する様に設計されたレンズ

【第3章】▶ テクニック編

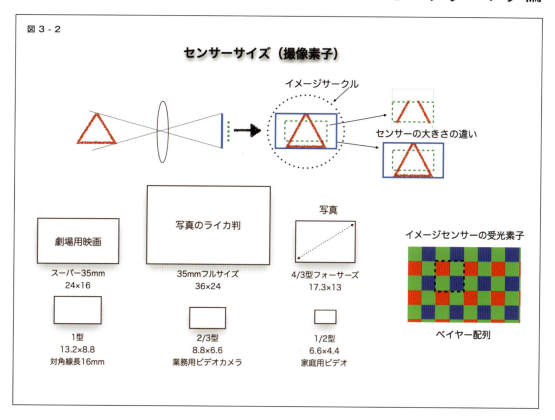

図3-2

ペクト比が人気になっています。

　最近はシネマスコープの作品でもアナモフィックのレンズで撮影している作品と、普通のレンズで撮影し、センサーの天地をカットするスーパー35mmの方法で撮影をしている映画があります。光源のボケ足が楕円形になっているのがアナモフィックのレンズで撮影された映画です。

　シネマスコープとほぼ前後して、パラマウント社がフィルムを横走りにして通常の2駒を1駒として撮影し、焼き付けの段階で1駒にしたものをビスタビジョン(1:1.85)として開発しました。今ではこの方式での上映は無くなりましたが、アスペクト比だけが残り、アメリカンビスタ或いはビスタサイズと呼ばれています。現在の映画館での上映サイズはシネスコとアメリカンビスタが大半を占めています。

　今は少なくなりましたが、ヨーロピアンビスタ(1:1.66)というアスペクト比もあり、アメリカンビスタより天地が少し広くなり、ヨーロッパではこのサイズが多かったのです。今は映画館でビスタサイズと表示されている作品は通常アメリカンビスタでの上映です。

　TVのデジタル放送(16:9)のサイズは、ちょうどアメリカンビスタとヨーロピアンビスタの中間サイズになっています。

(b) テレシネ変換とフィルムスキャン
（図3-3）

　映画のフィルムは1秒間に24駒の静止画を使って映像を記録していますが、テレビは1秒間に30枚のフレームを使い、さらに偶数と奇数の2つのフィールドに分けられて記録されています。フィルムで撮影された素材をTV信号に変換するためにはテレシネ変換とフィルムスキャンという2つの方法があります。

　これは、1駒を1フレームに1：1で変換してしまうと1秒につき6フレーム分不足することになり、その補完処理のために2-3プルダウンという特殊なコマ送り機構で映画をTV放送用に変換する処理が必要になり、これをテレシネ変換といいます。

79

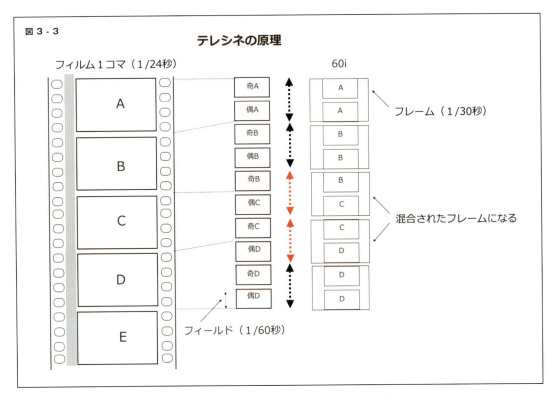

図3-3 テレシネの原理

　具体的には図のように最初のAの駒を2枚（奇数、偶数フィールド）、次のBの駒を3枚（奇数、偶数、奇数フィールド）、次のC駒は2枚（偶数、奇数フィールド）と順次割り当て、これを繰り返すことにより24駒を60枚の信号に変換しています。

　一方フィルムスキャンはコマ数の変換作業をする必要がなく、フィルムにある画像の情報をそのまま読み取りデータに変換します。変換の方法もいくつかあり、1駒ごとにデジタルデータに取り込む方法とフィルムを映写機のように連続走行させて取り込む方法があります。他にも、フライングスポットと呼ばれる点光源でスキャンする方法と連続走行させながら線でスキャンする方法があり、スキャンする際には2K/4Kなどの画素数とダイナミックレンジ、カラースペース（色域）を選びます。

　スキャンデータはテレシネよりフィルムの階調をダイレクトに取り込め、ネガの持つ広いラティチュードからビデオに圧縮するので、カラーコレクションという色味を整える作業にも自由度があります。

　映画「R－100」[*2]の準備で16mmからテレシネとスキャンの両方をテストする機会がありましたが、映写で区別するのが難しいくらい両者のクオリティが拮抗していました。

(c) キネコとフィルムレコーディング

　TV信号をフィルムに変換することを**キネコ**と言い、デジタル画像処理されたデータを駒単位で露光する作業を**フィルムレコーディング**と

---

*2　2013年に公開された松本人志監督作品第4弾

いいます。

　キネコはテレシネと同じようにテレビの30フレームとフィルムの24駒ではフレームレートが合いませんから、以前はテレビ画面をフィルムで再撮影していて、画質的にもよくありませんでした。

　しかしテレダイン方式と呼ばれる、テレビ信号のフィールドをフレームメモリーに蓄積して、フィルムの移動時間とテレビ信号の差を埋めようとする方法が考え出されました。

　この方式は、第1フィールドと第2フィールドをフレームメモリーに蓄積して1駒目に記録。続いて第3フィールドと第4フィールドがフレームメモリーに入り、2駒目に記録されます。実時間では第3フィールドが表示されている時にフィルムの駒移動が行われるため、本当は第3フィールドは半分しか表示されていません。しかしフレームメモリーに蓄積されているため2駒目には、第3フィールドと第4フィールドが記録されています。第5フィールドが表示されている時には、2駒目の記録とフィルムの移動が行われているため第5フィールドはフレームメモリーには蓄積されずにスキップされるのです。第6フィールドからは第1フィールドと同じことが繰り返されます。

　フィルムレコーディングは新しい技術で、デジタル画像の解像度と階調のデータをフィルムレコーダーを使い駒単位で変換していきます。

　デジタル信号の色再現範囲（色域）とフィルムの色再現範囲が異なるため、カラコレで色調整する必要があります。

　近年、スキャニングデータからの変換だけではなく、HDキャメラ撮影のデータからの変換もできるようになってきました。しかし劇場での映写が、フィルム上映からデジタルのDCI-P3という規格になり、フィルムに変換することが少なくなったことからあまり聞かなくなりました。現在ではデジタル上映された映画をアーカイブ用に変換する作業が多いと思います。

【第3章】▶ テクニック編

2. 画面サイズ

(a) 画面サイズの種類（写真3-4）

　画面内の被写体の大きさや呼び方は監督や撮影者によってそれぞれ違ってきます。ここでは、標準的な呼び方で分類しています。

① **ロングショット（L.S）**

　被写体だけではなく、周囲の状況が中心となる大きく引いたサイズで、人物より状況や風景を見せるためのショットです。

② **フルショット（F.S）**

　人物の全身が写るショット。立っていても座っていても足の先から頭まで入るサイズ。車とか建物の全景とかにも使われます。

③ **ニーショット（K.S）**

　膝から上の7分丈のサイズ。

④ **ウエストショット（W.S）**

　腰のベルトから上半身のショットで、俳優の身体全体の動作やアクションを感じさせながら顔の表情の変化が見えるサイズです。

⑤ **バストショット（B.S）**

　胸から上のショット。台詞がある時のメインのショットになり、台詞と一緒に顔の表情や感情を見せたいときに使われるショット。

⑥ **クローズアップ（C.U）**

　顎から頭いっぱいに入っている大きさ。眼や顔の表情がはっきり見え、感情を表す時にも使います。レンズも広角、標準、望遠のいずれもクローズアップに使えますが、ショットに与える視覚的な特性は異なります。

　一方、小物のタバコとか鉛筆などはクローズショットとも呼びます。

⑦ **エクストリーム・クローズアップ（E.C.U）**

　現場ではビッグ・クローズアップと呼び、目のみ、口のみといった顔の一部です。通常とは違った見え方になり、視覚的に記憶に残るものとなるので一番強く見せたい時に使います。

　以上が標準的なサイズの呼び方ですが、人に

写真3-4

画面サイズの呼び方
・ロング・ショット
・フルショット
・ニーショット
・ウエスト
・バスト
・アップ

← フルショット

ニーショット（7分）

バスト

ウエスト

アップ

より呼び方も違いますので、あくまで参考にしてください。

　ロング・ショットになるほど画面内の情報量が多く、観客が映像を理解するのに多くの時間を必要とするので、ショットは長めに撮影します。

　これらのサイズを様々に組み立て、各サイズをバランスよく撮影しておくと、編集でリズムが作りやすくなります。

(b) カットの種類　（写真3-5）

　日本の映画・TV界ではカットとショットの違いが曖昧ですが、カットは編集でショットは撮影時の呼び方が多いように思います。ここでは編集上の呼び方で説明していきます。

① 単独

　シングルとも呼び1人だけのカット。単独ロング、単独フル、単独アップなどがあります。撮影の時は1人ではワンショット(1S)、2人の時はツーショット(2S)、全体をグループショット(GS)などの呼び方もあります。

② 切り返し

　2人の会話で、反対の人物へカットが移行すること。単独での切り返し、両方を舐めての切り返し、あるいは片方だけの舐め返しなどがあり、撮影では人物の大きさを揃え、同じレンズを使い、キャメラから同じ距離で撮影します。

【第3章】▶ テクニック編

写真3-5

| 1 単独 | 2 切り返し | 3 舐め |
| 4 越し | 5 ツーショット | 7 ©「ミセス・ノイズィ」製作委員会 |

これは、一方がサイズ的に大きくなり心理的にも強くなることを避けるからです。

③ 舐め

2人の会話などで手前の人物をボケで感じさせながら相手を撮影することや、前景に大きく何かを感じさせて風景やグループショットなどを撮影することです。関係位置をそれとなく説明しています。

④ 越し

ツーショットの一種で、手前の人物の動きや芝居も含んだ大きさで、奥にいる人物を撮影することです。人物だけではなく前景にストーリーに関係ある物を配置して、後景の風景やグループなどを撮影することもあります。

⑤ ツーショット

1つのショットで2人の人物を撮ることです。シーンの内容次第で画面内の2人の調和と不調和の両方を表現することができます。

⑥ 主観ショット

P.O.V(Point of View)や「見た目」とも呼び、特定の人物の見ためを模したショットで、カメラはその視界の主である人物の目の位置に据えられます。主人公の目を通して観客にその世界を見せることで、主人公への感情移入を誘うのに利用されることが多いです。

写真3-6

ハイアングル

ローアングル

⑦ ハイアングル（写真3-6）

被写体を見下ろすように捉えたショット。これによって被写体は小さく弱いものに見えます。

⑧ ローアングル

被写体の下から見上げるように捉えるショット。被写体は実物以上に誇張され、力強く支配的な印象を与えます。

83

(c) ショットの種類 （図3-7／写真3-8）

撮影現場でよく使われる用語を挙げます。現場によっては異なった呼び方かもしれません。

① エスタブリッシングショット

初めて画面に登場する場所を説明する目的や、また芝居が室内で行われている時の場所説明のためのショットです。

② マスターショット

シーンを代表し、全ての俳優の動きやセリフが入っているショットのことです。このショットでの人物の動き、セリフ、目線など全てが、後のショットの指標になります。撮影時にこのショットから撮影するとスタッフ全員がこのシーンを理解でき、しばしば1シーン1カットで撮影されます。

③ カバリッジショット

マスターショットで成立しなかった芝居部分や、キャメラの裏になった人物の芝居をカバーするためのショットです。

④ ピックアップショット

マスターでもカバリッジでも成立しなかったショットを別撮りすることです。小物撮影や実景撮影を言うこともあります。

⑤ シンメ

シンメトリーの略で、例えば2人の俳優を画面の左右の同じ位置に配置することです。

⑥ ドンデン

現在のキャメラポジションからキャメラが180度反対側に行くことです。場所説明や演出的に用いられます。

⑦ 引き打ち

映画の嘘で、壁に寄りかかっている人物を舐めで撮影するときなど、実際にはキャメラが入れないポジションに入り撮影することです。セット撮影では壁などが取り外せるため、しばしば成立していない引き打ちのショットが見られます。

図3-7のAの場合、キャメラ位置が1の後、2に入ることが不自然に見え、映画の文法上、引き打ちが成立していない。このように人物がいる場合、キャメラ位置は3では成立するが、4のように大きく手前の人物を舐める場合はやはり不自然になる。5のように後ろから入る場合も成立するが、Bの大きさにもよる。

Bの場合、Aが壁から離れているので、引き打ちが成立する。

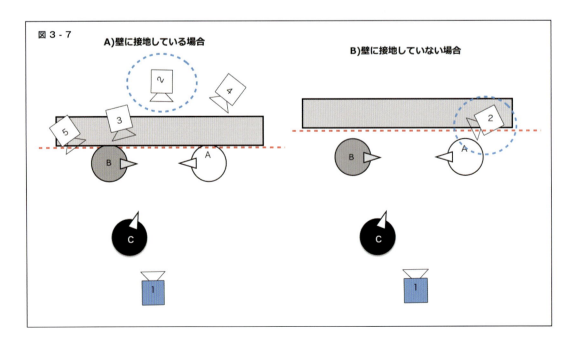

図3-7
A)壁に接地している場合
B)壁に接地していない場合

【第3章】▶ テクニック編

写真3-8

1 エスタブリッシュショット　2 マスターショット　3 カバリッジショット　4 ピックアップ　5 シンメ

© 「ミセス・ノイズィ」製作委員会

(d) イマジナリーラインの理解

2人以上の会話シーンを撮影する場合、彼らを結ぶ想定上の線を引き、その線を越えずに撮影すると観客が登場人物の方向や会話の相手を自然に認識できます。その想定上の線を**イマジナリーライン**と呼んでいます。

(イ)の撮影例　（図3-9）

例えば図3-9の（イ）の例のように撮影された場合、観客は誰と誰が話しているか解りづらいのです。これは、2人とも同じ方向を見ているので、誰と会話をしているか曖昧になり混乱するからです。

しかし、（ロ）の例のように一定の法則に基づいて撮影された場合、観客は状況が理解しやすくなります。

映画やTVドラマを見ていると、時々誰と誰が会話をしているか混乱することがあります。例えば某国営放送の朝ドラなどはしばしば見受けられます。この番組は、数台のマルチカメラで撮影していてキャメラポジション的に正しい位置に入れないのでしょう。視聴者はそうい

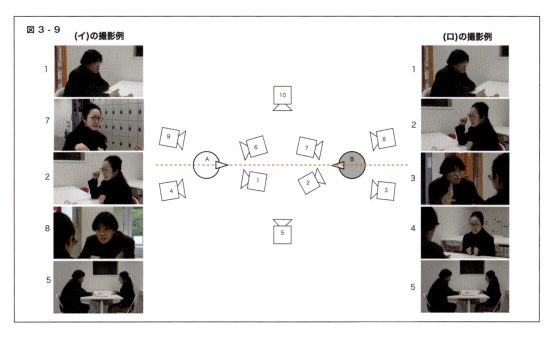

図3-9　(イ)の撮影例　　　　(ロ)の撮影例

85

う映像に慣れているので、あまり気にならないと思いますが、著者には気になる場合があります。

(ロ) の撮影例

まず人物A,Bを結ぶライン赤い線を想定します。これがイマジナリーラインです。

Aを撮影する時、キャメラの位置を①で始めますと、人物Aは右目線[*3]になります。次に相手Bを撮影するのですが、Aを①の方向から撮りましたからBを同じラインの方向②の位置で撮り、Bは左目線になります。これが⑦の方向から撮るとラインを超えてBは右目線で撮影され、先程の混乱していた図3-9の(イ)の例のようになります。

③の位置でBを舐めて[*4]Aを撮影する場合、①と同じラインの方向になり、Aは右目線です。切り返し[*5]でAを舐めてBを撮影の場合、②と同じライン方向の位置④で撮影、Bは②と同じ左目線になります。

引きのショットで2人の横位置を撮影する場合、今までと同じライン側の⑤の位置で撮影すると、2人とも目線は①②と同じ方向になります。

これがイマジナリーラインを想定して目線を合わせた基本的な撮影方法で、2人の関係位置がはっきりして、観客に混乱はありません。

イマジナリーラインとは観客が画面を見て理解しやすいように考えられたもので、2人以上の登場人物がいる場合の基本となり、3人になっても10人になっても同じようなラインを引いて撮影します。登場人物が多い場合、ラインはマスターショットに準じて会話を中心に動き、イマジナリーラインも動いていきます。

1人の登場人物の場合は、混乱することがありませんのでどう撮影しても問題になりません。

(ハ) ラインを跨ぐ時 (図3-10)

前の例のようにイマジナリーラインを想定した場合、①、②の次に⑥、⑦の方向での撮影は混乱が生じますので、ラインを跨がないように

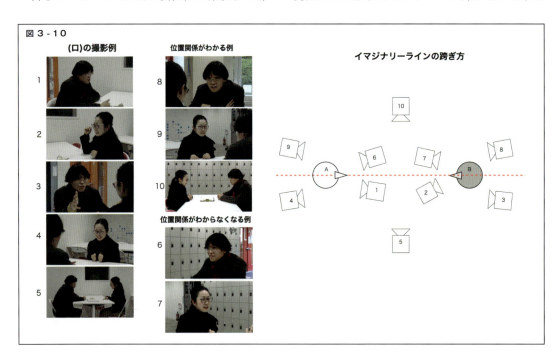

図3-10

---

* [*3] 画面で右方向を見ていること
* [*4] 対話の相手を少し画面に感じさせる撮影方法
* [*5] 対話の相手側を撮影すること

【第３章】▶ テクニック編

して撮影していきます。しかし長いシーンだとそうはいきません。同じ方向のバックグラウンドばかりを見ているのでは撮影が単調になってしまい、観客も飽きます。

このようなときにドンデン*6の方向へカメラが行く可能性があります。A、Bの反対側の顔を見せたいとき、⑤の方向から誰かが登場するとき、⑤の方向の場所を見せたいとき、そしてシーンが長いため変化をつけたいときなど意図的にラインを跨ぐことも必要で、そのための跨ぎ方があります。

2人の位置関係が解れば良いのですから、⑧、⑨の舐めのショットや⑩のドンデンのショットでは問題無く跨げます。

ラインの跨ぎ方は、舐めのカットなど2人以上の関係位置が示されていれば成立するということです。

気をつけなくてはいけないのは先程の⑥、⑦の単独のショットです。

これらは⑧、⑨、⑩のラインを跨いだ後だと観客は位置関係を理解していますから、何ら問題はありませんが、今度は①、②が編集上では不適切な位置になります。

編集で⑥、⑦のカットが先に出てくると観客の心理に少しショックを与えることになり、ホラーなどでは良いでしょうが、一般的には突然すぎるかも知れませんので⑧、⑨、⑩のショットの後に来るように考えておいた方が良いと思います。

基本的に、単独のショット*7はラインに対して同じ方向でのポジションを選択し、ラインを跨いだ後はその方向でのポジションで撮影するということです。

しかし、演出的に混沌や、不安、イラつきなどを狙うときは、このような観客に混乱を与えるショットを意図的に混ぜ合わせる方法もあり、それは間違いとは言えません。

(二) 複数人物のイマジナリーライン (図3－11)

登場人数が増えてもイマジナリーラインの基本は2人の時と同じですが、想定するラインを

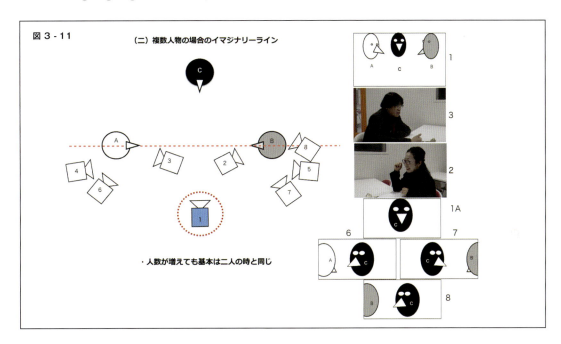

図3-11　(二) 複数人物の場合のイマジナリーライン

・人数が増えても基本は二人の時と同じ

---

*6　キャメラが180度反対方向へ行って撮影すること
*7　一人だけのショットのこと

動かしていく必要が出てきます。

　キャメラ位置を3人が見えるマスターショット的な①のポジションにした場合を考えます。

　イマジナリーラインはAとBの間に引かれ、その中でAは右目線で③の位置、Bは左目線で②の位置で、2人の場合と一緒です。

　ただCの場合、単独では①と同じ位置の①AがA・Bとのカットバックの素材になり、左目線の場合はAを見ていることになり、右目線のときはBを見ていることになります。ただCの単独のショットの場合、どちらを向いているかをはっきりさせるため、Aを画面左に舐めた⑥のCは左目線、Bを画面右に舐めた⑦の右目線として、A・Bとのカットバック[*8]を撮影することがあります。

　演出的な狙いから⑧のようなBの後ろ姿を画面左に舐めたショットも考えられますが、この場合Cは左目線となりますので、カットバックの素材として新たに⑨のようなBの右目線のショットも必要になります。

(ホ) キャメラがドンデンにいった場合 (図3–12)

　図3-12はキャメラがドンデンの⑪の位置になった場合です。イマジナリーラインは同じようにAとBの間になります。目線は先程までとは逆になりA、Bのショットとしては⑨、⑩のポジションに入ることになります。CはA・Bに合わせたカットバック素材が必要になります。

　このショットに対してCは真後ろにキャメラ

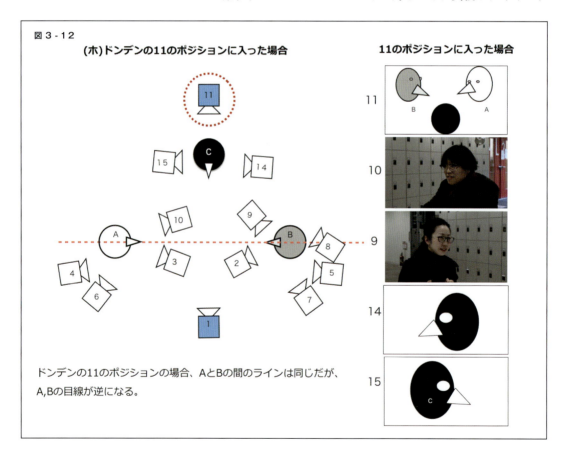

図3-12　ドンデンの11のポジションの場合、AとBの間のラインは同じだが、A,Bの目線が逆になる。

---

*8　対話の相手を交互に撮影すること

【第3章】▶ テクニック編

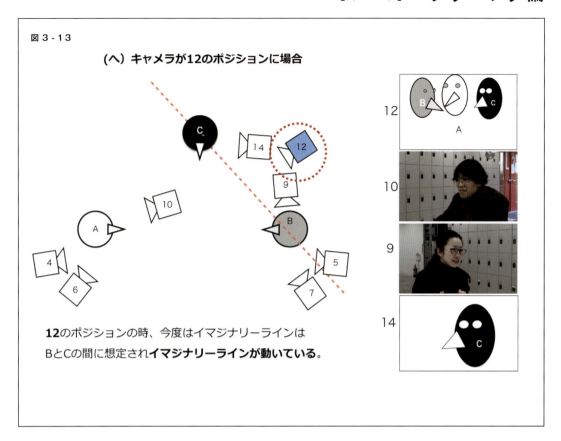

図3-13

がありますが、ショット的には⑭、⑮になり、AかBの会話によってAのときは⑭、Bのときは⑮となります。

(ヘ) キャメラが⑫のポジションの場合
（図3-13）

図3-13は他の3人を捉えるポジション⑫です。このショットのイマジナリーラインはBとCの間に想定され、イマジナリーラインが動いています。

BとCの会話ではBは右目線の⑨、Cは左目線の⑭、AはBかCの会話によって目線が変わるので、素材的には左右の目線のショットが必要になりますが、基本はこれまでのカットバックと同じです。

(ト) キャメラが⑬のポジションの場合
（図3-14）

図3-14は先程の⑫とは逆の⑬のポジションです。AとCの会話になり、このショットのイマジナリーラインはAとCの間に想定され、再びイマジナリーラインが動いています。

AとCのカットバックのポジションはそれぞれ⑩と⑮です。Cは⑮で右目線になり、Aは⑩で左目線です。Bは②でCとのカットバック用に左目線のショットが必要になり、Aとのカットバックに⑨で右目線のショットが素材的に必要になります。その時のカットバックでAとCも③と⑭でそれぞれ必要になります。

3人の場合を説明しましたが、2人の場合のイマジナリーラインと同じで、問題なのは単独ショットになります。この場合だと①A、②、③、⑩、⑭、⑮がそれにあてはまり、どのポジションの後に単独ショットが入るかによってそれぞれキャメラの入る場所が異なってきます。

3人以上になっても基本は同じようにラインを引き、見ている観客が混乱しないようにすれば良いわけです。

イマジナリーラインの基本は、画面の中での関係位置が解ればその単独ショットはラインに準じて撮影するということで、ポジションが変わっても今度はその関係位置の中で新たなライ

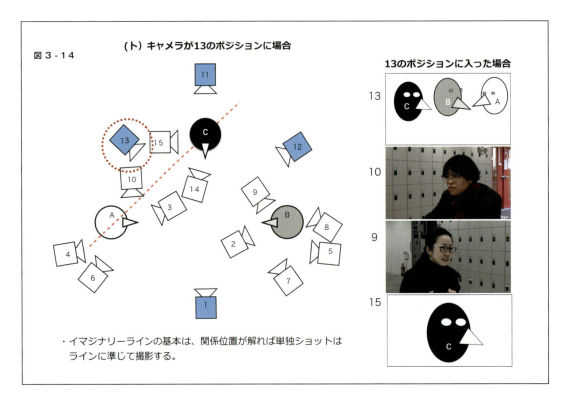

図3-14 (ト) キャメラが13のポジションに場合

・イマジナリーラインの基本は、関係位置が解れば単独ショットはラインに準じて撮影する。

ンを引いてやれば解決します。

　最近の映画の撮影は、1カットずつ撮影していくのではなく、芝居を通して撮影していく傾向なので、芝居を中心に撮影していくとイマジナリーラインを跨いでいることがあります。こうした場合、編集された作品は、芝居や目線の方向も混乱してしまった作品になりがちで、その対処としてはとにかく素材を沢山撮り、その中で正しい目線のショットを撮影するしか方法は無く、編集であまり気にならないことを祈るしかありません。

　技術的なイマジナリーラインのことを述べてきましたが、これを利用する演出的な効果は計り知れません。

3. 映画撮影の基礎的パターン

　映画やテレビドラマには脚本があり、それぞれのシーンには狙いがあります。その狙いをいかに表現するかが演出であり、撮影技術です。

　短編でも長編でも、それらの映像構成は幾つかのパターンを利用して組み立てられています。映画、テレビドラマをショットで分析していけば、どんなショットの組み合わせでシーンが構成されているかを知ることができ、キャメラを動かさないことにも動かすことにも何らかの意図を感じます。以下、そのキャメラワークの基本的な意味を述べます。

(a) フィックス

　フィックスは文字通りカメラを固定して撮影することで、キャメラワークとしては撮影の基本になるものです。物事を客観的に見せる場合に使われることが多く、シーンの始まりの場所説明や、シーンの終わりの結果説明などに使われています。

　例えば学校の教室の全景を捉えるためキャメ

ラポジションをフィックスで考えると、意外とそのポジションは多くないことに気づきます。

フィックスで成立するショットは簡単なように見えますが、作品の印象を左右するものであると同時に、撮影者の画作りのセンスを発揮できる場面でもあります。ですからフィックスの撮影は慎重に行われるべきで、特に適切なサイズの選択が求められます。

作品中でもっとも多く使われるショットで、パンやズーム、ティルトなどカメラを動かす撮影でもフィックスの画面で始まりフィックスで終わります。

フィックスで撮影された映像は落着きがあるのですが、作品によっては画面が落ち着きすぎることを嫌い、従来なら三脚に載せてフィックスで撮る場面でもあえて揺らしたり、手持ちにして微妙な揺れを意図的に創りだし、フィックスで撮らないという手法もあり、これらは画面に臨場感や躍動感を与えます。

しかし、緊張感があるフィックスの画面が作れるなら、それがもっとも力強いと思います。

(b) パン

これは、カメラを水平方向に動かすことを言います。映画の初期は今のような広角のレンズが無く、全てを見せる時にはパノラマのようにカメラを左右に動かして撮影していたので、そこからパンと言われるようになりました。

今でも広大な風景で広さを見せる時には使い、スイッシュパン[*9]を使い、場所飛ばしで振り込んだり、人物をフォローしたり、人物から違う人物へパンなど色々な種類のパンがあります。

パンのスピードやタイミングは、そのテーマや意図によって変わりますが、パンの出足や止まりがスムーズにいかないとショットの雰囲気が壊れることがあります。特にパンのスピードはそのショットの印象を作ります。

長いストロークのパンや、微妙な決まり位置のときは、身体の体勢をあらかじめパンの終わりで決めておき、その体勢でパン頭の位置から撮影を始めるとうまくいくと思います。

パンやズームなどカメラや焦点距離を動かしながら撮影する方法には1つの決まりがあります。それは被写体「A」から始まり被写体「B」へパンやズームなどをする時、一般的には「A」より「B」の方が重要な意味があると言われていて、「B」を中心に考えます。しかしこれはあくまで基本であって必ずというわけではありません。

また、パン頭と尻の場所で露出値が違う場合がありますが、その修正の値が2絞り程度ならパンしている間にそれらを修正すると観客に気づかれずに修正できます。差が大きい場合は絞りを変えていることが観客にわかってしまい、不自然な印象になるので勧められません。

実景などの場合は左右両方向のパンを撮影しておくと、編集上使いやすくなります。

パンをはじめカメラを動かす撮影の場合、説明的な意味合いが強く、それを解らせるためハッキリと目的を捉えることが必要です。

(c) ティルト

これはカメラを垂直方向に振ることです。パンアップ、パンダウンとも言いますが、正式にはティルトアップ、ティルトダウンです。

使用する意図や技法上の注意点はパンとほぼ同じですが、パンは広さを表すのに使われますが、ティルトは大きさを表すときに使われます。

ティルトアップ独特のニュアンスとして、希

[*9] 素早いスピードのパンのこと

望、これから、といった心理面の演出効果が込められ、ティルトダウンの場合は結果を見せるような時に使われています。

高い建物の場合、ティルトアップしてその大きさを表したりしますが、同じ建物でもティルトダウンではその効果が少ないと思います。

(d) ズームアップ、ズームバック

焦点距離を変えることが出来るズームレンズを使い、画角を意図的に変化させる手法です。広角から望遠にすることをズームアップあるいはズームイン、望遠から広角にすることをズームバックもしくはズームアウトと呼びます。

ズームアップの効果は特定の被写体の強調や視点の誘導に使われ、ズームバックは、被写体と周囲の関係の説明や、正体の開示、説明、種明かし、開放、弛緩などに使われます。

ズームは肉眼ではあり得ない映像表現なので、効果的な反面、多用すると映像が貧相に見えてきます。必要性をよく考え、演出上の意図がない無意味なズームはしないことです。逆に多用して強調するなど特殊な効果を狙うこともあります。

アンジェニュー[*10]のズームが発売されて間も無く、ある化粧品のTVCMで主人公に急激なズームアップを繰り返す映像がありましたが、最近はズームにモーターをつけて使うことが多く、風景や人物のカットバックにゆっくりしたズームの動きをつけて平板な感じを避けるショットなど、ズームの使い方も変わってきています。

キャメラにズームレンズをつけていると、単玉と違いレンズチェンジの時間が短縮できるため便利ですが、その半面サイズを簡単に変更できるため、結果的にキャメラポジションが安易になりがちになる弊害もあります。監督によっては一切のズーミングを嫌う人もいます。

(e) トラックアップ、トラックバック
（写真3-15）

キャメラと被写体の距離を変化させる移動撮影です。ズームレンズと違ってレンズの焦点距離が変化することなく、キャメラが被写体に近づいたり、離れたりする映画独特の主観的な表現になります。

目新しい方法ではありませんが、縦、横、斜めの動きでキャメラを前進、後退させ、複数の動きを連続して見せることができます。

直線と円形のレールがあり、芝居によってキャメラ移動のきっかけやスピードが芝居の一部になりますので熟練が必要です。

基本的には特機部が扱いますが、作品によって特機部がいないときもあり、日本では移動撮影を演出の一部として考え、助監督のチーフが移動車を押すこともあります。

沢山の中から1人に注意を集中させたり、移動しながら状況を見せておき、最後に重要な対象を見せるなど演出的な効果を出しやすい手法です。

写真3-15

[*10] ズームレンズの開発で知られているフランスの会社

【第3章】▶ テクニック編

(f) フォロー

被写体の動きに付けてキャメラをパンやズーム、移動撮影で追いかける方法です。画面中の主人公を注視させることが出来ます。

動く被写体に対して、キャメラを追随させて撮影する方法もあり、パンが固定した場所から視線だけを移動させるのに対して、フォローすると臨場感や迫力が増します。フレーム的には進行方向を少し広くとり、画面を流れる前景や背景を入れることで、移動の流動感を強調したダイナミックな画が生まれます。

ステディカム、モビ、ローニンなどの画像安定装置が出てきて、フォローショットも数多くのバリエーションが撮影できるようになり、特に長い距離をフォローできるようになったことが特徴です。

(g) フレームイン、フレームアウト

フレームインは画面の中に被写体が入って来ることで、アウトは逆に画面から外へ出て行くことです。

同じ動きが連続する場合の省略だったり、場所を大きく変える場合の手法として使われます。

画面の下手にアウトした場合、次のカットは上手からインさせ、逆もまた同じで、上手からアウトした場合は、下手からフレームインさせる。一種の文法のようなものです。

(h) フォーカスイン、フォーカスアウト

フォーカスを利用した省略の方法です。手前の人物から奥の人物へ、もしくは奥の人物、風景から手前の人物へフォーカスを移動することによって、興味の対象を特定する手法として使われ、また、ボケから始まるシーンやボケさせてから終わる場面転換などに使われます。

芝居に合わせたきっかけやスピードでフォーカスを送るのですが、対象が動いている場合、きっかけが難しく熟練した技術が必要になります。

被写界深度[*11]も影響し、前景からフォーカスを送る場合、カット頭のボケ具合が中途半端なボケだと違和感が残りますので、絞りの設定を考えなくてはいけません。

(i) 手持ち（写真3-16／写真3-17）

文字通りキャメラを手に持って撮影することです。

手持ちキャメラは多種多様な動きができ、画面に躍動感を与えるので、アクション部分や主観での撮影によく使われますが、キャメラの重量と構造によって手持ちのしやすいキャメラとそうでないものがあり、一概に軽ければ良いというわけではありません。

撮影しているときは、撮影者は案外自分のキャメラの揺れの度合いが解らないものなので、一度手持ちで撮影したカットを録画して確認してから本番に臨んだ方が良いと思います。

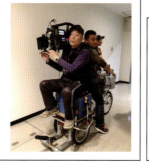
写真3-16

写真3-17

*11　レンズの項でも説明してあるが、フォーカスの合っている範囲のこと

4. キャメラテスト

(a) 画面サイズの決定

作品に入る前の準備で最初に決めるのは画面のアスペクト比です。上映や配信など作品がどういう配給をされるかによりますが、制作配給会社からサイズの指定がある場合を除き、プロデューサー、監督との話し合いで決めていきます。

ビスタ(1:1.85 or1.66)やHD(16:9)それともシネスコ(1:2.4)などのアスペクト比があることは以前述べましたが、作品規模や画面サイズによってキャメラやレンズを始め、付随するアクセサリーも大きく変わってきます。

予算によっては希望する機材がレンタル[*12]出来ないかも知れませんが、画面サイズによって作品も変わってきますので、脚本とロケ場所を考慮しながらプロデューサーと話し合いをします。

(b) 全体のルックを決める

画面サイズが決まったら、大まかな映像のルック[*13]を考えます。ウォームトーンかクールトーンか、それとも特殊なルックにするのかを脚本を十分に読んだ上で監督、プロデューサーと意見を交換していきます。

監督も大まかなイメージを持っていると思いますが、ロケハンや各部署との打ち合わせを繰り返していく中で、監督のイメージも変わってくると思いますので、撮影者独自の映像のルックは持っているべきです。

キャメラテストの頃には、監督のイメージも固まっていると思いますので、キャメラテストを一緒に見ることで監督とルックの共有ができれば良いと思います。

撮影の前に、基本的な色調や暗部の描写など、出来るだけ細かく打ち合わせができれば現場での画作りもスムーズにいきます。

(c) キャメラの選択 (図3-17A／図3-17B)

キャメラの機種によって、描写や色調、ダイナミックレンジはもちろん、キャメラの大きさでキャメラワークも違ってきます。

フィルム撮影の場合は、キャメラが変わっても狙いの画質やトーンはフィルムに依存していて、

図3-17A

レンタル機材仮発注申込書

株式会社ナックイメージテクノロジー　レンタルグループ宛
TEL：03-3583-7902　FAX：03-3583-7906

お申込日　平成　　年　　月　　日

制作会社	 TEL FAX	申込者	TEL 様
制作担当	TEL 様	レンタル期間	～
タイトル		チェック	有・無 /　月　日　時
備　考		建込み	有・無 /　月　日　時
		カメラマン	TEL 様
		助手・VE	TEL 様
		助手・VE	TEL 様

Ver.521111

カメラ	モニター / ミキサー
マガジン / レコーダー	カメラアクセサリー
ビデオアシスト	
レンズ	
ズームレンズ	オートズーム
フォローフォーカス	マットボックス/ライトウェイトマットボックス
バッテリー	バッテリーチャージャー
ヘッド	トライポッド ロングフォード　HD / MD トライアングル×
フィルター	
その他	

〒107-0052 東京都港区赤坂4-13-13 赤坂ビル1F　営業時間：午前9：30　～　午後6：00
○レンタルをご利用の際は弊社レンタル規約を事前に良くお読み下さい○

＊12　映画の機材は高価なものが多く、通常は作品ごとに借りることが多い
＊13　トーンなどの映像の印象のこと

図3-17B

デジタルカメラ

メーカー	Arri				RED			
機種名	ALEXA XT プラス	ALEXA SXT プラス	AMIRA	ALEXA Mini	RED monstro 8K VV	Helium 8K S35	SCARLET-W RED DRAGON	REAVEN 4.5K
センサー	CMOS 単板式 ALEV-III	CMOS 単板式 ALEV-III	CMOS 単板式 ALEV-III	CMOS 単板式 ALEV-III	35.4メガピクセル CMOS	35.4メガピクセル CMOS	13.8メガピクセル CMOS	9.9メガピクセル CMOS
センサーサイズ	28.25 × 18.17(ARRIRAWオープンゲート1:1.55)	28.25 × 18.17(ARRIRAWオープンゲート3.4K1.1.55)	26.40 × 14.85 (ProRes 4KUHD)	28.25 × 18.17 (MXF/ARRIRAWオープンゲート3.4K1.1.55)	40.96 × 21.60mm (対角 46.31mm)	29.90 × 15.77mm (対角 33.80mm)	25.6 × 12.72mm	23.00 × 10.80mm (対角 25.5mm)
	28.25 × 17.82(ARRIRAW4:3 Full)	23.76 × 17.82(ARRIRAW 2.8K 4:3)	26.40 × 14.85 (ProRes 3.2K)	28.25 × 17.82 (MXF/ARRIRAWオープンゲート2.8K 4:3)				
	21.27 × 17.82(ARRIRAW4:3 cropped シネスコ用)	21.38 × 17.82(ARRIRAW2.6K 6:5 シネスコ用)	23.66 × 13.30 (ProRes 2K 16:9)	21.12 × 17.70				
	23.76 × 13.37 (ARRIRAW2.8K16:9)	28.14 × 14.70 (ARRIRAW2.8K16:9)	23.76 × 13.37 (ProRes HD 16:9)	23.76 × 17.82 (ProRes 2.8K 4:3)				
	23.66 × 17.75 (ProRes2K 4:3)	28.25 × 18.17 (ProResオープンゲート3.4K 1:1.55)						
有効画素数	3424 × 2202(ARRIRAWオープンゲート1:1.55)	3424 × 2202(ARRIRAWオープンゲート3.4K1.1.55)	3200 × 1800 (ProRes 4KUHD)	3424 × 2202 (MXF/ARRIRAWオープンゲート3.4K1.1.55)	8192 × 4320	8192 × 4320	5120 × 2700	4608 × 2160
	2880 × 2160(ARRIRAW4:3 Full)	2880 × 2160(ARRIRAW 2.8K 4:3)	3200 × 18005 (ProRes 3.2K)	3424 × 2202 (MXF/ARRIRAWオープンゲート2.8K 4:3)				
	2578 × 2160(ARRIRAW4:3 cropped シネスコ用)	2592 × 2160(ARRIRAW2.6K 6:5 シネスコ用)	2868 × 1620 (ProRes 2K 16:9)	3424 × 2202 (MXF/ARRIRAWオープンゲート2K 6:5 アナモ用)				
	2880 × 1620 (ARRIRAW2.8k16:9)	2880 × 1620 (ARRIRAW2.8K16:9)	2880 × 1620 (ProRes HD 16:9)	2880 × 2160 (MXF/ARRIRAW 2.8K 4:3)				
	2868 × 2152 (ProRes2K 4:3)	3424 × 2202 (ProResオープンゲート3.4K 1:1.55)						
Dレンジ	14 stop	14 stop	14 stop	14 stop	17+ stop	16.5+ stop	16.5+ stop	16.5+ stop
感度(ISO)	800(160〜3200)	800(160〜3200)	800(160〜3200)	800(160〜3200)	250〜12800	250〜12800	250〜12800	250〜12800
フォーマット	ARRIRAW/ProRes/DNxHD	ARRIRAW/ProRes/DNxHD	ProRes422LT/422/422HQ/4444	ARRIRAW/ProRes	8K 24fps 5:1REDCORD	8K 24fps 5:1REDCORD	5K 24fps 5:1REDCODE	4.5K 24fps 5:1REDCODE
					8K 60fps 12:1REDCORD	8K 60fps 12:1REDCORD	5K 50fps 9:1REDCODE	4K 24fps 8:1REDCODE
					4K 24fps 2:1REDCORD	4K 24fps 2:1REDCORD	4K 24fps 3:1REDCODE	4K 24fps 3:1REDCODE
					ProRes4K/2K	ProRes4K/2K	ProRes 2K 422HQ,422,422LT	ProRes 2K 422HQ,422,422LT

メーカー	Blackmagicdesign		SONY				Panasonic		
機種名	URSA Mini Pro	Pocket CC 4K	VENICE	F65RS	F55	PXW-FS7 II	VARICAM 35	VARICAM LT	AU-EVA1
センサー	4.6K スーパー35MM CMOS	4/3 CMOS	6Kフルフレーム単板 CMOS	8K 単板CMOS	4K 単板CMOS	4K 単板CMOS	4K CMOSセンサー	4K CMOSセンサー	5.7K CMOS
センサーサイズ	25.34 × 14.25	18.96 × 10.00	36.20 × 24.10	24.70 × 13.10	24.00 × 12.70		26.68 × 14.18	17.30 × 13.00	S35:24.596 × 12.969
									4:3 : 24.576 × 13.824
有効画素数	4608 × 2592	4096 × 2160	2440万画素	2000万画素	890万画素	1160万画素	890万画素	890万画素	1725万画素
Dレンジ	15 stop	13 stop	15+ stop	14 stop	14 stop	14 stop(s-Log3)	14 stop	14 stop	14 stop
感度(ISO)	200 400 800 1600 3200	ダブルネイティブ 400/3200	Dual ISO500/2500	200〜3200(EI)	1250(S-Log2) 500〜4000	2000(S-Log3)	800/5000 Dual	800/5000 Dual	800/2500 Dual
フォーマット	Blackmagic RAW Constant Bitrate	Cinema DNG RAW	X-OCN 16bit リニアデータ	8K	MPEG-4HD(10bit 444,422)	XAVC-Intra(4K/QFHD/HD)	AVC-Intra 4K 422/AVC Intra 100	MOV(MPEG-4 AVC/H264Intra Profile)	MOV(MPEG-4 AVC/H264Intra Profile)
	Cinema DNG RAW	ProRes	Raw16bit リニアデータ	4K 16bit リニア Raw	MPEG-HD422(8bit 422)	XAVC Long		AVC-Intra 4K422/AVC-Intra 4K-LT	MOV 4K/UHD/2K/FHD
	ProResXQ/ProRes444		XAVC 422 10bit	HD MPEG4 SStP	XAVC 4K/QFHD/2K/HD	MPEG HD422		AVC-Intra4K444/AVCIntra2K4 22	AVC-Intra 422/AVC-Intra2K Long GOP
	ProRes422HQ/LT		ProRes 422/ProRes Proxy		16bit linear RAW 2K/4K	RAW(2K,4K)		ProRes 422HQ/4444	

　キャメラは撮影者の使い易さによって決まっていました。デジタル撮影に変わってからは、狙いのトーンはキャメラによって違ってくるようになり、撮影のキャメラを選ぶことはトーンを決めることになります。キャメラのトーンは実際にキャメラテストで比べる他なく、時間が許すのであれば実際にチャートと人物を撮影し比較テストをすることを勧めます。同じ条件下で想定するレンズを装着し撮影し、結果は映写による確認が必要で、発色や描写能力などですが、適正露出あたりの描写で差はなくても、ハイライトや暗部ではキャメラによる差が出てきますので、それを参考に好みのトーンを見つけることができます。

　他にもキャメラを選ぶ場合、考えなくてはいけないことがあります。それはポスプロでの仕

上げ方法と納品形態がキャメラを選ぶことに大きく影響するようになってきたからです。例えば、配信での納品は4K撮影が出来るキャメラを選ぶ必要があり、ポスプロの仕上げを含めた全体の納期に時間的な余裕がない場合には、ポスプロで処理の早い撮影データを考える必要があり、狙いのトーンによるキャメラの選択は最後に選ぶことになるかもしれません。

ラボの担当者に聞くと、現在はRaw撮影で持ち込まれる素材が1/3、ProResで持ち込まれるのが2/3の割合だそうです。取り込み方法やDI[*14]の機械によってプロセスが違い、キャメラテストの段階で仕上げの詳しい話し合いが持たれ、それからワークフローが決まります。

図5-1に機材発注表があります。概ね撮影機材レンタル会社にはこのような発注表があります。キャメラボディやレンズなど機材別に分かれていますので、それぞれ必要な機材を記入してオーダーします。

RawやLogで撮影をすることもあり、予定する仕上げまでの工程を辿って比較することが大切です。機種によっては数種類のガンマが内蔵されているキャメラもあり、それを選ぶことで決まることもあり参考も兼ねて前述の数種類のガンマを確認するべきです。

(d) 機材チェック

機材チェックではオーダーされている機材の有無と、それらが確実に使用できるかの確認をしていきます。最初は下回りから始めます。つまり、トライアングルからです。床を傷つけないために使うパンチカーペットや靴下と呼ばれるトライアングル[*15]のカバーですが、必ず必要ですので無ければ作ります。

三脚はスムーズに上げ下げ出来るかどうかで、見た目では分かりにくい金属部分が微妙に曲がっていることがあります。キャメラヘッドは油圧が番数ごとに効くかどうか、テンションが効いているかなど、キャメラワークに影響しますので念入りに調べます。

この様に機材を動かしながら、実際に撮影することを想定して問題点があれば、機材レンタル会社に相談し、修理、交換などをしていきます。

(e) フレームテスト (写真3-18)

これはフィルムでの撮影の際、ファインダーと撮影画面、映写画面の差が出ることもあり、実際に撮影したものを映写して見なければ確認できませんでした。ファインダーのズレはデジタルキャメラの構造上ありえませんが、映写画面とのズレ[*16]は確認する必要があります。

写真のように楔状のマーカーを、撮影する平面の左右と天地に貼り付け、映写して確認するのですが、1mmの差が何百倍にも拡大されることを考え、慎重に楔を貼ります。楔はモニター

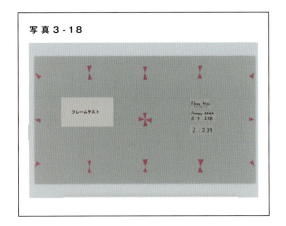
写真3-18

---

* 14 デジタルインターメディエイトのことで、撮影後の素材を納品にあわせて色調整や変換作業をする場所や、機材のこと
* 15 三脚の下部を固定する三角形の機材
* 16 撮影するフレームと映写されたものは映写画面の遮蔽の仕方によって異なるため

【第3章】▶ テクニック編

を見ながらフレームラインに沿って貼っていくか、1人がファインダーを覗き、別の人間が貼っていきます。

(f) レンズの選択
（写真3-19／写真3-20／写真3-21／写真3-22）

レンズのチェック項目としては、各レンズにおける色調の違いと開放でのレンズの鮮鋭度です。

色調の違いはマクベス[*17]のカラーチャートがわかりやすく、使用予定の全てのレンズをテスト撮影し、映写でレンズの色味を確認します。以前は、同じシリーズのレンズでも色調の違うものがありましたが、最近のレンズの色調は揃っていることが当たり前になっていますが確認のためにカラーチャートを使います。ズームレンズは単玉（単レンズ）のメーカーとは違うことがあり、単玉と多少の色味の差はあります。

鮮鋭度のテストは各レンズの開放値と2絞りほど絞った状態をジーメンスターのチャートを使って撮影します。特に画面周囲のチャートの模様に注目してください。収差が残っている可能性や、イメージサークルのギリギリまで使って画面を確保している場合もあり、写真3-28の様な画面周囲のフォーカスを確認するため映写での確認が必須な項目です。

他にもレンズの硬軟、艶、ブリージング[*18]の有無、ボケ味、光源のボケの形状、取り扱いの良否などもテストの項目です。

ブリージングに関しては、今の単玉はほぼ克服されていると思いますが、もし単玉でブリージングを感じるようなら、今までのテストがどうであろうとそのレンズを使うことはやめたほうが賢明です。撮影時、フィックスでのフォーカス送りが制限されるからです。

ナイターの撮影が多いときは光源のボケの形状を気にする必要があります。絞りの羽根の枚数が奇数か偶数によって光芒の出方[*19]が変わりますが、鮮鋭度には関係がありませんので、あくまでも絞りの形状がそのまま出ますから、円形に近い絞りを持つレンズにした方がボケを気にしないで撮影できます。

スチール写真のレンズを中心に製造していた国産のレンズメーカーも、最近はシネレンズの製造を始めツアイスと比べても遜色ない鮮鋭度を持った製品を作るようになってきました。

写真3-19

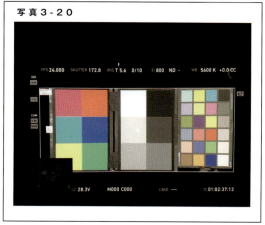

写真3-20

---

* 17　沢山の種類の色が並び、同時に比較できるチャート
* 18　フォーカスを送ることにより、レンズの画角がズームした様に少し動くこと
* 19　絞り羽根が奇数の場合はその倍数の光芒になり、偶数の場合はその羽根の数

97

写真3-21

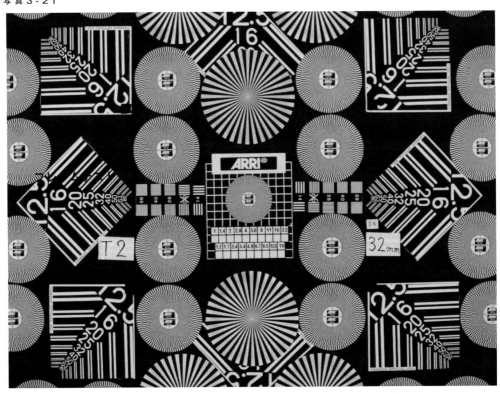

写真3-22　　　チャートで確認できるレンズ周辺の解像度

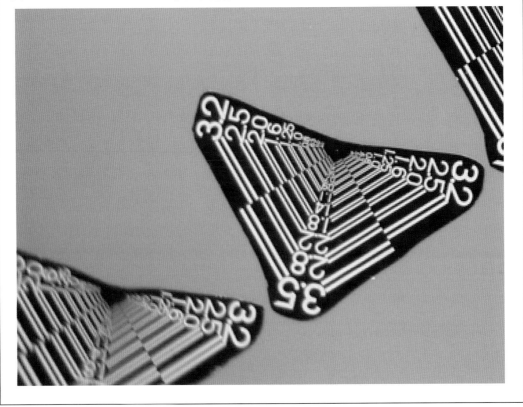

著者が使った中でもシグマの映画用レンズは切れ味も良く、ボケ味も他の外国のレンズと比べても遜色がありません。しかし国産メーカーのレンズは、今まで使っていたシネレンズと比べると開放値のバラツキ、レンズのミリ数でのF値の変化、フォーカス送りなど操作性では難点があります。

開放値のバラツキは、レンズメーカーが商品のイメージを少しでも高性能に見せるために明るく表示されているのだと思うのですが、我々はそもそも開放値で使うことは殆どなく、F値は暗くても引きと寄りのレンズが同じ方が良いと思います。

他にも、ズーミングしている最中に開放値が変わるレンズがありますが、スチール写真と違い動画で連続して撮影しているのですから、最初から絞ったF値を設定して撮影します。途中でF値が変わるようなレンズは受け入れがたいのです。

フォーカスですが、撮影助手のフォーカス送りは職人技であり、ピントの微妙な送り幅を気にします。特に10フィートから手前は送り幅が大きい方がピントを合わせやすいことなど、机上の設計では理解できないことが多くありますので、現場の意見を取り入れたレンズ設計が待たれます。その点ではパナビジョンのレンズは素晴らしく、一番フォーカスが送りやすかったと著者の記憶にあります。

最近のレンズでは鮮鋭度は十分ありますが、個性的では無く、わざと古いレンズで撮影することもあります。これはデジタルカメラのセンサーの解像度が上がり、新しい設計のシャープなレンズと組み合わせると、シャープ過ぎる結果だと思います。そろそろ鮮鋭度を追い求めるのではなく、個性などの方向へ行く時期かもしれません。2018年のInter Beeで、キャメラレンタル会社のナックが、コーティングを剥がしたレンズを参考出品していましたが、この例などから徐々に新しい考え方でのレンズが出てきた感があります。

【第3章】▶ テクニック編

(g) ピン打ち （写真3-23）

レンズにも距離目盛の基線は打ってありますが、フランジバック[20]の違いでスケールの目盛と違っていることが多いのです。そのため鏡胴に白いテープを貼り、全てのレンズの至近距離からインフ[21]までスケールで測りながら、レンズに新しいフォーカスの基線を書き込む作業です。

これをピン打ちといい、全てのレンズで手持ちのスケールとの距離を確認しながら新しく距離目盛をレンズに刻んで行く作業です。

スケールとレンズの基線がズレていると、計測した距離とフォーカス位置が異なり、正確なフォーカスが送れません。

写真3-23

＊20　レンズのマウント部分と焦点面の距離
＊21　インフィニティ、無限大のこと

(h) ダイナミックレンジ

（写真3-24／写真3-25／写真3-26／写真3-27）

使用するキャメラボディとレンズが決まったら、キャメラのダイナミックレンジ[*22]を調べます。

著者の場合、6段のグレーチャートと色の加法、減法両3原色があるカラーチャートで絞りを変えて撮影し、ダイナミックレンジを探ります。

黒バックにチャートを設置し、2灯のライトでキャメラを中心に45度の角度からライティングします。レンズの開放値にもよりますが、大体T5.6に設定し、反射と入射メーターで計測しながらノーマルの光量を設定します。両方のメーターが揃っていれば問題ないのですが、異なった値を示す場合は、取り敢えず入射メーターに合わせて反射メーターを調節します。もちろん後日メーカーに調節してもらいます。

写真3-24

適正露出でに撮影すると18％の3番は反射でN（ノーマル）、2番は2倍、1番は4倍の値を示します。下は4番が1/2、5番が1/4、6番が1/8になります。

同じチャートを同じ光量で3絞り開けてT 2にします。今度は3番が8倍、2番が16倍、1番が32倍となり、下は4番が4倍、5番が2倍、6番がノーマ

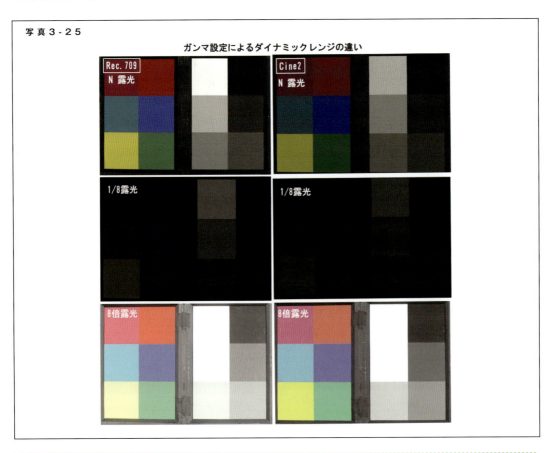

写真3-25

---

*22　暗部からハイライトまでの描写可能な範囲のこと

【第3章】▶ テクニック編

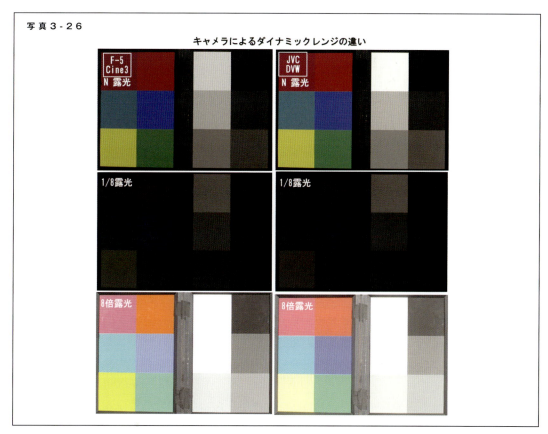

写真3-26
キャメラによるダイナミックレンジの違い

ルになります。これでハイライトの32倍までのダイナミックレンジを調べることができます。

　今度は同じチャートを同じ光量で3絞り、絞りT16にします。3番は1/8、2番は1/4、1番は1/2になり、下は4番が1/16、5番が1/32、6番が1/64になり、これで暗部1/64までの計測が出来、ダイナミックレンジの暗部を調べることができます。

　これで8倍から段階を追って1/64までの光量の違いがわかり、チャートを見てそれぞれが判別できている状態だと、この段階でこのキャメラは32倍から1/64まで描写できるダイナミックレンジがあると判断できます。チャートの隣同士が区別できない部分があると、その部分はダイナミックレンジに収まっていないことになります。

　このテストでは32倍までしか解りませんが、これ以上のハイライトを見るには、最初のレンズの絞りをT11あたりに設定し、その光量を合わせ、そこから絞りを開ける同じ作業をすれば確認できます。

写真3-27
Logのダイナミックレンジ

101

(i) 人物のテスト
(写真3-28／写真3-29／写真3-30／写真3-31／写真3-32)

これは人物の光量をT値[*23]から上下どのくらいに設定するかのテストです。

色温度は5,600Kで、キーライトは窓側からのフレアのみ、25mmでT5.6、画面左の人物からフレア向けで入射N（ノーマル）、1/2.5、1/4、1/8です。カメラに向けての暗部（フレアは切っています）は平板の入射は1/5、奥の人物だけが1/16です。壁の明部は反射5倍、暗部1/4でした。

写真3-29のアップは100mmでND0.6を入れT2.8で撮影しています。

これで見えてくることは、デイシーンでの室内はキーライトの入射1/2.5くらいまでが限界で1/4以下は暗すぎだということ。そして抑えは、キーNの場合は1/4程度が暗部のバランスが良いことがわかります。

写真3-30はデイオープンのテストです。50mm、T5.6、内蔵のND1.2を使用しています。入射は平板で計測し、天空N、カメラ向けの正面1/2.5、ライトで作ったハイは入射3倍です。反射ではAの白壁1.5倍、Bの白い車1.25倍、Cのグリーン1/6、Dのグレー壁1/2.5です。写真3-30の右側はこのデータを2倍絞ったものになります。

このデータから見えてくることは、暗い曇りの印象になっているので天空Nでは少し暗く感じますので、天空1.5倍くらいまで開けた方が明るい曇り日の印象になり、その時の正面の光量入射露出計を立て2/3になります。

このデータから見えることは、早朝や日が暮れた夕景には正面1/5くらいが丁度良いことがわかります。ライトで足したハイライトは3倍では物足りなく、当たる角度にもよりますが、2倍強い6倍くらいあっても良いと思います。

写真3-31はナイトオープンのテストです。色温度4,300Kで40mm、T4、テストでは写真の上から下の写真にパンしていて、最初のフレームはAとBの差が区別できる時間帯に狙っています。反射メーターでAの空は1/10、ビルが1/16になっていて、入射で天空は1/20です。画面右からの入射光量は平板で1/2、1/3、1/5、1/8になります。写真3-32の寄りも同じ条件での撮影です。

このデータから見えてくることは、引きの画

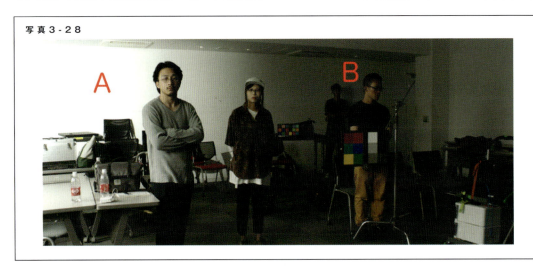

写真3-28

[*23] レンズの絞りのことでF値は計算値の明るさで、T値は実測の明るさ

【第３章】▶ テクニック編

写真3-29

100mm ／ T 2.8（T2.5, T2.8- あり）／ 内臓ND0.6

写真3-30

T5.6（2KはT4.5）

T8（2KはT6.3）

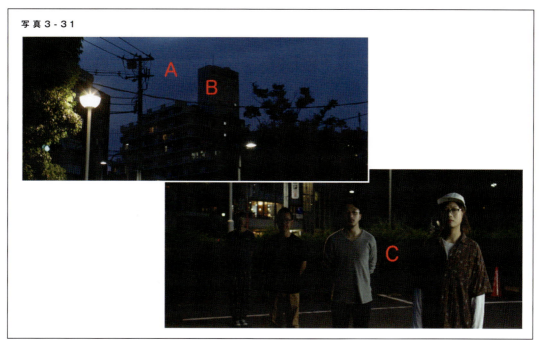

写真3-31

103

写真3-32

面の空はもう少し暗くても空と建物の区別が出来ているので、実際にはテストより光量を落とした条件で撮影した方が夜らしく見えるということです。

人物の明暗はロケ場所によって変わりますが、キーライト入射1/8では暗く、ナイターオープンで人物には1/3から1/5の露光をすることにしました。

写真3-32の寄りは少し暗めですので、寄りに関しては1/3を暗い場所での限度にし、1/2.5くらい欲しいところです。

この様なテストで本番での人物に対する光量が決まります。

(j) エフェクトテスト
（写真3-33／写真3-34）

写真はLut[*24]と人物の光量を決めた後にエフェクト用のフィルターのテストをしたものです。ロケセットでは空気感が綺麗すぎるために、何らかの埃っぽい雰囲気を作るためキャメラを通してテストし、これを参考に現場の条件に合わせて選択します。

① No Filter
② ブラックサテン
③ BF 1/2
④ 紗
⑤ ディフュージョン（マシーンで焚いたもの）
⑥ ディフュージョン＋B D1/2
⑦ フォグ
⑧ フォグ＋B D1/2

このテストを参考にしながら、現場の条件に合わせて選択していく方向です。

(k) キャメラテスト
（写真3-35／写真3-36）

LutはDayとNightの2種類作りました。1種類のLutだと昼と夜のどちらかが思ったようなトーンにならないことが多く、最近は昼夜分けて2種類のLutを作り、シーンに合わせて使い分けています。

写真3-35はデイシーンで昼用のLutです。色温度5,600K、75mm、T 4、ND1.2、入射で直射6倍、天空4/5、正面の暗部1/2.5のいずれも平板での計測です。バックのAは反射N、Bは1/5です。

写真3-33

＊24　Look up table の略で画像変換の参照データのこと

写真3-34

フィルターテスト

　直射の当たる角度が良すぎるためもあり、人物は想定より少し強く感じています。

　下の写真は同じデイシーンですが、直射[25]がダイレクトに当たっている状態でもテストしました。色温度5,600K、25mm、T 4.5、ND2.1、入射で直射3倍、天空1/2.5、正面の暗部1/5のいずれも平板での計測です。バックのAは反射5倍、Bは1/5、Cの空が2.5倍です。

　本番でも順光は3倍をマックスに設定しましたが、暗部が落ちすぎなので仕上げ作業のグレーディング[26]において暗部だけ持ち上げることにしました。

　写真3-36は夜用のLutを使っています。カメラの設定色温度は4,300K、ライトは5,600Kの設定と3,200Kの設定の2種類を混ぜてライティングし、少し青味が残るような色温度設定にしています。

　ナイトオープンを3,200Kのカメラ設定で撮影すると画面全体の青味が強すぎ、逆に5,600Kの設定だと全体が赤く感じたので、ナイターではこれくらいの色温度設定で撮影しています。レンズは50mm、T3.2、ND無し、決まり位置のキーライトは入射で男1/2、女1/2.5、逆1/6です。一番上の画面で2人が建物から出てくる場面ですが、入射で上手から人物へ1/5、下手からは色温度5,000Kの蛍光灯が壁に1/4、高めからの逆が1/2.5、神社の祠が2/3で、2人が歩いてくる途中が暗く落ち込むので、上手から入射1/4ほどタングステンタイプライトで足しています。

　これで全てのカメラテストが終了し、テストの結果から本番での方向性が解ります。

---

* 25　この場合は太陽光のこと
* 26　最終的に色や濃度の調整をすること

写真3-35

＜ DAY 屋外 1 ＞　　　LUT day　　　　5600K

①フィルター　無し
②BD 1/2

75mm ／ T 4 ／ 内臓ND1.2 ／ TRUE ND0.6

＜入射＞	直射	x6	5100K
	天空	4/5.	8000K
	正面	1/2.5	
＜反射＞	A 白壁	N	
	B グリーン	1/5.	

＜ DAY 屋外 2 ＞　　　LUT day　　　　5600K

①BD 1/2

25mm ／ T 4.5 ／ 内臓ND2.1

＜入射＞	直射	x3	5100K
	天空	1/2.5	8000K
	正面	1/5.	
＜反射＞	A シャッター	x5	
	B 道 暗部	1/5.	
	B 空	x2.5	

【第3章】▶ テクニック編

写真3-36

⟨ NIGHT 屋外 ⟩　　　　LUT night　　　　　4300K

⟨入射⟩
右手ライト　1/5.　　逆　　1/2.5.
左手蛍光灯　1/4.　　神社　2/3.

⟨入射⟩
右手ライト　1/4.

50mm　/　T3.2

⟨入射⟩
キー　男　1/2.　⟨5500K⟩
キー　女　1/2.5 ⟨5500K⟩　逆　1/6,

5. Log(ログ)の撮影

(a) ログの概念 (図3-37)

デジタルで本格的に「Log[27]」が使われ始めたのは1994年頃で、Cineon（シネオン）と呼ばれる記録方式からです。これはフィルムメーカーのコダックが開発し、これをきっかけにデジタル撮影が盛んになってきました。

輝度に対して均等な比例関係であるリニアな特性のビデオガンマを「リニア」と呼ぶのに対し、Cineonは「Log」と呼ばれます。

図3-37の左側はフィルムのセンシトメトリーカーブですが、デジタルのLog撮影もこれとほとんど同じで、図3-37の右側は、Cineonのカーブで10bitのフォーマットです。デジタル値の1にフィルムのネガ濃度0.002が対応していて、フィルム情報の2,048という濃度域を1,024階調の10bitデータに収めています。

このようにCineonは、フィルムのデジタルコピーであり「Digital Negative」とも呼ばれていて、ネガフィルムが露光量を対数化した特性を持っているように、デジタルコピーであるCineonも同様の特性を持っています。

例えば、晴天下での撮影で明るい部分と暗い部分がある場合、Rec.709のリニアのガンマでの撮影ではどちらかの部分が白トビするか黒つぶれになってしまいます。Logの撮影はこういった場合、広いダイナミックレンジを利用して撮影時にその情報を取り込み、仕上げの段階で階調を戻すことで元の情報を再現できるのです。

リニアな情報でラティチュードを広くするには、階調を上げるやり方もあります。例えば8bitから10bitにすると、1階調が4階調に扱えますが、階調を増やした分だけデータ量も増えてきます。

そこで、階調の対数をとることにより、少ないビット数で同等の階調を得られ、同じビット数であれば、より広いダイナミックレンジが得られるのがLogなのです。

このようにLogは広いダイナミックレンジが得られますが、難点もあります。撮影時のモニターの映像が、最終的な仕上がりと異なることです。Logは非常にコントラストの低い映像になっていて、Logを見た目に近い表示にするにはRec.709などのビデオガンマに近いリニア特

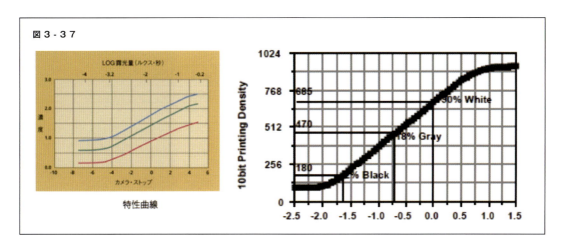

図3-37　特性曲線

---

[27] 撮影で使う対数を使った露光量の記録方法のこと

性に変換する必要があります。

その方法の1つがLut（Look Up Table）を使ったモニタリング方法です。Lutとは、モニターのガンマや色空間を変換するための一種の変換一覧表であり、モニターにLutをセットすることで、変換された表示が可能になります。現在はほとんどの現場でモニターにLutを充てる方法がとられています。

(b) デジタル・インターミディエート (D.I)

他にもう1つLogが可能にしたプロセスがあります。それが、D.I[28]というプロセスです。

D.Iの基本的な処理は、フィルム素材からデジタルデータへの変換、コンピューターを利用した様々なデジタル画像処理や、デジタル画像処理済みのデータからフィルムへのレコーディングなどです。

一般的には、カラー・グレーディングを行うポストプロダクションの設備をD.Iルームと呼んでいて仕上げのグレーディング処理だと思われていますが、D.Iとはあらゆるメディアに対応したデジタル・マスター[29]を作ることを意味しています。このD.Iでのスタンダードフォーマットとして Log を利用し、フィルムへの変換、映画館用のDCI-P3作成、DVD、BD等など異なるメディアへの変換をします。

LogやRawは高級機のキャメラだと両方の選択が出来ますが、ログ収録はデータが軽く広いダイナミックレンジが撮れるので、映画・TVで多く使われるようになりました。

Rawはもっとも広いダイナミックレンジが撮れるのですが、データが重く、撮影素材やバックアップの管理が負担になり、それが欠点です。

(c) Logカーブ
（図3-38／図3-39／図3-40／図3-41／図3-42）

図3-38のグラフはソニーのLogカーブのS-Log2とS-Log3のカーブを示しています。

グラフから見ると赤いカーブのS-Log3は青いカーブのS-Log2よりも広いダイナミックレンジを記録可能なLogフォーマットです。

図3-41を見ると、S-Log3はクリッピングポイントまで伸びており、S-Log2と比べてより明るい領域まで記録可能なことがわかります。S-Log2はほとんど余裕がありませんが、S-Log3の方はあと1絞り程度ダイナミックレンジが広がっても記録可能なことがわかります。

S-Log3は中間調のグラデーションをフィルムのように作り、シャドーのSN比やハイライト側のダイナミックレンジを広げていることがわかります。

このグラフからオフセット部分、暗部、18%付近の中間、ハイライト部分の4箇所を確認してみます。

縦軸が10bitのコードバリュー1024階調で表され、横軸が露光量（対数スケール）で表され

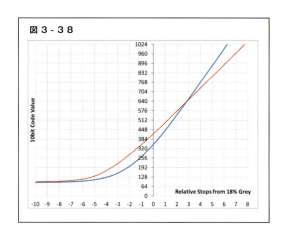

図3-38

---

*28 Digital Intermediate（デジタル・インターミディエート）の略
*29 あらゆるメディアに変換するための元になる素材

【第3章】▶ テクニック編

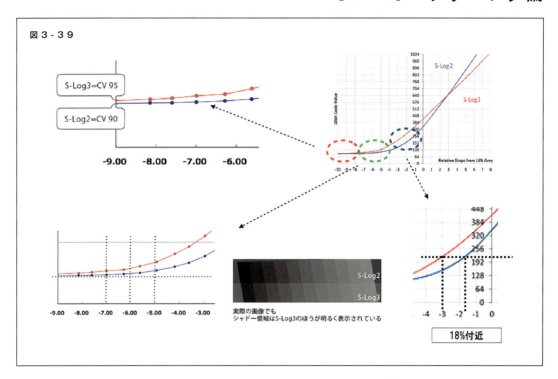

図3-39

実際の画像でも
シャドー領域はS-Log3のほうが明るく表示されている

18%付近

ています。グラフの横軸0が18%グレーの部分ですから、7の場所で7ストップの128倍を表していて、下は8のところで−8ストップ256分の1を表しています。

図3-39は暗黒下の領域、赤で囲われた部分で全く光のない部分ですが、CV（コードバリュー）はS-Log2で90、S-Log3で95となっています。値が0でなくオフセットが足されていますが、ソニーの考えではオフセットを持たせていることにより、クリップされずに画像情報として記録することが可能になっています。そしてクリップされないことにより、デジタルノイズを最小限に抑え込むことが可能となります。

次に、暗部の領域の緑の部分です。暗部の領域については、S-Log3はS-Log2よりも暗い領域（左側）からカーブが立ち上がり、値の大きなCV値となっていることがわかります。実際に画像を見てみるとS-Log2よりもS-Log3のほうが暗部では明るいグラデーションとなっているのがわかります。これは、S-Log3では、7ストップ128分の1から多少露光が感じられ、6ストップ64分の1でも描写があるということです。一方、S-log2では7ストップはほとんど反応していなくて、6ストップからやっと描写が始まり、

5ストップの32分の1で描写が始まっています。

したがって暗部だけ言えばS-Log3の方が描写があります。

次にブルーで囲まれた部分を見てみます。−3の部分の1/8の場所ですが、2つのカーブの明るさの違いが1絞り分あり、S-Log3では1/8からNにかけてS-Log2より明るくなっています。

ノーマルから暗部にかけてのカーブをみると、S-Log2は暗部が露出的に落ち気味なので暗い印象になり、この場合感度が低い印象になります。

次に、中間調18%グレーの近辺です。18%のノーマルを基準にしているあたりが一番画調の印象が変わるので、この辺りを中心に考えます。S-Log3は400辺りが18%ノーマルで、2倍で480、4倍で570、8倍で650、1/2で340、1/4で280、1/8で220となり、それぞれの濃度値の差が下はほぼ均等で、上も揃っていますがノーマルより上の部分もS-Log2と比べると明るくなっています。

S-log2はノーマルで330、2倍で440、4倍で550、8倍で650、1/2で260、1/4で190、1/8で140となりカーブ状では18%のノーマルより下

111

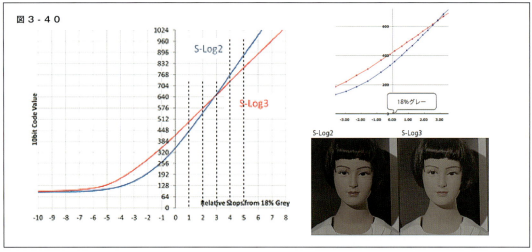

図3-40

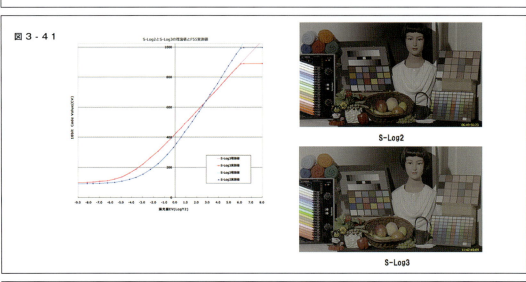

図3-41

図3-42

は急激に立ち上がりノーマルを過ぎるとさらに立ち上がります。これは明るい部分が引き立つような作りになっているのです。

中間調はS-Log3の方が軟調で18%グレー付近ではCV値は大きくなっていてS-Log3の方が明るく眠いという傾向となります。

ハイライトに関しては、S-log2は6.0付近の64倍付近で飽和していることがわかり、これより明るい被写体は記録できません。S-log3の方は7の128倍付近までカーブが伸びています。

デジタルのキャメラは暗部の描写は良いのですが、ハイライト部分の描写が弱い傾向があります。64倍というのは窓際に座っている人間を撮影するとき、露出的には外光をキーライトと考えると2〜3倍になり、窓外は16倍から32倍になりますから、64倍はすでに白に飛んでいて描写できないということになります。

このように、同じLogと言っても描写に違いがありキャメラの特性やメーカーの考え方により様々なバリエーションが生まれます。これがメーカーごとに異なるLog Gカーブが存在している理由です。

(d) Lut (Look up table) （図3-43）

Lutは「Look up table」の略で、「ラット」と呼ばれていて、入力の数値に対応して出力すべき別の数値を記載した一覧表のことです。

例えばLogやRawで撮影するとき、フラットな白っぽい素材のままの映像をモニターで見ることになりますが、モニターにLutを充てることにより撮影素材を完成系に近いトーンで見ることができます。

種類は一次元Lutと三次元Lutがあり、一次元Lutはカメラのユーザーガンマに充てられ、三次元LutはRGBの3つの数値セットを別のRGBの数値セットに変換する役割を持っていてグレーディングの時に使用されます。

図3-43はLutの考え方を示した図です。

ここではまず簡単な例として、入力が1つの整数、出力も1つの整数という1次元Lutを見てみます。

横軸が入力値、縦軸が出力値を示していて、数値の単位から見ると、8bitのことです。

例えば、A点の入力値80の場合出力値は50に変換されます。同じように、B点は入力値170の場合は出力値220に変換されることを示しています。

入力値が8bitの場合は、0〜255の256個の入力値に対応した256個の出力値が必要になり、10bitの場合は1024個の出力値になります。

この組合せを全て書き出すと、図3-43のようになり、これが1次元Lutといわれるものです。

この例では、入力値を図2の左の列で参照して、それに対応する出力値を右の列から読み

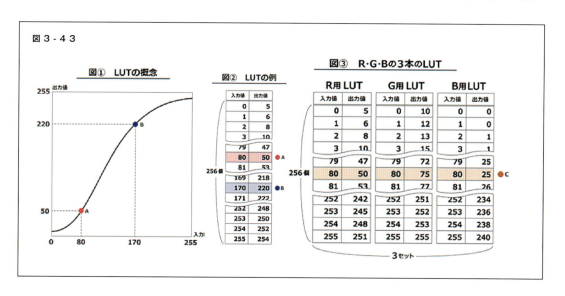

取るので、まさに参照する対応表でLook Up Tableの頭文字をとってLutと呼びます。

では、このLutを使って入力RGB＝(80,80,80)を変換してみましょう。

入力値80に対する出力値は50となっているので、出力RGB＝(50,50,50)に変換されることが分かります。

次に、RGBそれぞれ異なるLutで変換する例を見てみましょう。図3のようにRGBそれぞれにR用Lut、G用Lut、B用Lutの3本のLutを使用します。

これを使えば、C点の入力RGB＝(80,80,80)は、出力RGB＝(50,75,25)へ出力され、RGBがそれぞれ異なる値に変換されることがわかります。

以上、大体の概念ですが、入力値に対して変換すべき出力値が前もってあるということです。

具体的に我々がLutを作る場合ですが、キャメラテストの撮影済みのチャートを利用することにより、Lutを作ることができます。例えばチャートの描写から暗部とハイライトの狙いをグレーディングルームで調整し、そのLutを人物が映ったカメラテストの素材に充て、狙いのトーンが完成Lutになります。

このように作られたLutが、ラボそして編集室によって作られ、A社のカメラの場合はBのLutが良いとか、あるいはCのLutが良いなどで使われていきます。そしてそれに伴う改良などがあり、徐々に良いLutへと出来上がっていきます。

現在の撮影環境は、Lutをカメラのファインダーやモニターのほか、編集でも素材に簡易的なLutを充て作業しています。

Rawで撮影した素材はどのようにも加工できますので、これもトーンを整えるためテストで作成したLutを充てなければ狙いを表現できません。Lutは数値を変換するための参照テーブルなのです。

(e) 各社のログカーブの比較 （図3-44）

今回のまとめとして各種のトーンカーブです。

S-Log2とS-Log3はソニーで、Log-Cはアレクサのログカーブです。ACESproxy 10は

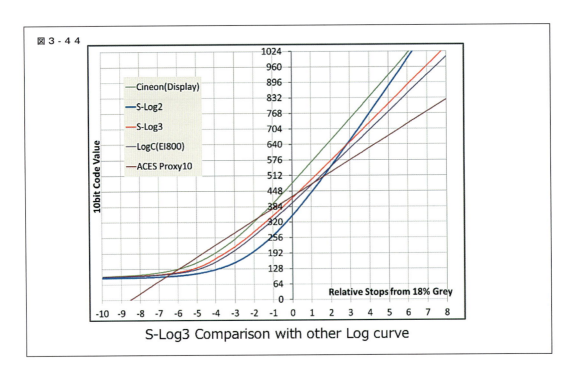

図3-44

AMPAS（Academy of Motion Picture Arts and Sciences／映画芸術科学アカデミー）が提唱するカラーマネジメント規格のプレビューのためのものです。

Logのバリエーションは画作りを意図したものでなく、カメラの性能を最大限発揮させるために、あくまで記録用に作られています。

(f) Rawでの撮影

Rawデータとは、デジタルカメラのイメージセンサーが撮影時に記録した光の情報をすべて保存するデータ形式のことを言います。

Rawデータは、光の強さの情報なので、そのままでは映像として見ることができません。そのためRaw現像という処理をし、一般的な画像フォーマットに書き出す必要があります。この変換作業を、銀塩フィルムの現像工程になぞらえて、Raw現像処理と呼んでいます。

A/D変換直後の信号情報を保存するのがRaw画像の原則ですから、録画するイメージに影響があるカメラ設定は、ISOスピード、絞り、フォーカスのみです。その他の設定は、Rawファイルを変換するときにユーザーが制御でき、ホワイトバランス、マトリックス、シャープネス処理やノイズ低減をほぼ自由に作り込めます。

現像後は画像をイメージ通りに作りこむためLutを充て、数値の変換をして初めて画像を見ることができるのです。

ここがRaw画像を使うカメラの大きな特徴です。

【第3章】▶ テクニック編

6. キャメラフィルター
（写真3-45／図3-46）

キャメラ用のフィルターは使用用途によって、ゼラチンフィルター、丸型フィルター、角型フィルターなどがあります。

ゼラチンフィルターは、薄いゼラチンで出来ていてハサミで加工することができるので、レンズマウント近辺に貼り付けて使うことができます。フィルターホルダーを使用してレンズの前側にも取り付けられますが、スクラッチや指紋に弱いことが難点です。

丸型フィルターは、ガラスで出来ていてレンズの前にねじ込み式で取り付けます。レンズ径によってサイズを選ぶ必要がありますが、ステップアップリングを使用して異なったレンズ型に取り付けることも可能です。UVフィルターなどはレンズの保護にもなり、常時レンズに付けたままで使用できます。

角型フィルターは、3×3から4×4、4×5.6、6×6インチのサイズなどがありガラスで出来て

写真3-45　カメラ用フィルター

図3-46	主なフィルターの種類	
	NDフィルター（Neutral Density）	光量調節用
	偏光フィルター（PL=Polarized Light）	反射を取り除く
	カラー変換フィルター（color conversion filter）	光源の色温度を大きく変える
	色温度補正フィルター（Light balancing filter）	色温度の調節
	CCフィルター（color compensating filter）	色調整に使う
	エフェクトフィルター	光学的変化を出す
	白黒フィルム用フィルター	グレー濃度をコントロール
	赤外線フィルム用フィルター	

いて、フィルターが2、3枚同時に使えるホルダーがついたマットボックスで使います。

　ND (Neutral Density)フィルターや偏光(PL=Polarized Light)フィルター、効果フィルターなどはガラスで出来ていて、丸型と角型フィルター両方があり、サイズも色々あります。

　大きく色温度を変換する、カラー色温度変換フィルター (color conversion filter)や、色温度を少し変換する色温度補正フィルター (Light balancing filter)、色調整に使うCCフィルター (color compensating filter)などはゼラチンフィルターとガラスで出来ているものがあります。

　白黒フィルム用フィルターは殆ど使うことが無くなり、著者の知るフィルターも随分製造中止になりましたが、基本的に全ての色域に感光するパンクロフィルム[*30]に対してのフィルターを記載しました。

　これらのフィルターは、白黒フィルムのグレー濃度をコントロールしたり、または視覚に訴えるために誇張したりなど、抑制や強調の効果を出すことができます。今回は特殊な白黒フィルム用フィルターを敢えて取り上げて紹介しておきたいと思います。

倍を基準にして何段階も揃っていて、被写界深度をコントロールする場合には必須です。

　レンズの絞りを絞りすぎると回析現象[*31]がおこり、フォーカスがボケたようになりますから、被写界深度の問題が無くともあまり絞りすぎないことです。また、NDが足りなくてフィルターを重ねて使うと画像がフラットになりますから、これも避けたほうがよいです。

　マットボックスで使う角型フィルターには、グラディエーションNDというフィルターがあります。6×6、4×5.6などのフィルターには、画面の半分からグラディエーションで濃くなっていく製品で、境目が広いタイプのソフトエッジと境目が狭いハードエッジの2種類があります。

　例えば境界線を選び、水平線から上の部分にグラディエーションの濃い部分が来るように使うと、空の青が強くなり印象的になります。他には逆光の空を落とすなど、均一なバックに変化をつけるために使っています。

　NDフィルターの露出倍数の段階表示は、ND2、ND4、ND8、…と2の倍数になっているものと対数で計算された0.3、0.6、0.9の表示の物があります。2倍、4倍で表示しているフィ

(a) NDフィルター (Neutral Density)

（図3-47）

　光の各波長を変化することなく平均に光量を変更するフィルターで、被写体の色相や彩度には影響を与えません。しかし、このニュートラル性は400nm〜700nmでのみ優れた特性を持ち、紫外線、及び赤外線には減衰効果はありません。

　昼間の屋外など被写体が明るすぎる場合にこのNDフィルターを使い絞りを開けますが、2

図3-47

ND	透過率%	ファクター	露出倍数	濃度	ケンコー
0.1	80	1 1/4	1/3	0.10	
0.2	63	1 1/2	2/3	0.20	
0.3	50	2	1	0.30	ND2
0.4	40	2 1/2	1 1/3	0.40	
0.5	32	3	1 2/3	0.50	
0.6	25	4	2	0.60	ND4
0.7	20	5	2 1/3	0.70	
0.8	16	6	2 2/3	0.80	
0.9	13	8	3	0.90	ND8
1.0	10	10	3 1/3	1.0	
1.2	6.5	16	4	1.2	ND16
1.5	5	32	5	1.5	
2.0	1	100	6 2/3	2.0	
3.0	0.1	1000	10	3.0	
4.0	0.01	10000	13 1/3	4.0	

[*30] 主に青色光に感光するオーソタイプのフィルムもある
[*31] 絞り過ぎると全体にフォーカスが悪くなる現象

【第3章】▶ テクニック編

ルターは露出倍数そのままを表しています。

映画では0.3、0.6で表示されているフィルターを使いますが、これは10を底とした対数で表され、0.3で2倍の1絞り分を、0.6は2絞り分を表しています。

このようにNDフィルターの系列が対数で表されていますが、撮影ではEV値や絞りの計算にも対数が使われています。

赤外線の章でも述べましたが、デジタル撮影の最初の頃、NDフィルターに赤外線部分のことが考慮されておらず、画像上の黒や人の皮膚が赤味を帯びる現象がありました。それを解決したのが IR.NDフィルター という赤外線をカットするフィルターです。戸外の明るい場所の撮影ではIR.NDフィルターを使うことが賢明です。今はこのフィルターも通常のNDフィルターと同じような倍数系列で揃っています。

(b) 偏光フィルター
(PL=Polarized Light)（図3-48）

ガラス越しに撮影する場合、ガラスの反射光が邪魔をして中側がきれいに撮れない場合があります。こんな時に余計な反射光を抑えてくれるのが、偏光フィルターです。

偏光フィルターは、回転させて反射が無くなる効果を確かめながら使うフィルターですが、回転による効果の度合いによって露出が変化します。反射式の露出計で効果を見ると、角度によってその計測の数値は変わりますが、それに左右されると露出に影響があり、オーバー露光やアンダー露光になります。光量のファクターは3倍（1絞りと2/3）と考え、基本的にはどの方向を向けてもこのファクターで考えます。

図3-48

偏光（PL=Polarized Light）フィルター

117

効果と利点は、
① ガラスや水面の乱反射を取り除き被写体を見やすくします。
② 海の色、空の青、木々の緑などの色彩やコントラストを明瞭に表現出来ます。
③ 順光及び半逆光あたりまで効果があり、太陽から90度の角度で最も強くなり、逆光になると効果がありません。
④ 前景にある物体の色味が変化しない。
⑤ カラー撮影で唯一コントラストを変化させることができます。
⑥ 見た目で回転させながら効果を確かめ、ファインダーでも確認できます。
⑦ 同時に別の種類のフィルターを使うことができます。
などが主な効果です。

光は進行方向と直角の方向に振動する波で、普通は全方向ランダムに振動していますが、水面やガラス面で反射すると、光の波の角度が一定になります。これを偏向反射と言い、特定の方向の振動が強くなる性質があります。その特定の振動成分を取り除いてやれば、余計な反射光を抑えられるというのが偏光フィルターの原理です。

偏光フィルターには2種類ありますが、画像に現れる効果は2種類とも同じです。
① 偏光フィルター
　ＭＦ（マニュアルフォーカス）機用。
② 円偏光フィルター（サーキュラC）
　ＡＦ（オートフォーカス）機と偏光性ハーフミラー使用のＡＦ機、及びデジタルカメラ用。

円偏光フィルターは偏向膜の後ろ側に1/4λ（ラムダ）位相差膜という別の膜を合わせて挟み込んであります。偏向膜を透過した光はある一定の角度の波に統一され、カメラのハーフミラーや位相差素子と干渉して誤作動を起こす可能性があります。そのためにもう1枚の位相差膜で元の円偏光のあらゆる角度の波の方向性に戻してやり、露出やAFの動作を適正に行えるように対応しています。

(c) エフェクトフィルター

主に演出面から光学的な変化をあたえるフィルターをエフェクトフィルターと呼んでいます。
エフェクトフィルターには様々な種類がありますが、演出目的にそって適切なフィルターを選択します。

① カラーグラディエーション
画面全体、または一部に色の効果がありドラマティックな表現ができます。全体に濃淡の模様があります。

② ディフュージョン
細かく複雑なちりめん状のシートを光学ガラスでサンドイッチにしたものです。

③ フォグフィルター
霧の中にいるような効果があります。

④ ダブルフォグフィルター
弱いフォグと強いローコントラストフィルターを組み合わせたものでハイライトに滲みが出来ます。

⑤ ローコントラストフィルター
ハイライト部分を抑えて光の階調を柔らかく落ち着かせ、暗部を持ち上げます。

⑥ ソフトFXフィルター
艶のある感じを出し、皺や肌を美しく見せます。

⑦ ソフトコントラスト
艶を残しながらコントラストを弱めます。

⑧ ウルトラコントラスト
被写体の光を利用し、暗部を明るくしてディテールをハッキリ見せます。

⑨ エンハンシングフィルター
赤色系のみを強調し、他の色には影響しないで紅葉、朝夕焼け等の色を強調します。

⑩ セピア
カラーイメージに懐古的な雰囲気が得られます。

⑪ クラッシックソフト
フレアーがほとんどなく、人物のみにソフトな効果を発揮します。

⑫ プロミスト
ピントはシャープなまま、エッジを柔らかく

します。

⑬ **ブラックプロミスト**

　プロミストよりフレアが少ないが画像をソフトにします。

⑭ **ソフトフォーカス**

　全体に画像のエッジを柔らかくします。

⑮ **ソフトネット**

　（ブラック、ホワイト、スキントーン、レッド）紗をサンドイッチにした、紗のソフトフィルターです。

⑯ **サハラゴールド**

　古いテクニカラーでプリントしたようなトーンになります。

　などがあります。

　他にも沢山の種類がありますが、使用されなくなった種類もあり、新しい効果のフィルターとして開発されるものは、演出面の効果を求めた種類のフィルターが多いです。

(d) カラーコンバージョンフィルター
(Color conversion filter)（図3-49）

　光源の色温度を大きく変えるフィルターです。実際に使われる照明がそのキャメラの設定と違う場合、コンバージョンフィルターはキャメラのカラーバランスに合わせるために照明の色質を調整することができます。

　2種類のフィルターがあり、ブルー系はタングステン光源の照明をデイライト光源に変換し、アンバー系はデイライト光源をタングステン光源の色温度に変換します。

　デジタルが主流になり、キャメラや編集時に色温度を変換出来るようになったのであまり使われなくなりました。変換はミレッド値の計算で換算します。

　例えばライトが3,200Kの色温度で照明されていて、キャメラがデイライト設定の時、青色の80Aのフィルターを使うことにより、正しい色温度で撮影できます。

図3-49
カラーコンバージョンフィルター (color conversion filter)

No.	露光補正	露光増加（絞り）	ミレッド変換値
80A	2	3200 → 5500	-131
80B	1 2/3	3400 → 5500	-112
80C	1	3800 → 5500	-81
80D	1/3	4200 → 5500	-56
85	2/3	5500 → 3400	112
85B	2/3	5500 → 3200	112
85C	1/3	5500 → 3800	81
85N3	1 2/3	5500 → 3400	112
85N6	2 2/3	5500 → 3400	112
85N9	3 2/3	5500 → 3400	112

色温度補正フィルター(Light balancing filter)

フィルター#	露光補正	下記の色温度から3200K	ミレッド変換値
81	1/3	3300	9
81A	1/3	3400	18
81B	1/3	3500	27
81C	1/3	3600	35
81D	1/3	3700	42
81EF	2/3	3800	52
82C	2/3	2800	-45
82B	2/3	2900	-32
82A	1/3	3000	-21
82	1/3	3100	-10

(e) 色温度補正フィルター
(Light balancing filter)

　光源の色温度を少し変換するフィルターです。カラーフィルムの初期には、色温度の変化に対してこのフィルターを使い、細かく補正していました。カラータイミングが発達してからはタイミングで補正されることが多く、あまり使用されなくなりました。変換はミレッド値の計算で換算します。

(f) CCフィルター
(Color compensating filter)（図3-50）

　撮影する画像のカラーバランスの調整や、スペクトル成分の不足を補正するフィルターで、濃度は「CC」に続く数字で、色は最後のアルファベットで示されます。

　光学的な性能に深刻に影響する、スクラッチや指紋に弱いことが難点です。

　フィルターの濃度は、吸収率が最大となる波長で測定されますが（イエローフィルターの濃度は、青色光の吸収の度合いを示す）、これが図3-54で「ピーク濃度」と示されている理由です。

　フィルターは、撮影場面から反射してくる光が撮像素子面に届く前にその光を吸収します。白色は赤、緑、青の光の三原色が均等に混合さ

図3-50

カラーコンペンセーティングフィルター（CCフィルター）

最大濃度	Yellow (Bを吸収)	露出倍数	Magenta (Gを吸収)	露出倍数	Cyan (Rを吸収)	露出倍数
0.05	CC05Y	-	CC05M	1/3	CC05C	1/3
0.10	CC10Y	1/3	CC10M	1/3	CC10C	1/3
0.20	CC20Y	1/3	CC20M	1/3	CC20C	1/3
0.30	CC30Y	1/3	CC30M	2/3	CC30C	2/3
0.40	CC40Y	1/3	CC40M	2/3	CC40C	2/3
0.50	CC50Y	2/3	CC50M	2/3	CC50C	

最大濃度	CC50R	露出倍数	Green (B&Rを吸収)	露出倍数	Blue (R&Gを吸収)	露出倍数
0.05	CC05R	1/3	CC05G	1/3	CC05B	1/3
0.10	CC10R	1/3	CC10G	1/3	CC10B	1/3
0.20	CC20R	1/3	CC20G	1/3	CC20B	2/3
0.30	CC30R	2/3	CC30G	2/3	CC30B	2/3
0.40	CC40R	2/3	CC40G	2/3	CC40B	1
0.50	CC50R	1	CC50G	1	CC50B	1 &1/3

ROSCO社の蛍光灯用補正フィルター

補正フィルター	番号	透過率	
Plusgreen	3304	76%	5,500K相当の光源に使用し、ラボやキャメラで色調整する必要がある
1/2 Plusgreen	3315	90%	5,500Kと3,200K相当の光源に少しだけグリーンを加え、ラボやキャメラで色調整をする必要がある
1/4 Plusgreen	3316	92%	5,500Kと3,200K相当の光源に少しだけグリーンを加え、ラボやキャメラで色調整をする必要がある
1/8 Plusgreen	3317	93%	5,500Kと3,200K相当の光源に少しだけグリーンを加える
Minusgreen	3308	55%	昼光色とクールホワイトの蛍光灯に使用し、グリーンを除去し、5,500Kの色温度に変換する
3/4 Minusgreen	3309	65%	蛍光灯のグリーンを除去し、デジタル撮影に適した光源に変換する
1/2 Minusgreen	3313	71%	蛍光灯のグリーンの影響を少なくする
1/4 Minusgreen	3314	81%	蛍光灯のグリーンの影響を少なくする
1/8 Minusgreen	3318	89%	蛍光灯のグリーンの影響を少なくする

れたもので、赤フィルターは青と緑を吸収するフィルターです。黄色いひまわりは青色を吸収し赤と緑の光を反射し、我々はそれを黄色と見ているのです。これをフィルターに当てはめると、

赤（青と緑を吸収）＝
　　イエロー（青を吸収）＋マゼンタ（緑を吸収）
緑（青と赤を吸収）＝
　　イエロー（青を吸収）＋シアン（赤を吸収）
青（緑と赤を吸収）＝
　　マゼンタ（緑を吸収）＋シアン（赤を吸収）

となります。

もし、赤や緑、青のCCフィルターがない場合は、減色法の捕色であるシアン、マゼンタ、イエローを組み合わせて使うことが出来ます。

　　例）　20R=20Y＋20M

また、同じフィルターを合わせて濃度を変えることが出来ます。濃度は2枚重ねて加算されます

　　例）　20M+10M=30M

もし、結果として出てきたフィルターの組み合わせが、減色法の3色をすべて含んでいれば、それぞれから等量分を取り除き、中性濃度（ND）で釣り合いを取ることが出来ます。

　　例）10C+20M+20Y=10M+10Y+10ND

フィルターの組み合わせに2種の等しい濃度を持つフィルターが含まれている場合は、赤、青、緑のフィルターで等量分置き換えることが出来ます。

　　例）10M + 10C = 10B
　　　　40M + 10M = 50M
　　　　CC50Y + CC50M+CC50C = 50ND

以上のように、撮影で使われているCCフィルターの計算は減色法で計算ができます。

【第3章】▶ テクニック編

(g) 白黒フィルター （図3-51）

　この項目は白黒フィルム用のフィルターについてですが、デジタルの画像でも白黒画像にする場合があり、それに役立てばと思い、説明しておきます。

　白黒フィルム用フィルターは大きく分けて次の3種類のタイプに分かれます。

① 補正フィルター

　露光される光の色質を変え、肉眼で見る色の感じと同じ明るさに記録できるようにするフィルターです。

　ほとんどのパンクロマチック乳剤は、紫外線や青に高い感度を示し、肉眼の分光感度とは異なるため青やバイオレットの被写体は露光オーバーになり気味です。

　緑の植物を撮影すると、思ったより暗く写りますので適度な灰色に撮るためには、Y、YG系のフィルターを使い不要な青と赤の光を吸収させます。

緑色系のフィルターのNo.8、11、13は、露光される光の色質を変え、肉眼で見る色の感じとほぼ同じ明るさに記録できるようにします。

② コントラストフィルター

　同じ濃さの灰色になってしまうような場合にコントラストを変えるためのフィルターです。

　フィルターは、それ自体が持つ色を透過し、その色を白っぽく写しますから、暗くするにはその色を吸収するフィルターを使います。

　赤い光は空気に邪魔されず真っ直ぐ進むことができます。このため、遠景を撮影する場合、赤い光だけを使って撮影することで、よりシャープな画像を得ることができます。たとえば、空の雲を強調したり、水面や青空の明るさを落としたり、風景写真や空中写真、航空写真をモノクロで撮影する場合には、赤やオレンジのフィルターがたいへんよく使われます。

　赤い花と緑の葉を持つ植物を撮影した場合、No.25の赤色フィルターを使用すると、赤を透

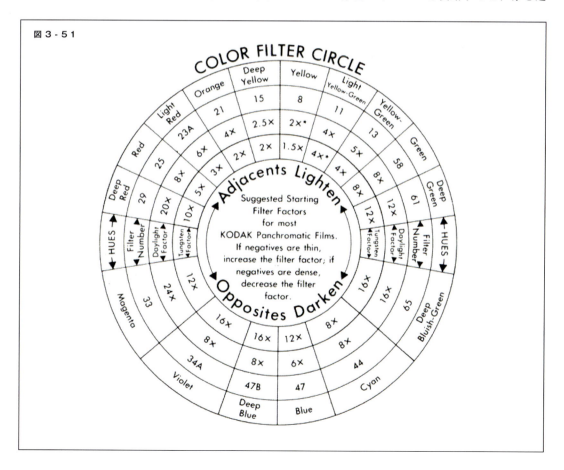

図3-51

過し、葉の緑を吸収し自然に見えます。No.58の緑色フィルターを使用すると赤を吸収し、葉の緑を透過しますので暗い花と明るい葉が写り、逆の結果になってしまいます。

このコントラストの強くなるフィルターを使いアンダーに露光すると、疑似夜景の効果に使えます。それにはNo.23A、25、29、72Bのようなオレンジと赤フィルターが該当します。

③ 紫外線吸収フィルター／ヘイズカットフィルター

空中の塵や霞などの影響を少なくするフィルターです。

塵や霞は紫外線の散乱が原因で、青と紫外線を取り除くヘイズカットフィルターを使用することで影響を少なくします。これらにはCMOSセンサーのほうが人間の目よりも敏感に反応するようです

青い（短波長の）光は空気によって強く散乱されます。このため、青フィルターをつけて撮影すると、遠景がなんとなくモヤがかかったように写ります。

図3-51のカラーサークル表は、大多数の色の灰色の濃淡を明るくしたり濃くしたりする際に、どのフィルターを使うかを決めるときに役立ちます。

例えば、No.58フィルターは緑色で、緑、イエロー、青緑の灰色濃度を明るくし、オレンジ、マゼンタ、赤の濃度を濃くします。

青の47番のフィルターは青側が明るく、イエロー側を暗くします。

このように、その色の近くの色は明るくなり、表と反対側にある色は暗くなります。

タングステン用と昼光のファクターが違うことが多いのは、両者を比較するとタングステン灯は赤の光を多く含み、昼光は青の光を多く含んでいるからです。

表には、フィルターファクターは最初に推奨のファクターで撮影した後、もしネガが薄かったらファクターを多めに修正し、逆にネガが濃かったら少なめに修正しなさい、と書かれています。

7. デジタル撮影の画像
（図3-52／図3-53）

デジタルの映像は前述のデジタルへの変換で述べたように、量子化と標本化の処理で決まります。

標本化は画素数への変換で、これを解像度と呼んでいて、HD(1,980×1,080)、4K（4,096×2,160)、8K(7,680×4,320)で表されます。一方、量子化は連続的な量をとびとびの値に置き換えることで、これを階調と言い、8ビットや10ビットで表されます。

映像の画質はこの解像度と階調の組み合わせで表現されています。

(a) 解像度

解像度は画面の精細度ですから、それぞれHD、4K、8Kの順番に精細になっていきます。

TV放送でSD（スタンダード）からHDに変わった時のTV画面の印象を覚えていますか？ SDの映像はHDに比べるとボンヤリした印象です。これはHDでは画素の数がSDの約4倍になったことで画面の解像度が上がり、それだけ画像がシャープに見えるのです。この頃からTVドラマがフィルムの16mmでの撮影からデジタル撮影に移行しました。デジタル撮影の方が綺麗に見える、価格も安くできるという理由です。

HDから4K、4Kから8Kでもそれぞれ約4倍ずつ画素が増えていき、シャープさも上がっていきます。4Kでの放送も始まりました

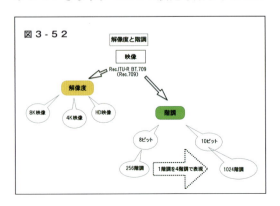

図3-52

【第3章】▶ テクニック編

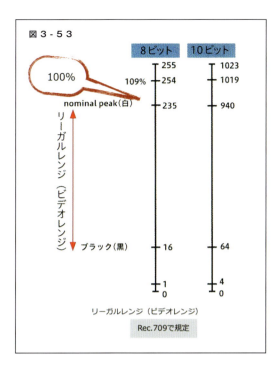

図3-53

(b) 階調

　画素の明るい状態から暗い状態までを段階で表す量子化の数を階調といい、階調の違いはbit数で決まります。

　HDには放送基準のRec.709の規格があり、テレビもPCモニターも表示は8bitで、10bitはキャメラや製作のための仕様です。

　データ化するには8bit、10bitの2種類があり、撮影では10bitの方が仕上げにおいて融通がきくので有利ですが、8bitはデータ量と処理が軽いというメリットがあります。

　階調として、8bit信号では256段階の表現ができ、ビデオレンジはブラックの16から白のピークの235まであり、10bitでは1,024段階の表現ができ、ブラックが64で、白のピークが940です。

　輝度信号との関連性は、反射率90％の白を撮影したときに、キャメラで8bitのデジタル信号を235の白レベルで明るさを100％という基準です。撮影、編集時には109％まで認められているので、白レベルを100％（235）で切る必要はありません。

　混同しやすいダイナミックレンジの800％とは100％の8倍の明るさでも記録出来るということで、最近のデジタルキャメラでは、大型センサーではない放送用カメラでも600％程度のダイナミックレンジがあります。

　階調の表現力は解像度ほど謳われることは少ないのですが、案外表現力に差があり規格の何倍もの光を捉えられます。ダイナミックレンジが広いわけではないのですが、Logを使うことでより階調を細かく表現できます。

　テレビも現在より何倍もの明るさを表示できるようになっていたのですが、Rec.709の規格でリミッターが掛けられていました。そのリミッターを外すのが最近話題のHDR（ハイダイナミックレンジ）です。

　が、ただその変化がSDからHDに変わった時のように、我々に認識できるかは疑問ですし、それだけシャープな映像が必要なのかも疑問です。

　キャメラの性能にはレンズの解像力も関係あり、キャメラの発達に関係してレンズの性能も上がってきました。しかし近年、新しいレンズはシャープすぎて好きではないという撮影者の意見が出始めたことも否めない事実です。

　映画館で上映されている素材は2Kですが、業界の大手であるアリフレックスの社長は、映画館の前の方で鑑賞している人には2Kと4Kの差は認識できるが、その他の観客にはその差は認識できないと発言しています。

　こういった例もあり、TV放送においての8K放送など過度な解像度の開発は立ち止まって考えてみるべきだと思います。

　ただ大型映像の分野では話は別で、高解像度のキャメラの開発は必要だと思います。フィルムでアイマックスという撮影・上映の方式がありましたが、現在の8K映像がそれに優っているかというと甚だ疑問で、是非とも大型画像での解像度を高めてほしいと思います。

8. 動画の構図

映像の世界での構図の解釈は、ストーリーから得るイメージをフレーム内の被写体のサイズや配置、動きを考えて画面構成することです。

絵画や写真の構図は1枚の作品で完結しますが、映像の構図は、連続性とその中でのサイズ変化が特徴です。

映像の中でワンショットの構図が素晴らしくても、連続してみるとそのショットが生きているとは限りません。映像が動画である以上、被写体がフレームの中を移動することもあり、被写体の動きと次のショットへの繋がりをどう見せるかの方が重要です。前後のシーンや被写体の動き、フレーミングで構成されるのが動画の構図です。

例えば、ハイアングルショット（カブセ[*32]）は一般的には映し出された被写体の敗北感、内面の弱さを表現する時に使われます。一方、ローアングルショット（アオリ[*33]）は被写体の自信、権力、支配力などを表現するときに使われますが、単純に当てはめることは出来ません。そのショットの持つ一般的な意味とは逆の使い方も出来、被写体の自信、権力、支配力を伝えるためにハイアングルを使っても、ストーリーの前後関係や演出意図によってしっかり支えられていれば、そのショットが効果的でないとは言えないのです。

画面にいきなり人物が上下逆さまに登場してきた場合、そういった視点に観客は慣れていないので、頭の中でそれを正そうとします。これは基本的なルールをあえて破り方向感覚を失わせる手法で、観客に方向感覚の喪失を与え、登場人物の心理状態を具現化することができます。こういった天地逆の構図は観客の思惑を破る動画ならではの方法だと思います。

他にも、ツーショットにおいて2人が同サイズで画面にいるショットがあります。このとき意識的に2人の関係を均衡で描いておけば、後半同じようなショットにおいて不均衡な場合、2人の関係の変化をストーリーで描かなくとも観客は彼らの関係の変化を理解できます。何の変哲も無い構図のツーショットが意味を持つフレームとなってくるのです。

クローズドフレームとオープンフレームという考え方があります。クローズドフレームとは、そのショットのストーリー上の意味を伝えるために必要な情報が全てフレームの枠内に入っているため、画面外の空間が意識されない、あるいは必要とされないショットのことです。

逆にオープンフレームとは、そのショットのストーリー上の意味を理解するために必要な情報がフレーム内に揃っておらず、画面外の要素の存在を必要とするため、その存在に注意を向けさせるショットのことで、この考え方は画面外の空間を感じさせることで、より大きな世界を感じさせ、動画ならではの画面作りと言えます。

(a) 基本的な構図

（図3-54／図3-55／図3-56）

多くの写真家は、写真の構図を決める時にファイ（黄金比）の1:1.618に基づいた比率のグリッドを参考にします。

この手法は「ファイ・グリッド」と呼ばれ、写真の基本原則の1つ「3分割法」のバリエーションです。3分割法は、画面を縦横にそれぞれ3分割して、アクセントとなる対象物を線が交差

[*32] カメラが高い位置から撮影すること
[*33] カメラが低い位置から撮影すること

【第３章】▶ テクニック編

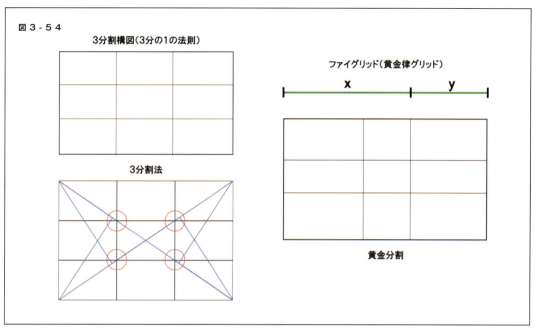

図3-54

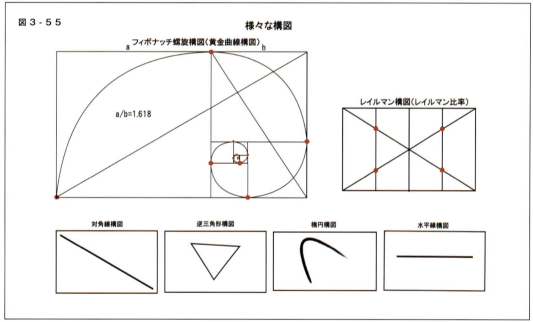

図3-55

する部分に配置することで、美しく魅せる技法です。フレームを均等に縦３つ、横３つに分けるので、縦の比率が１：１：１、横の比率も１：１：１になります。

ファイ・グリッドも同じようにフレームを分割していくのですが、縦も横も真ん中の部分を黄金比に基づいて小さめにしますので、縦横の比率が１：0.618：１となります。被写体を真ん中に置く代わりに、0.618の比率のところに配置する方法で広く使われています。

次に絵画や写真で使われる他の代表的な構図を記しておきます。

① **対角線構図**

躍動感や広大さがが出て、人工物など直線的な被写体に向きます。

② **日の丸構図**

画面の真ん中に被写体を置く構図で主役をストレートに見せられる良さがあります。

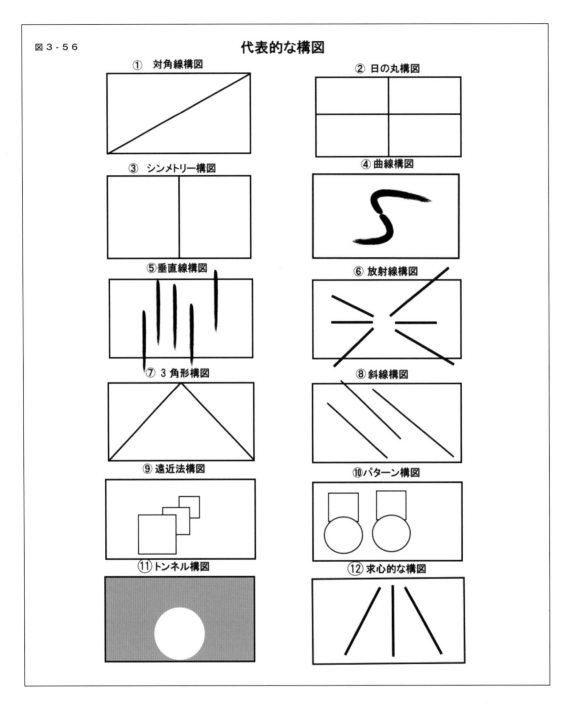

図3-56 代表的な構図

③ **シンメトリー構図**

主役を中心に置いて上下や左右が対照的になる構図で造形的な面白さが出ます。

④ **曲線構図**

優美さや穏やかさを表現でき、画面に流れが生まれます。

⑤ **垂直構図**

上下方向への伸長感で画面を引き締めることができ、長さを微妙に変えるとリズム感が出ます。

⑥ **放射状構図**

開放感や高揚感、躍動感を表現でき、広がりと奥行きの両方を表現できます。

⑦ **三角形構図**

安定感、安心感が出せます。

⑧ **斜線構図**

山並みの稜線など、生き生きとした動感を盛

り込めます。
⑨ **遠近法構図**
画面の奥まで注意を引く様な描写になります。
⑩ **パターン構図**
造形的な面白さを狙えます。
⑪ **トンネル構図**
手前に暗く遮るものがあり奥の明るい被写体に目線を集めることができます。
⑫ **救心的な構図**
収束点を中心におき、安定した構図です。

以上、構図の種類を挙げましたが、魅力的な映像は何本も引いたグリッドや、比率によってのみ生み出されるわけではありません。あくまで構図というのは画面を美しく魅せるためのコツのことです。

(b) 動画における構図

映画やTVのフレームは2次元で、水平軸（X軸）と垂直軸（Y軸）の2軸のほか、奥行きを表現するZ軸で構成されています。

X軸は、我々は文字を読むとき左から右への動きに慣れていて心地よく感じますが、反対方向への動きには慣れていないため心地よくは感じません。このため被写体が左から右へと移動する場合、ポジティブな印象を与えやすく、反対に、被写体が右から左へ移動する場合は対立者として認識されます。この方向性の印象を利用して被写体の対立関係が表現できます。

Y軸の下方向への動きは、重力の感覚もあり容易に見えることが多く、上方向への動きは、重力に逆らう移動のため困難な動きに見えます。被写体がX軸に沿って真っ直ぐ行くと、観客はその線上に良い目的地が存在すると考えますが、途中で迂回などして曲がることにより、観客は心に不安の要素が出てきます。これは進行方向が変わったことで観客が不安な感覚に陥るからです。

X軸とY軸のフレーム間は画面上での斜めの動きもあります。まず重力に即した斜めに下降する動きが左上から右下への動きと、反対に右上からから左下への動きがあります。

左上から右下へ下降する動きには、一度動き始めたらなかなか止まらないような感覚でスムーズな印象があります。右上から左下への下降の動きは、先程の動きの印象と比べると動きが遅く感じられます。下降する動きは重力に即した動きであるだけに、無意識に動いているという印象があります。

重力に逆らった斜めに上昇する動きも左下から右上への動きは希望に向かっていくような印象がありますが、右下から左上への動きは困難さを感じ、あらゆる動きの中で一番不自然に感じられます。自然の重力に逆らった動きであるからです。

Z軸は3次元的な空間を感じさせ、スクリーンに奥行きがあるような錯覚を与えます。

広角レンズを使用すると、被写体の距離感が短縮されたように奥へ行くと早く小さくなり、奥から手前に来るとカメラに向かって予想以上の速さで大きくなりパースペクティブが強調されます。

反対に平板なフレームを作りたい時は、望遠レンズで被写界深度外にすることで、被写体の存在をボカすことを利用した画作りが考えられます。

画家は空間を、手前、中間、奥の3つのゾーンに分けて描き分けますが、映像でもこのようなゾーンを利用することが可能です。舞台でもこの考え方を利用して、それぞれ異なった時間枠や場所が表現されることがあります。例えば、舞台前方にいる現在の登場人物に、舞台奥で展開されている過去の自分の出来事を見ている様子などを同時に演じさせるなどの手法があります。

映像で描く場合は、被写界深度を浅く設定しておきフォーカスを移動させることで、被写体から違う被写体へ観客の注目を導いて行くなどが考えられます。

9. レンズの収差

撮影した素材を確認すると、滲んでいたりボケ足の部分が気になったことはありませんか？これはレンズの持つ収差が影響している可能性があります。

収差とは、レンズの不完全性によって像が滲んだり、歪んだりすることを言います。理想的なレンズであれば、1点から出た光はレンズを透過した後も1点に集まるのですが、現実にはそのような完璧なレンズは存在せず、様々な要因によって像が乱れます。

レンズには収差があり、1つの収差を取り除こうとすると他の収差が出てくる相反する性格を持っています。全ての収差を同時に抑えることはできないため、どの収差をどれくらい残して、どの収差をどれくらい抑えるかは各メーカーや、レンズごとにバランスの取り方が異なります。これが「レンズの画質」や「レンズの味」と呼ばれるものです。

各レンズメーカーは、特殊分散レンズや非球面レンズを利用したり、レンズの材質やコーティングを工夫することによって収差を抑える努力を続けていますが、それでも補正しきれない残存収差というものがあります。

この収差を軽減、もしくは無くすために、今まで様々な研究が重ねられてきました。一般的なレンズは球体の一部を切り取ったような球面をしていて、中心部より周辺部の方が光を強く屈折させる特徴があり、宿命的に様々な収差を発生させます。このため1枚の球面レンズでは理想の1点に光線を集光させることが出来ず、フレア成分（球面収差）を伴う画となります。これを解決するために、例えば凸レンズの構成枚数を増やし収差分担を減らしたり、逆の収差で打ち消すために凹レンズを組み合わせるなどの工夫をしてきました。そして、その手間のかかる工夫を解消するために生まれたのが非球面レンズです。

非球面レンズは収差を最適に補正することが出来、光を理想的な1点に集めることが可能な反面、高精度な研削・研磨技術が必要とされ、加工が非常に難しいのですが、球面収差やズームレンズの歪曲収差を劇的に補正するとともに、レンズの小型化にも貢献しています。

収差は、単一波長の光でも起こる単色収差と、波長の違いによって起こる色収差に大別されます。単色収差は基本的に5つに分類され、研究者の名をとってザイデル（Seidel）の5収差と呼ばれていて、それは以下の通りです。

ザイデル（Seidel）の5収差
- 球面収差
- 非点収差
- コマ収差
- 像面湾曲
- 歪曲

色収差
- 倍率の色収差
- 軸状色収差

次の章ではこれらの収差について説明します。

(a) ザイデル（Seidel）の5収差

(I) 球面収差（Spherical Aberration）

（図3-57）

球面収差はレンズが球面形状であるために発生し、光軸上で光が1点に結像せずにその像が丸くボケる現象です。

レンズの球面が中心よりも周辺部で光線を強く曲げる性質が原因で生じ、色収差と並んでレンズのもっとも根本的な収差です。明るいF値のレンズを求めると、それによりレンズの口径が大きくなり収差が増大する傾向で、画面中央部から周辺部にかけて発生します。

レンズの中心に近い点を通る光は、D、Eを通り焦点Fに集まります。しかし、レンズの周辺部を通る光はA、Bの点を通り、光軸上のC点に集まります。中心から離れた位置を通る光は屈折率に差ができるため、焦点よりレンズに

【第３章】 ▶ テクニック編

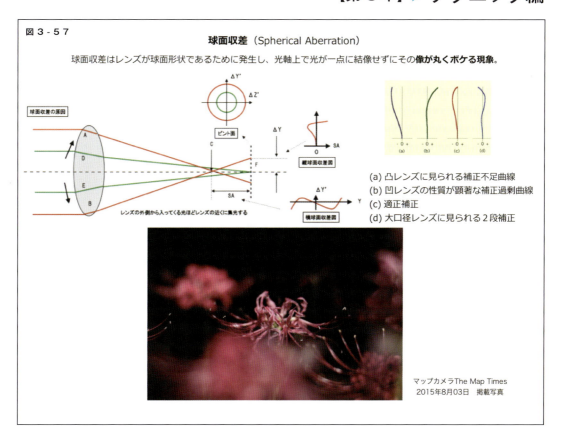

図3-57 球面収差（Spherical Aberration）

球面収差はレンズが球面形状であるために発生し、光軸上で光が一点に結像せずにその**像が丸くボケる**現象。

(a) 凸レンズに見られる補正不足曲線
(b) 凹レンズの性質が顕著な補正過剰曲線
(c) 適正補正
(d) 大口径レンズに見られる２段補正

マップカメラThe Map Times
2015年8月03日 掲載写真

近い点に集光します。レンズ表面が球面で出来ていることが原因で起きる現象なので球面収差と呼ばれています。

撮影時に絞りを開放より２～３絞り込めば、レンズ中央を通る光だけが利用され、ほぼ補正されますが、更に絞ると徐々に回折[*34]の影響が現れ鮮鋭度は悪くなります。

カメラのレンズは、いろいろな距離にある物体をレンズを通して撮像面に像を結ばせますから、焦点位置近傍での光の集まり具合がとても気になります。こうした観点から長年の経験にもとづいて図のような球面収差の補正曲線が使われるようになっています。

（２）非点収差（Oblique Astigmatism）

（図3-58）

非点収差は、1つの点から出た光線が光軸に斜めに入射してくる場合、レンズを通ることによって垂直方向と水平方向でのレンズの曲率が異なってくることから、1つの点に集まらず短い線になり、焦点面の位置によって縦または横線となる現象です。

凸レンズは3次元の球面で、端の方では水平方向のカーブと垂直方向のカーブの形状が異なることがあり、水平方向の線の焦点と垂直方向の線の焦点が異なります。これが非点収差です。斜めから入射する光に対する収差であり、非点収差は光軸から離れたところで顕著に現れます。

[*34]　レンズを絞りすぎるとフォーカスが甘くなる現象

図3-58　**非点収差**（Oblique Astigmatism）

一つの点から出た**光線**が光軸に斜めに入射してくる場合、レンズを通る事によって垂直方向と水平方向でのレンズの形（曲率）が異なるとひとつの点に集まらず**短い線になる**。この線は**焦点面の位置によって縦または横線となる**。

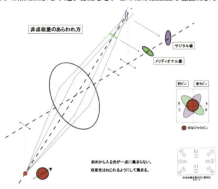

マップカメラThe Map Times
2015年8月03日　掲載写真

射出瞳[*35]の所では丸かった光束がピント面に近づくと横長の楕円（メディオナル像）となり、やがて横一線になり途中でボケた円になり、さらに縦長楕円（サジタル像）になります。真中の像が丸く、一番小さくなる点が非点収差のあるときの最良像点となります。

この現象を利用すると、ピントを合わせた点が前ピン側か後ピン側か判断出来ます。このことを利用して、あらかじめ設定した部分の画面のボケ具合を測り比べることによってオートフォーカスのシステムが作られています。

画面上でピントを合わせた被写体の前後のボケは同心状の像の流れを起こし、いわゆるボケ味の悪いレンズとなり、劇映画用のレンズでは極度に非点収差を補正しています。

この非点収差は、絞り込むと多少は焦点深度でカバーされますが、完全には改善されません。レンズの解像力を調べるチャートが放射方向（半径方向）と同心円方向（円周方向）を向いているのは、この非点収差を調べるためのものです。

（3）コマ収差（Coma）（図3-59）

コマ収差は、画面周辺部で点となるべき像が彗星のように尾を引いて写る現象です。

非点収差が光軸に沿ってできる奥行き方向の収差であるのに対し、コマ収差は焦点面に拡がる収差になります。つまり、コマ収差では斜めから入る光線は焦点面に焦点を結びます。しかし、像倍率が異なるため、焦点面の1点ではなく、ずれて焦点を結んでしまうのです。周辺に行くに従い像がボケて大きくなり、尾を引いた彗星（コマ）のような像になります。

コマ収差のある画像は、例えば小さな点や夜景で街の灯りが点として撮影される場合、画像周辺部では画像の中心から放射状に尾を引いたような画像となって現れます。そのボケ方が、画像の中心方向に対して外側が片ボケしているというような場合にコマが現れていると言います。ボケ方が円形と違い偏ったボケなので、球面収差のようなきれいなボケ味は得られません。

コマ収差は、絞りによって比較的簡単に除去

[*35] レンズの光の出口のこと

【第3章】▶ テクニック編

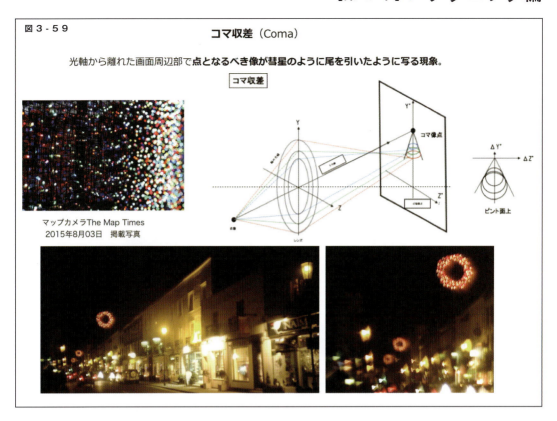

図3-59

コマ収差（Coma）

光軸から離れた画面周辺部で**点となるべき像が彗星のように尾を引いたように写る現象。**

マップカメラThe Map Times
2015年8月03日 掲載写真

でき、開放絞りから1〜2段絞るとほとんど収差を確認できないくらいに改善されます。

(4) 像面湾曲（Curvature of Field）（図3-60）

像面湾曲は、平面を撮影した場合、像が平面上に結像せずに湾曲し、光軸を離れるに従って光軸方向にずれる現象です。

この収差は、平面状の被写体にフォーカスを合わせたとき、画面の中心でフォーカスを合わせると周辺部のボケとなり、周辺部でフォーカスを合わせると中心部のボケとなって表れます。

撮像面を光軸に垂直に立てると、レンズ中心から光軸の結像面までの距離と周辺部までの距離では周辺部への距離が長くなります。従って、この収差が補正されていないレンズでは、周辺部の像面は中心部の像位置より光軸方向に対して前に来ます。通常、センサーは平面で光軸に対して垂直に配置されているので、像面湾曲の補正がなされていないレンズを使って像を結ばせると、中心部から離れるに従ってピントがぼ

けた像ができてしまいます。

絞り込めば被写界深度が深くなり、ある程度目立たなくなりますが、本質的な改善ではありません。主に広角レンズで見られます。

(5) 歪曲収差（Distortion）（図3-61）

これまでの収差はいずれも像のボケに関係するものですが、この歪曲収差は、直線が直線に映らなくなってしまう現象で、像の形状全体の歪みに関係する収差です。

一般に広角レンズでは画面の中心部から外側に膨らんだような歪みの樽型収差になり、望遠レンズでは画面中心部が凹んだような歪みの糸巻き型収差になります。中心より放射する方向の直線だけ曲がらない性質を持っています。

球面収差、コマ収差、非点収差、像面湾曲等の収差は全て物体が点でも撮影像は点にならずボケる現象ですが、この歪曲収差だけはボケに関係がありません。他の収差は絞りを絞ると改善されますが、この歪曲収差で起こっている現象は絞りを絞っても良くならない唯一の収差です。

図3-60

像面湾曲（Curvature of Field）

像が平面上に結像せずに**湾曲**し、光軸を離れるに従って**光軸方向にずれる**（倒れ込む）現象。

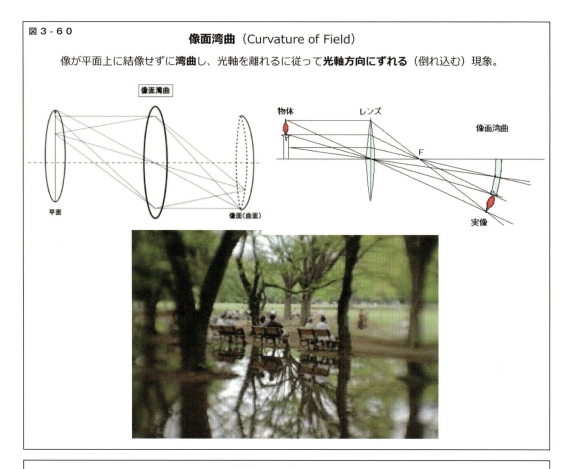

図3-61

歪曲収差（Distortion）

歪曲収差とは、**直線が直線に映らなくなってしまう現象**で、画面周辺部で目立つ。
一般に広角レンズでは**樽型収差**に、望遠レンズでは**糸巻き型収差**になる。

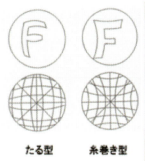

歪曲があっても放射方向は曲がらない

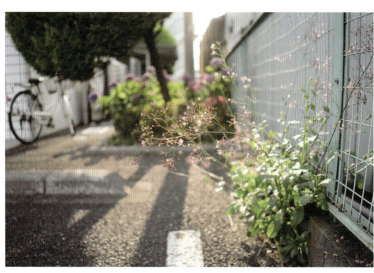

マップカメラThe Map Times
2015年8月03日 掲載写真

歪曲収差はレンズの口径や焦点距離に起因せず、絞りの位置によって生じるので、この収差を除去するにはレンズエレメントを対称に配置し、その中心に絞りを配置すると改善されます。

近接撮影を目的にしたマクロレンズは歪曲収差の少ない設計になっています。こうしたレンズは、歪曲収差が出ない焦点距離の標準レンズから中望遠レンズを選んで製作されています。

例えば航空測量用のレンズでは、超広角レンズを使って、しかも歪曲収差を極端に抑えたレンズが作られています。

(b) 色収差 （Chromatic Aberration）
（図3-62）

色収差とは、光を分散させるプリズム、厚いガラス、水槽などを通して物体を見ると、その物体の周辺が、赤や青に滲んで見える現象です。

これは光の波長によって媒質内での屈折率が変わって光路が変わることに起因しています。

色収差はレンズ収差の中で球面収差とならんで一番大きな収差です。他の収差は光軸の周辺に現れるのに対し、色収差と球面収差の2つは軸上（中心部）でも現れます。光は波長により屈折率が僅かに異なる性質があるため、可視域でレンズを使用する場合、この僅かな屈折率の違いで波長による結像点の違いが生じます。

このように色収差は光の波長に起因するので、レンズが屈折作用を伴う限り完全には除去できないものです。

焦点距離の長い望遠レンズや、屈折率の高い顕微鏡レンズでは色収差は顕著に表れ、レンズの周辺に波長によって像の大きさが異なる倍率

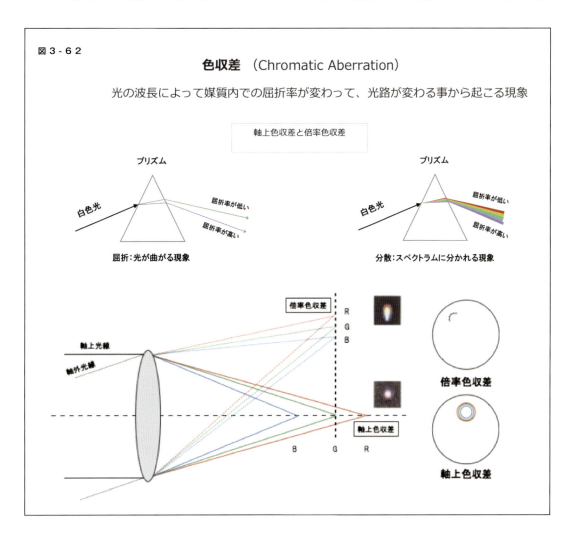

色収差と、光軸上で波長によって焦点がずれる軸上収差あります。

(1) 倍率の色収差

(Lateral Chromatic Aberration)（図3-63）

倍率の色収差は、色による屈折率の違いから斜めに入射した光の波長ごとに像の倍率の違いが生じ、画面周辺部に現れる色ズレです。

白色点光源では、画面の周辺部で虹色に分解された放射方向に伸びた像となり、被写体の淵に赤や青紫の色ズレが見えます。とくに広角レンズや大口径レンズで目立ちます。

倍率色収差はレンズの中央部を通る主光線でも発生しているため、絞りを絞っても効果がありません。

凸レンズの前に絞りがある場合、主光線がレンズを通ったあと、短波長の青紫の線、緑の線、赤の線の順に屈折率が低くなり、青紫線の方が多く曲げられて入射光が白色光でも、像は各色に分離してしまいます。

逆に凸レンズの後ろ側に絞りがあれば、原理の逆で倍率の色収差も逆転し、赤色の倍率が小さく内側に出ます。

補正法として、絞りの両側に対称にレンズを配置すれば除去できます。収差の理論では、倍率の色収差を補正するためには、焦点距離の色消しと同時に主点の色消しもしなければならないことが知られていて、蛍石や分散ガラスを効果的に使用し、補正します。

(2) 軸状色収差

(Axial Chromatic Aberration)（写真3-64）

軸状の色収差は、白色点光源を撮影した場合、青でフォーカスを合わせると青白い輝点のまわりに赤い前ボケが出来、赤でフォーカスを合わせると赤っぽい輝点のまわりに青紫の後ボケができる現象です。

結像面が色による屈折率の違いから、入射した光の波長ごとにフォーカスの違いが生じる収差で、画像面中央部から周辺部で見られます。特に大口径の望遠レンズ系で顕著に現れ、画面上のどこでも現れる可能性があります。

対策として絞りを絞り込むことで、収差の原因となっているレンズ周辺部を通る光線をカッ

図3-63　**倍率色収差**
色による屈折率の違いで、斜めに入射した光の場合に像の倍率の違いとなり、**画面周辺部で見られる色ズレ**

【第３章】▶ テクニック編

写真3-64

軸上色収差 (Axial Chromatic Aberration)

波長によって焦点距離が異なるために、ピントのあった部分の**輪郭の色が滲んで見える現象。**

写真提供：中西光夫

トし、被写界深度・焦点深度を深くして抑えることができます。

　従来、これらの色収差を補正する為には、分散の少ない材料を凸レンズに、分散の大きな材料を凹レンズに用いることで打ち消すようにしています。

　ズームレンズで言えば、広角側より望遠側で収差は大きくなることから、青と赤の光を緑に近づける色消しを行わなければならず、そのために蛍石や分散ガラスを効果的に使用して、通常ガラスでは避けられない色収差の減少をはかっています。

　また、赤外線撮影ではフォーカスを合わせる位置が可視光と違うのも色収差があるからです。

(c) レンズの構成

　レンズは鮮鋭な画像を得るためには収差が課題で、これを解決するために色々な努力がありました。その解決方法の1つが凹レンズとの組み合わせによる収差の補正です。

　屈折によって凸レンズは光を集め、凹レンズは光を散らします。屈折時に光は７色に分散する性質があり、凸レンズと凹レンズとではその分散の度合いが逆になり、凸レンズでは波長の短い青い色の光が他の色よりより大きく屈折し、凹レンズでは逆に他の色より小さく屈折します。つまり、凸レンズと凹レンズを組み合わせると、一旦散った色が元に戻る効果があり、

これを利用して収差を補正する方法が考えられてきました。

① **メニスカス**

最も単純な凸レンズと凹レンズの組合せは1枚です。片面が凸で他の片面が凹である1枚のレンズを メニスカス と言います。凸面の曲率の方が凹面の曲率より大きいものを凸メニスカスと言い、その逆を凹メニスカスと言います。焦点を結ぶのは凸メニスカスの方で、1枚だけでカメラに使えるのはこれです。凹メニスカスでは焦点が結べません。

② **ダブレット**

凸レンズと凹レンズを1枚ずつ組み合わせる方法により色収差が補正されますが、凸レンズと凹レンズに使用するガラスの成分を変え、屈折率を変える方法もあります。凹凸2枚のレンズのうち凸レンズの方の曲率を大きくし、組合せを凸レンズとします。凸レンズに色の分散が少ない クラウンガラス、凹レンズに色の分散が多い フリントガラス を使い、曲率の差による色の分散の違いを相殺するという原理です。この2枚1組のレンズを ダブレット、別名 色消しレンズ と言い、貼り合せたダブレットは、ダブルメニスカス形状となっているものが多いようです。ちなみに ガウス というのは、分離型の凸凹各シングルメニスカス によるダブレットです。

③ **トリプレット**

ダブレット凸凹2枚のレンズでは青と赤は良好に補正（アポマート）されますが、中間の色の補正が不十分なのです。このために、凸凹凸3枚のレンズを組み合わせる方法が考え出され、これを トリプレット と言い、全域の色で良好な補正（アポクロマート）が出来ています。

このイギリスで考案されたトリプレットというレンズは、現在までに考案された標準系レンズの組合せのほとんどが、これから派生したと言えるほどの優れたレンズ構成です。

④ **ダブルガウス**

像面湾曲や歪曲を補正するのに有効な方法として、絞りの前後にレンズを対称に配置する方法がありますが、これにガウスが考案した分離型ダブレットを絞りを中心に2組前後対称に配置した ダブルガウス として開発されました。

これはトリプレットの中心の凹を分割して対称形にした形式とも言えます。画質の低下を、近年のコーティング技術の発達によって抑えることが出来るようになったことでポピュラーになったレンズ配置で、凸凹凹凸の4成分構成です。

大口径の標準から中望遠に多用されている欠点の少ない構成で、ツアイスでは「プラナー」と称しています。

⑤ **レトロフォーカス**

焦点距離の短いレンズ（広角レンズ）が要求されたために考案されたレンズ構成です。

それまで用いられていたレンズ構成で焦点距離を短くすると、一眼レフではミラーのために必要なバックフォーカスが不足し、広角化に限界がありました。これを解決するために考案されたのが レトロフォーカス です。

これは凸レンズの前方の離れた位置に凹レンズを置く方法です。これにより一定のバックフォーカスを確保しても焦点距離を短くできました。

主なレンズ構成をあげましたが、現在のレンズ構成が収差を如何に補正してきたかの歩みであることがわかります。

10. 光質のコントロール

セットではライティングを始める時、まずキーライトの位置を決めることから始め、そこから他のライトプランを組み立てます。

昼の設定であれば、窓からの灯りがこの部屋全体を明るくしていますから、窓の方向からの光を作ると人物が影になる部分ができ、カメラ位置によって別のライトで補うことになります。

夜の設定であれば、キーライトは室内の上方からの光源になります。その場合、画面の明るさの段階を考え、どの部分を一番明るい設定にし、中間や暗部をどこに作るかを決めます。特に暗部の作り方が難しいと思います。

それから光の質と強弱、角度を考えていきます。まず角度ですが、ライトの高低と画面の中での角度があり、これが季節と時間を感じさせることになります。

次に光の強さですが、光量だけではなく光の硬さや柔らかさが重要になります。

窓から太陽光が差し込むような設定だと平行光である太陽の光を模倣して硬質の光が差し込むようになりますが、曇り空の設定ならば反射が窓から入ってくる柔らかい光になります。

光の質は天候と季節を感じさせます。これは光の質が画面の印象をコントロールしているということです。このように光の質はとても重要で、この章ではその光の質を取り上げています。

(a) 直接照明 (写真3-65／図3-66)

直接照明とはライトの光の質を変化させることなく被写体を照明することです。ライトの光を直接被写体に当てることを「生のライト」という言い方をします。

生のライトで直接被写体をライティング[*36]する手法は、太陽光の直射をいかした撮影以外、最近は映画・TVであまり見かけません。しかしライティングされた被写体は力強く魅力的になり、直接照明での被写体の影はシャープに出ますから、影を利用した光の扱いも照明の魅力です。今は直接光でライティングをすることは少なくなりましたが、映画全盛期の頃は殆どの映画が、生のライトでライティングされていました。

写真3-65

©東映

[*36] フィルムの感度が低かったので光量の問題が大きかった

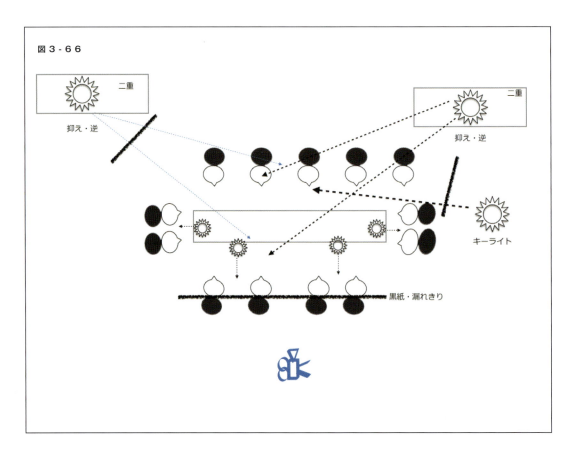

図3-66

写真3-65で取り上げた作品は1968年公開の映画「緋牡丹博徒」*37の中のショットですが、画面右からのキーライトと、逆目の二重*38からの左右両方向へのバックライトと、正面の二重からの抑えのライトで照明されています。直接照明でありながら影を綺麗に処理した上で尚且つ主役が他の人物より明るくなっていて、引きの画面にも関わらず一目で主人公に目がいく素晴らしい照明です。

かつて生のライトによる照明が多かったのは、フィルムのISO感度が低かったので光量的にライトをディフューズする余裕がなかったこと、レンズがシャープでなかったので開放値から絞らなければ使えなかったなどの理由があり、光量的な問題で間接光に出来なかったのです。今のデジタルキャメラはISO800程度ありますが、参考に挙げている写真は1968年の撮影ですから、恐らくISO 50くらいだと思います。T4くらいの絞りだと現在の撮影と比べ、光量的に4絞り多く必要だったと思います。勿論照明担当者が力強い直接光が好きだったのかも知れません。

作品によっては、現在の映画でも生ライトによる直接光でのライティングは魅力的だと思うのですが、直接光での照明方法に不慣れなことで的確なライトの配置が難しいこと、尚且つ邪魔な影があちこちに出るなど、ロケセット*39での撮影が多い今では難しいと思います。

＊37　1969公開の作品。山下耕作監督作品で藤純子主演の東映映画、シリーズ合計で6本製作された
＊38　セットの空間につられる足場のこと。撮影所によって呼び方が違い荷重とも呼ばれる
＊39　スタジオでは無くロケーションで室内を撮影すること

(b) 間接照明　（図3-67）

　間接照明とは拡散光もしくは面光源で被写体を照明することです。光が回り、被写体の影は柔らかく表現されます。

　現在はカメラの描写やレンズがシャープになったことから、被写体を柔らかい光で照明するライティングが好まれるようになり、間接光によるライティングが主流です。

　図のように間接光の創り方はいくつかあり、その1つはライトのバウンスを利用して、ライトを被写体に直接あてないで反射板にあてることにより間接光を創り、これをキーライトや抑えとして使う方法です。反射板には白いカポック（発泡スチロールの板）を利用することが多く、反射を作るライトはどんなライトでも良いのですが光の効率的には悪く、露出値によっては反射光での照明が作れません。

　被写体にあたる光は柔らかく、反射板が大きいほど光が回ります。しかし反射板が大きすぎる場合は、光が回りすぎてシャドー部分が無くなることがあり、そのため順目[40]で当てるとフラットなライティングになりすぎる恐れがあります。

　他の方法では、ライトをシルクやフロストのフィルター越しに被写体にあてる方法です。間接光として、光量や光源の範囲をコントロールしやすく、キーライトでも抑えにでもよく使います。6×6や4×4、3×3フィートなど大きさの違うフレームに貼ったフロストを何セットか準備しておき、必要に応じて濃度の違うフィルターを使います。フロストの濃さの違いは何段階かあり、濃くなればそれだけディフューズされますが、光量も落ちます。バウンスに比べると、暗部も、光を切る[41]こともコントロールはしやすいのですが、光の質自体はバウンスで作ったものより硬くなります。

　アメリカ映画ではオープンでも太陽光を間接光にするため、通りの全体を覆うような巨大な布を使って天空をディフューズすることも行われています。薄曇りのような柔らかい影の光を作るためです。このような条件は、柔らかい光が肌の色調を引き立たせるので人物の撮影に最適です。

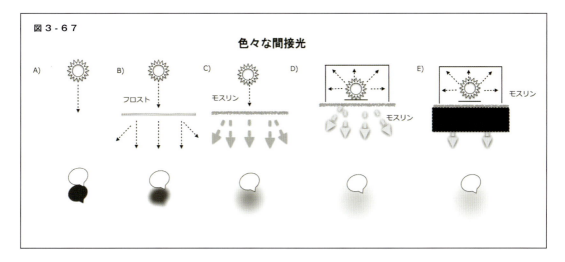

図3-67　色々な間接光

---

*40　カメラの方向からのこと
*41　黒フラッグなどを用いて余分な光を遮蔽すること

11. 照明用フィルター

(a) 色温度変換用フィルター
（図3-68／図3-69）

ライトにはタングステンタイプとデイライトタイプの2種類の色温度の違いがあります。それに合わせて色温度変換フィルターも、褐色（アンバー）または青（ブルー）の色がついた半透明の素材で、タングステンタイプをデイライトタイプに変換するものとデイライトタイプをタングステンタイプに変換する2種類あります。

フィルター会社によって呼び方は色々ありますが、例えばロスコ（米国）ではダブル、フル、3/4、ハーフ、サード、クオーター、1/8など色温度の変換の度合いによって数段階のフィルターがあります。日本では、頭文字と数字で、「A3」、「B5」などと呼ばれていますが、これはかつて龍電社[*42]がこういった呼び方をしていて、その呼び方が残っていますが、徐々に英語名での呼び方が増えてきたように思います。

例えば、昼光色の蛍光灯で照らされた事務所で、被写体にタングステンライトの照明をあてたとします。キャメラの色温度設定によりますが、5,600Kに設定されていたらタングステンに照らされた部分は赤っぽくなります。そこで、色温度変換フィルターが必要になるのです。タングステンライトをデイライト方向に変換するのですから、ブルー系のコンバージョンフィルターなのですが、変換するミレッド値は色温度計で示された変換値を参考にフィルターを選び、色温度を合わせます。

実際の現場ではメインの光源である「地明かり」は生かし、補助的な光源にフィルターをかけるケースが多いと思います。例えば、蛍光灯が主な光源で照明されているオフィスなどでは、デイライトタイプのライトに蛍光灯の色補正フィルターのプラスグリーンをかけるのが一般的です。

もちろん蛍光灯すべてに蛍光灯補正フィルターのマイナスグリーンをつけてもかまいません。フィルターをかけた状態でホワイトバランスをとれば、ほぼ同じ結果が得られます。

このホワイトバランスをとる方法の違いは、育った現場や撮影者により異なり、現場で修正したライトの光源でホワイトバランスをとる方法と、昼間はキャメラのデイライトの設定のままで通し、後処理で色を補正する方法があり、どちらが正しいということではなく、どの段階で色の処理をするかの違いです。

図3-68
色温度変換用（コンバージョン）の種類

Rosco社の場合
ブルー系

Full Blue (CTB)	**3200°K ―>5500°K**	Mired Shift -131 (B-7)
Three Quarter Blue(3/4CTB)	3200°K ―>4700°K	Mired Shift -100 (B-5)
Half Blue(1/2CTB)	3200°K ―>4100°K	Mired Shift -68
Third Blue(1/3CTB)	3200°K ―>3800°K	Mired Shift -49 (B-3)
Quarter Blue(1/4CTB)	3200°K ―>3500°K	Mired Shift -30
Eighth Blue(1/8CTB)	3200°K ―>3300°K	Mired Shift -12 (B-1)

アンバー系

フル CTO	**5500°K ―>2900°K**	Mired Shift +167
3/4 CTO	5500°K ―>3200°K	Mired Shift +131 (A-7)
1/2 CTO	5500°K ―>3800°K	Mired Shift +81 (A-5)
1/4 CTO	5500°K ―>4500°K	Mired Shift +42 (A-3)
1/8 CTO	5500°K ―>4900°K	Mired Shift +20 (A-1)

他にもLEE社などがあるが、基本的な種類と変換する色温度は同じ。

[*42] 以前にあったライトやフィルターを製造していた会社

【第3章】▶ テクニック編

図3-69　照明用フィルター

1) **色温度変換用（コンバージョン）**
　　青色系フィルター
　　アンバー系フィルター
　　ダブル、フル、3/4、ハーフ、サード、クオーター、1/8等、色温度を変える量が多いほど数字が大きくなる。

2) **光質変換用（ディフュージョン）**
　　色温度を変化させずに光を拡散させる性質がある。
　　フロスト、シルク、ディフュージョン、グリッドクロス、スパン等がある。

3) **色彩効果用（エフェクト）**
　　イエロー、レッド、ピンク、ブルー、グリーン、バイオレット、パープル等数十種類ある。

4) **光量変換用（ニュートラルデンシティ）**
　　カメラのフィルターと同じような等差があり、ND3,6,9,12などがある。
　　少量の変換には黒紗を用いる事が多い。

5) **蛍光灯補正用**
　　グリーンを除去するマイナスグリーン（マゼンタ色）。
　　ライト側にプラスグリーン（グリーン色）のフィルターを貼り、後処理でグリーンを取り除く方法がある。

　照明用光源が調整されているスタジオ以外の場所では、さまざまな光源の下での撮影になり、色温度もバラバラです。逆に言えば、そう言ったバラバラの色温度の灯りがあった方が自然で深みも出ます。

(b) 光質変換フィルター

　光質変換フィルターは色温度を変化させずに光を拡散させる性質があります。

　代表的なものではフロスト、シルク、ディフュージョン、グリッドクロス、スパン等があり、フィルターの濃さもフル、1/2、1/4、1/8、などの段階で分類されています。

　最近は、よほど狙ったとき以外はライトを直接被写体にあてることは少なく、ライトに何らかのディフューズしたものでライティングをしています。アルミなどの金枠で出来たフレーム[43]に貼ったディフューズ用フィルターを常時持ち運び、センチュリースタンドに取り付けて使っています。一番ポピュラーな変換フィルターはフロストですが、使う人の好みだと思います。

　フロストの代わりにパラフィンやトレペを使用することも有りますが、いずれも色温度低下が起こることやライトの熱で燃えることがあるので注意が必要です。

　アメリカでは可燃性の素材が原因で火災がしばしば発生したため、フィルターは不燃性の素材で、可燃性の物は使うことができません。

(c) 色彩効果用（エフェクト）フィルター

　照明での色の表現は画面の雰囲気を作る重要な要素で、様々なエフェクトフィルターから必要な色を選び、シーンに必要な雰囲気を表現します。

(d) 光量変換用（ニュートラルデンシティ）フィルター

　光量変換フィルターは、色温度や光質を変化させることなく、ライトの光量を変化させます。
　カメラのNDフィルターと同じ段階の、

---

[43] 2×3、3×3、4×3などいろいろなサイズがある

ND0.3、0.6、0.9などがありますが、1絞り以下の光量調節では黒紗を使い、2枚、3枚と重ねて光量を調節しています。

(e) 蛍光灯補正用フィルター

蛍光灯の補正に使うフィルターで、2種類のフィルターがあります。

その1つは、蛍光灯は現状のままライトにフィルターをかけて画像全体をグリーンに転がし、キャメラの後処理でグリーンを抜く方法で使われるプラスグリーンフィルターです。

他には、蛍光灯の灯体に巻きつけて蛍光灯のグリーンの発色を抑えるマイナスグリーンフィルターがあります。蛍光灯のグリーンを取り去るため、ライトはフィルターで補正する必要がありません。

これらフィルターにもフル、1/2、1/4と強弱の段階があります。どの段階のフィルターを使うかの判断は色温度計で計測して判断します。

どちらの方法でライティングするかは現場の状況によりますが、広い場所で蛍光灯がメインの光源になっている場合は、補助光になるライトにプラスグリーンを貼った方が効率的で、後処理でグリーンを抜く方法と、キャメラのホワイトバランスをとる方法があります。

狭いロケセットの場合の蛍光灯補正は、蛍光灯にマイナスグリーンフィルターを巻きつけライトはそのままでライティングする方法が良いと思います。

蛍光灯の補正には、他にも方法があり映画撮影用の蛍光灯の灯体もあります。グリーンの色が出ないように作られている蛍光灯で、特注の生産です。色温度は5,600Kありますからデイライトタイプのライトと組み合わせて使うこともできます。これを現場で使用されている蛍光灯の灯体と取り替えて撮影する方法もあります。

12. 時間帯、季節感の表現
(写真3-70／写真3-71／写真3-72／写真3-73)

ライティングではシーンによって季節や時間などを含んだ心理的な明暗を盛り込むことがあります。

季節で言えば、柔らかい春の光、ギラギラした夏の太陽、爽やかな秋、凛とした冬の光などで、時間で言えば、早朝、午前中、日中、午後、夕方そして夜などです。ライティングされた灯りはそれらを表し、そのシーンを表現します。

例えば昼設定で、夏服の役者たちがいる部屋に、太陽の直射光が深く入り込んでいる場合、画面的には良いのですが、それは夏の部屋にはならないのです。それは昼間の夏の太陽の位置は高く、部屋に深く太陽が入り込んでくることは有り得ないからです。こういった自然の摂理を無視したライティングは違和感を感じてしまい、そもそもの設定を壊してしまいます。

季節感の表現は、部屋の中の場合、太陽の直射が入り込む角度とその面積、光質と暗部の強弱の作り方によります。

写真3-70は冬の印象です。太陽が一番部屋の奥まで差し込んでくるのは冬です。光質は硬いのですが、中間から暗部にかけて暗めに作ると寒々しい雰囲気になると思います。ただ直射光の光量は露出点からあまり強くとらないで、全体の色調は抑えめで直射には青系を少し効かせた方が冬の感じになると思います。時間帯は直射が入り込む面積で調整します。朝夕は入り込む方向を変え、面積は少なく、部屋の中というより壁などにハイライトを作ってはどうでしょう。

写真3-71は夏の印象です。夏はもっとも直射が入ってきません。窓があれば窓外をトバし、室内はその余波が入り込む灯りです。フットライトのような外からの余波も良いと思います。夏らしく見せるには、暑く感じるようにキャメラの色調は暖色系にし、汗っぽさを感じるように逆目のライトで少し艶を作ります。時間帯の表現では、昼は全く直射を入れず、朝夕に少しだけ直射を床面

【第３章】▶ テクニック編

写真3-70

写真3-71

写真 3-72

写真 3-73

144

【第3章】▶ テクニック編

に入れ、光量的には強くトバし[*44]気味にすると感じが出ると思います。

　写真3-72は春のイメージで、写真3-73は秋のイメージです。太陽の直射が入る角度は同じような感じですが、光量的には秋より春の印象の方が強く感じます。そして色調は春が薄いピンク、秋は暖色系で少しアンバー系の印象です。時間帯の区別は、冬と夏の中間の直射の面積で、角度的にも両季節の中間だと思います。

　この季節や時間帯の表現は、決められたものではありません。画面がそれらしく写れば良いと思います。沢山の方法論がありますので色々と工夫してみてください。

　これらの例からも分かるように普段の生活の中で自然の灯りを学び、映像に現実らしいライティングをする必要があります。そこから日常を再現するだけではなく、想像的な灯りも作り出すことができると思います。

13. モニター

(a) モニターの役割 （図3-74／図3-75）

　撮影現場から編集を経て仕上げの本編集まで使われるモニターですが、それぞれの環境において異なったモニターを使用しています。

　大きく分けると、現場で使う簡易モニター、編集のサブモニター、本編集、カラコレで使うマスターモニターの3つに分類できます。

　このように異なった条件で使われているモニターの品質管理を行うのがカラーバーです。カラーバーは加法混色のRGBを混ぜ合わせて出来る7色で表示されていて、放送機器の調整に使われています。

　カラーバーには種類がいくつかありますが、日本では主にSMPTEカラーバーを用いていて、納品はカラーバーを付けた本編素材になります。

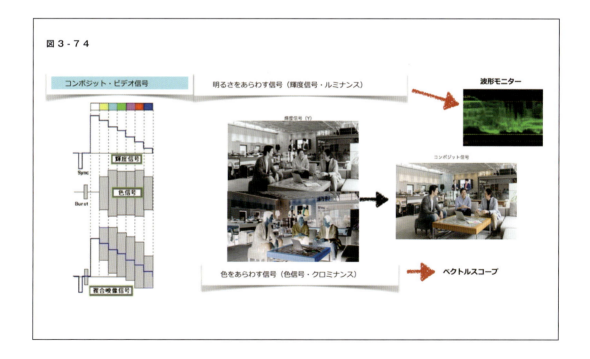

図3-74

---

*44　ダイナミックレンジ以上の光量を作ることにより、100%以上が白くディテールがなくなること

日本やアメリカで放送されているNTSC放送ではコンポジット・ビデオ信号を使っています。この信号の中には、ビデオ画像の明暗情報の輝度信号（ルミナンス）、ビデオ画像の色情報の色度信号（クロマ）、テレビ画面などの信号を制御する同期信号（シンク）の3つの主要成分があります。

輝度信号を計測するのが波形モニターで、色度信号の方向量を計測するのがベクトルスコープです。両方ともカラーバーの状態を測定したり、制作した映像が基準に合ってるかを測定するための装置です。特に放送系では規格内に収まっていない信号を電波に乗せるわけにはいかないので、これを用いたチェックが必須です。

波形モニターの縦軸はその強さを表し、単位は「IRE」で映像信号の電圧レベルを表しています。横軸は画面の横方向の映像と対応しています。

図3-75はSMPTEカラーバーを波形モニターで表示させたものです。波形モニターでは通常、輝度信号と色信号が合成表示されます。色信号が強いほど帯の長さが長くなり、色信号がない無彩色の部分は帯が短くなっています。

映像信号はシンク信号（水平同期信号）とバースト信号（色同期信号）の2つの信号が必要になります。

シンク信号は、放送する側の信号を受け手側で受信し、映像モニターに画像を再現するための信号で、フレームシンクロナイザーのような役目で、-40IREが基準レベルです。

バースト信号は色同期信号とも呼ばれ、色相を映像モニターに正しく再現するための信号です。

(b) 波形モニター（ウエーブフォーム）
（図3-76）

波形モニターは輝度信号の強さ（信号レベル）を表しています。

波形モニターでチェックするのは、信号の上下振幅が基準範囲に入っているかどうかです。日本の最も一般的な基準では、100 IREが上限で0 IREが下限となっています。

波形モニターにカラーバーを表示させるとそれぞれの色と波形の相関関係が把握できると思います。

図3-75を見てください。輝度は、信号の赤のバーの下に位置する3つの黒のミニバー（PLUGE信号）を使用して設定します。

明度は3本とも非常に近く、輝度の調整で信頼できる基準となります。3つのうちの左側のバーは-4%で黒よりも少し濃い黒です。中央のバーは0%で真の黒です。右側のバーは+4%で真の黒より少し薄い黒です。左側のバーが表示されないようにモニターの輝度を調整する必要があります。このバーが表示されている場合は輝度の設定が明る過ぎ、右のバーが表示されてない場合は輝度の設定が暗すぎます。適切な設定のときは右側の黒より少し薄いバーのみが表示されます。

カラーバーの白の画像領域では、コントラストの調整をします。グレースケール信号を入力できる場合には、グレースケールで白の部分の階調が正しく見えるように調整し、白つぶれを起こさない最大限度にします。グレースケール信号がない場合は、カラーバーの左下の白部分がきれいに見え、膨らんだ感じにならないように調整します。

このとき波形上では100%です。輝度とコントラストは周辺光の状態に応じて場所ごとに変更します。

次は色の再現を調整します。ブルーオンリー機能を使用し、各バーの上の部分と下の小さな部分が同じ明るさになるようにクロマボリュームで調整し、

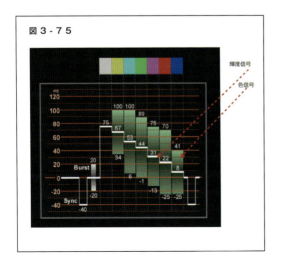

図3-75

146

【第３章】▶ テクニック編

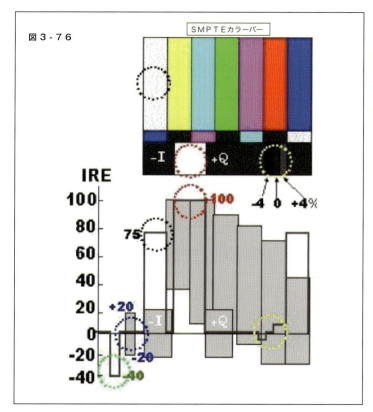

図3-76

図3-77

白と青および青と白の明るさを同じにします。フェーズボリュームでシアンとマゼンタ及びマゼンタとシアンの明るさを同じにします。クロマとフェーズの調整は相互に影響しあうため、明るさが均一になるまで繰り返します。各7つのバーの上の部分と下の部分の明るさが同じであれば、色と色合いのコントロールは調整されています。

SMPTEカラーバーには、他にもバースト信号（色同期信号）の+20% IREと-20% IREが表示され、シンク信号（水平同期信号）の-40% IREもモニター上で表示されます。

(c) ベクトルスコープ（図3-77／図3-78）

ベクトルスコープは色信号の色相と彩度に関してチェックするためのものです。輝度信号は関係しません。

画面上の色信号の分布を色相と彩度で可視化したもので、円形画面が色相環となっていて、1度刻みに分割されています。6つの原色と2次色が四角い枠で表示されますが、画面で光点が現れる角度が色相を示していて、外円側に行けばいくほど彩度が高いことを示します。暗くても鮮やかな色は外側に行き、明るくても薄い色は中心に近づきます。

ベクトルスコープの中心は、黒や白といった全く彩度のない値を示しています。映像の中の白の部分をベクトルスコープの中心に合わせることによって、ホワイトバランスが取れます。

カラーバー信号をベクトルスコープに表示させますと、図3-77ようになります。6つの「田」マークに各色の頂点が合うようにHUEボリュームを調整します。ベクトルスコープのPHASEボリューム（位相）を回して、バースト信号位相を-180度の位置に正しく合わせます。この状態で各色相のベクトルが、「田印」の中に入っていることを確認します。ベクトルスコープ内の「田印」のマークは、正しい色信号が来ているかを確認する時に用います。カラーバーのR（レッド）、M（マゼンタ）、B（ブルー）、C（シアン）、G（グリーン）、Y（イエロー）、がそれぞれ四角の中に収まっているのが正しい状態です。

(d) ヒストグラム（図3-79）

ヒストグラムは画像の明るさをスケール状に表したものです。カメラの機種によっては

147

ファインダー上に表示できるものもあり、ヒストグラムを見ることにより、画像の明暗の傾向がわかりやすくなるので、スチール写真[45]ではよく使われています。

ヒストグラムは8ビットなら256階調、10ビットなら1024階調で画像ピクセルを明暗に分解し、そのピクセルがスケール上に表示されます。スケールは左に行くほど暗さを表し、右に行くほど明るさを表していますが、両端にピクセルが付いた状態は黒つぶれや白トビになっていることがわかります。縦軸はその明るさを持つピクセルの数を示しています。波形モニターでは横軸は実際の被写体の位置でしたが、ヒストグラムではスケール上は被写体の位置との関係はありません。

スケールのセンター位置を基準としてグラフが左右どちらかに偏っていることにより、画面の明暗のバランスが確認でき、グラフの高さによりその強さがわかります。つまり明るい色が多い写真は山が右に寄ります。

まず、一番上のRGBヒストグラムを見てく

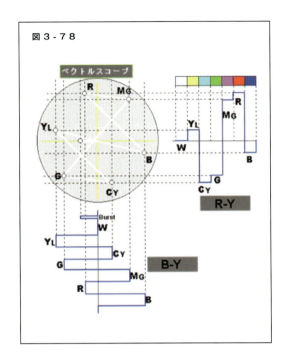

図3-78

ださい。幾つか山のピークがあります。これが画面の中で一定のボリュームを占める被写体の色味に対応しています。

「R」、「B」、「G」、それぞれのチャンネル別に見ると、より詳細がつかめると思います。

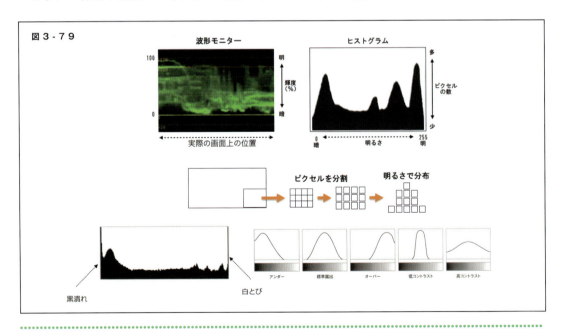

図3-79

---

[45] 映像ではあまり使われていないが、ファインダーの下部に表示されているものもある

14. 撮影時のトラブル

撮影中に予期しないトラブルが発生することがありますが、その症状と解決策を記して置きます。

(a) 小絞りボケ

絞りを絞りすぎると、ピントが合っているにもかかわらずシャープでなく、ボケたように見える症状。回折現象が起こっているためです。
対策：シャッター速度を上げるか、NDフィルターを使用し、絞りを開ける。

(b) フリッカー現象

光源のちらつきが干渉して帯状の縞が上下に移動する症状[*46]。少しのフリッカーだと液晶画面では確認できず、撮影後プレビューで気づく場合もある。光源の周波数とカメラのシャッターの関係で起こります。
対策：シャッター速度を1/100にするか、キャメラのECSを利用する。

(c) フラッシュバンド

撮像素子にCMOSを採用するカメラに起こる現象で、ストロボを焚かれた場合、画面全体が明るくならず、明るい場面と通常の明るさの画面が混在する症状。センサーの画像取り込み方法で起こる現象です。
対策：プログレッシブに切り替えてみる。

(d) ブロックノイズ

画面内に正方形単位の模様がランダムに現れるブロック状のノイズ。映像の複雑さに対してビットレートが少ない場合に発生します。
対策：できるだけ高いビットレートの撮影モードを選択。

(e) ゲインアップノイズ

暗い所を明るく撮った際にランダムに偽色などが現れる現象。ゲインやISOを上げ過ぎたことが原因です。
対策：ゲインやISOを上げ過ぎないように注意する。

(f) ローリングシャッター現象 （写真3-80）

早く横に動く被写体が斜めに歪んで映ったり、手持ち撮影で画面全体がブルブル揺れる現象。読み出しの遅いカメラで症状が表れる[*47]。撮像素子にCMOSを採用するカメラに起こる現象です。
対策：画面全体の揺れには三脚を使用。カメラ購入時、レンタル時にこの現象の少ない機種を選ぶ。

(g) 白トビ

被写体の白い部分のディテールが白くなくなってしまう症状。オート露出だとバックが暗い場合、手前が明るすぎる状態になり、白トビします。
対策：ゼブラの使用で限度を知り、絞りを絞る。

写真3-80

[*46] 画面の明暗だけの場合もある
[*47] カメラによって大きいものと小さい症状のものがある

写真 3-81

(h) 黒つぶれ

コントラストが高い場合、明るい部分を優先すると暗い部分が潰れて見えなくなる現象でオート露出では黒浮きする傾向があります。
対策：マニュアル露出で明るい部分、暗い部分のバランスを取り、絞りを開ける。

(i) 手ブレ

手持ちで撮影する際、撮影者側の揺れが原因で映像が上下左右に大きく揺れてしまう現象です。
対策：三脚の使用。手ぶれ補正を効かせる。ワイドレンズで撮る。

(j) オートフォーカス誤作動

フォーカスが前後に動き続ける現象です。
対策：マニュアルでのフォーカス操作をする。出来るだけワイドレンズで撮影する。

(k) レンズ補正不対応（写真3-81）

カメラの機能とレンズの組み合わせによる、不具合で生じる事故で、カメラ側のレンズ補正（周辺光量落ち補正）をONの状態で、レンズデータを送れない非対応のレンズが装着されて発生します。

【第4章】
映像表現編

1．劇映画の撮影

　劇映画には、数百万の予算で出来ている作品から数億円の予算を掛けて作る作品まであります。

　これらの違いは何かと言いますと、数百万の予算で造られる作品は撮影日数が短いことと、出ている俳優が無名なことが大きな違いになります。勿論細かなことを並べあげるとそれなりの差はありますが、監督や撮影者そしてスタッフの作品に懸ける情熱は、数億円の映画と同じだと思います。

　逆に低予算と呼ばれる作品ほどスタッフの情熱は熱いかもしれません。幸運にも著者はこれまで低予算から大作まで担当する機会に恵まれ、両方の立場を経験してきましたが、撮影・照明に関して言えば、低予算映画ではアベイラブルライティングの実践と考えて撮影し、大作映画の撮影ではライトを豊富に使ったライティングを楽しんでいました。

　誰でも最初から大作を撮ることは出来ませんが、以前に三池崇史監督[*1]と仕事をする機会があり、彼は「我々には金はないけど情熱がある、どんな予算を掛けた作品より面白い作品にする」と話していました。現在は日本を代表する大監督になりましたが、そんな気持ちを持ち続けていたことが今日の彼を作ったのだと思います。

　最近はCGが関係する作品が多いこともあり、現場で絵コンテに基づいて撮影することが多くなりました。撮影現場が撮影素材を集める場になっていきつつあり、監督も撮影したいカット割を事前に準備[*2]してくることが当たり前のようになってきています。しかし撮影現場は芝居場でもあり、少なくとも俳優の芝居を見て演技を汲みとり、撮り方を考える場でありたいと思います。

　撮影の方法も変わってきました。カットごとに撮影する組もありますが、シーンの頭からお尻までを流して芝居をし、それを1カットで撮影する方法です。これは俳優にとっては芝居が途切れなくてやりやすい方法かもしれませんが、映画としてみた場合にメリハリの無い作品になりがちです。

　長く撮影された素材を編集で繋ぎながら、良い部分を探すのも1つの方法でしょうが、この撮影方法では引きのショットが引き足らずになり、寄りのショットが欲しい時には寄足らずになる可能性があります。流れの中ではどうしても撮れないショットがあるのです。

　アメリカ映画の影響からこういった撮影方法が多くなりましたが、1日に消化するセットアップ[*3]の数が違うこともあり、日本の映画がこの方法にあっているのかは疑問が残ります。

(a) 撮影前の機材チェック

　クランクインの日程が決まったら、作品の内容に応じて約2週間から1週間前に機材チェック[*4]を始めます。

　機材レンタルの会社に行き、一番最初にすることは、担当者への挨拶です。彼らも仕事ですから発注された機材を準備しているのは当然ですが、人間がやっていることですから間違いもあり、忘れていることもあります。またこちらの発注ミスもあるかもしれません。そこを円滑に運ぶためにも、挨拶を交わしてから仕事を始めるのです。

　撮影助手の人数は作品によって変わりますが、出来れば助手全員が機材チェックに来るようにしたいと思います。撮影者から指示された

[*1] 多くのジャンルにわたり活躍する映画監督。多作で出演作も多い
[*2] 映画では準備が必要な場面以外は芝居を見てからカットを考えることが多かった
[*3] 日本流の何カットという考えでは無く、ショットのために何回準備するという考え方
[*4] 作品規模により準備期間は変わります

【第4章】▶ 映像表現編

機材リストを確認すると、自ずから作品に対してのイメージが出来上がってくると思いますので、作品にとって必要な機材が発注されていることを確認します。

著者の例ですと、キャメラボディと使用するレンズ、特殊な機材だけは指示しますが、アクセサリー等はチーフの助手に任せる場合が多く、細かな機材は撮影チーフが補って発注していることが多いからです。撮影助手それぞれが、現場で使った機材も異なることから、彼らの使いやすいアクセサリー等の新たな機材を発注したり、交換すれば良いと思います。

機材チェックで重要なことは、オーダーした機材がすべてあるか、その機材の電源が入り支障なく動くかどうかです。新しい機材や知らない機材があるときは自分だけで解決しようとせず、他の助手に訊くか機材レンタル会社の担当者に問い合わせることです。自分では使用方法を理解しているつもりでも、それが正しい方法とは限らず現場での故障、事故につながるからです。

クランクイン前のチーフ撮影助手のやることは沢山有ります。

機材チェックをしながら、総合スケジュールと脚本の決定稿を機材レンタル会社に渡し、1日だけ借りる撮影機材や、数日間借りる機材のスケジュールを担当者と調整をします。

ラボにも総合スケジュールと決定稿を渡し、営業担当者とは撮影素材の受け渡しと返却方法を確認します。グレーダーとは、クランクイン前にはテスト撮影の結果確認があり、撮影が始まって数日間は撮影のルックやLutの充たり具合の意見を聞き、修正点があれば撮影者と一緒に解決していきます。

同じく特機についてもスケジュールの調整を行う必要があります。普段持ち歩かない特殊な機材のスケジュール調整の為です。

撮影者は、総合スケジュールを基に各シーンの狙いと撮影設計の確認、美術部との確認など撮影での課題を洗い出す作業をしておきます。

(b) クランクイン

撮影前に、演出部のチーフと制作部との打ち合わせで、総合スケジュールと日々のスケジュールが決まります。殆どの場合、シーン1から順番に撮影していくことは無く[*5]、台本の途中部分からの撮影になります。

基本は、お芝居の軽い部分から始め、やがて重要な部分、そしてエンディングという流れになっています。

クランクイン当日、撮影前にグレーチャートを撮影しますが、このチャートのトーンとチーフ撮影助手のメーターが今後撮影されるすべてのシーンの基準になります。

段取りで俳優に軽めの芝居をしてもらい、立ち位置を確認後カット割りと撮り順を決めます。

撮影の撮り順ですが、基本は広い画角のショットか、マスターショットから撮影していきます。広い画角のショットはマスターショットになることが多く、演出的にもその他のショットでの俳優の動きや出入り、目線、スクリーンディレクション[*6]など、このショットに準じて他のショットでは何が必要なのかを探しておきます。

日本ではまだマスターショットという考え方が全体的に浸透していないかもしれません。

20年以上前になりますが、アメリカの撮影方法を研修に行ったとき、殆どの撮影現場で最初に撮影していたのはマスターショットからで

・・

＊5　撮影場所や俳優のスケジュールのために脚本の途中から始まることが多い
＊6　画面内での動きの方向で、イマジナリーラインと共に重要になる

153

した。そして撮影時間に余裕があれば、別アングルからのショットにいきますが、ロジャー・コーマン氏[*7]が関係しているような低予算映画では、マスターショットが成立していれば他のショットは撮影すること無く、いわゆる1シーン1カットが基本で撮影されていました。一方、メジャースタジオが関係しているような作品では、カバーショットやリバースのショットに沢山の時間をかけて撮影したことを思い出します。これらの撮影方法は予算規模に応じた非常に理にかなった効率的な方法であることを感じました。

日本でも徐々にこの撮影方法になってきていて、我々の仕事も撮影順としてライティングでは広い絵柄を準備してから撮影を始め、その他のショットでは小さな直しで対応していきます。

マスターショットの次は同方向の別カットを撮影するか、リバースショット（返し）[*8]にいくかは芝居の内容によって決まりが、ショットによっては、流して芝居を撮影するのではなく、短いショットで狙いを決めて撮影することも必要だと思います。

(c) 劇映画の露出計測 （写真4-1／写真4-2）

劇映画では撮影のチーフが露出計を持ち、ライトのバランスと露出値を修正していきます。これらは最終的には撮影者の責任となりますので、あくまで撮影者の立場に立って計測し、絞りの決定などで迷った場合や方向性などは撮影者と話し合うことです。

撮影所が沢山映画を作っていた時代、チーフが計測するのはキーライトと抑えだけで、バックは照明技師の判断にお任せでしたが、最近は

写真4-1　　　写真4-2

バックグラウンドも計測するようになりました。反射式のスポットメーターが普及し、その便利さでバックのトーンをコントロールすることが容易になったからです。

クランクインの前日、撮影者と照明準備の現場に行き、ライトのバランスを計測します。最初はアンビエンス[*9]といって、全体のローベースから決めていきます。これはディフューズされたほんの僅かの光量で、想定する露出点から1/16とか1/32の光量をセット全体に均一に回しておきます。入射式の露出計の平板で、上を向けて計測した値です。これはキーライトやその他のライトが当たらない場所でも暗部が極端に暗くなり過ぎないようにするためで、場所によってはこのようなアンビエンスを作らないロケセットもあります。

著者の場合は、入射式の露出計ではピンポン球ではなく平板を使って計測していましたので、そのことを前提に話を進めていきます。

いつも露出計は、キーライトに対して必ず90°の直角にして測り[*10]、はっきりと角度がわからない場合は少し露出計の首を振ると一番強い光量を示す場所が直角の位置です。これがキーライトの光量です。

セットやロケセットでは、出来るだけ同じ絞

---

*7　低予算映画を量産したハリウッドのプロデューサー
*8　切り返しのこと。アングルが逆方向になり、時間がかかる
*9　場所全体にある方向性のない光のこと
*10　他の光は手を利用して遮蔽し当たらない様にします

りで撮影していきますが、絞りを変えると撮影者や照明技師の見た目の明るさが変わるからです。照明技師の目感は正確で、絞りが1/3違っても見分けることができ、出来るだけ同じ絞りでシーンを撮影していくと明るさのバランスが繋がってきます。絞りを変える必要のあるときは撮影者や照明技師に相談します。

　キーライトを計測した位置で、今度はキャメラに向けて露出計を立てた状態で計測します。この値はライトの光が人物に対して滑っている状態で、先ほどのキーライトより幾らか光量は弱くなっていると思います。ライトが人物に対してどのくらいサイドに回っているかを知るための計測で、この値は記憶に留めておいてください。今後に続くカットで、キーライトとこの値の差によって抑えの分量をあげたり、減らしたりします。

　今度は、露出計は同じ位置で抑えを測りますが、この時は手のひらでキーライトを切った状態にして計測します。キャメラテストで決めた1/4とか1/8の光量を確認します。

　ショットによって先程の記憶しておいた光量が弱くなった時は、ライトがサイドに回っていて人物はサイド光になっていますからキーライトが滑っているということになります。こういった場合にはキーライトを少し強くするか、抑えの光量を少しあげて明るさのバランスをとっていきます。

　これは、ボールにライトを当てた時の角度を考えると理解しやすいと思います。正面からボールにライトを当てると全体が明るくなりますが、徐々にライトが横に行くことにより影の部分が増えていき、光量的に少し暗くなります。ライトの光量は同じでも、全体的な明るさが変わっていくので、それを同じ印象にするために少し絞りを開けるか、抑えを強くすることによって同じ印象の明るさにしているのです。

(d) 劇映画のフォーカス送り（写真4-3）

　フィルムでの撮影では、本番前のテストは芝居が固まらない限り何度でもテストがありました。そして本番と同じ状況でのテストを本番テストといい、それがうまくいかなかったときはもう一度テストを繰り返し、やっと本番の撮影をしていました。

　これはフィルムが高価だったことが一番の原因でしたが、デジタルになって良いことはメディアが繰り返し使えることです。それによってテイク数もカット数も増え、本番での俳優の演技、スタッフの本番での集中力が落ちて来たように思います。

　テストが始まるとセカンド撮影助手のフォーカスマンは俳優の芝居の動きを中心に見ます。

　監督によってはテストを1回しかやらないこともあり、本番の数を重ねる傾向があります。そういう時はフォーカスマンが距離を確認するのが1回だけになります。

　もっともキャメラの上にモニターを出し、それを参考にしながらフォーカスを送っているセカンド助手もいますが、この送り方では、いつもフォーカスが俳優の芝居より遅れてくる[*11]傾向となります。画面を見てフォーカスを送っているのですからそうなるのは当然で、映画を見ているときにこのようなフォーカスですと気になり、興ざめになる場合があります。モニターを見ながらフォーカスを送らないで、確認するだけにして欲しいと思います。芝居を見ながら、自分の距離感を磨くのがフォーカスマンとして

[*11]　最初はボケているが徐々にピントがあってくること

写真4-3

望まれる姿です。

　何度かテストを繰り返す監督もいます。そんなとき、フォーカスマンがスケールを持って距離の確認にいくのは本番テストの後だけが理想なのですが、新人のフォーカスマンは最初のテストから距離の確認をしようとします。沢山のスタッフが現場で作業があり、狭い現場の場合は、フォーカスの確認は出来るだけ本番テストの後だけにして欲しいものです。

　フォーカスマン時代の著者は、被写体が奥からキャメラ方向に向かってくる場合はフォーカスが遅れ気味になり、反対にキャメラから奥へ行く場合もフォーカスが遅れ気味になることが多かったのですが、先輩から、被写体が手前に向かってくる場合は早め早めに引っ張り、奥へ行く場合は奥め奥めに[*12]送りなさいと教わり、今もこのことを若い助手さんにアドバイスすると上手くいくことがあります。

　撮影者はフォーカスだけは自分で修正できないので、フォーカス送りの上手な助手が作品についてくれたら、安心して芝居に集中できる、それほど重要なポジションです。

(e) 撮影中の注意事項（写真4-4／写真4-5）

　順調に撮影が進んでいても、撮影部の助手は日々の機材整備[*13]を怠らないようにします。

　撮影素材の取り扱いに関してはサード撮影助手の仕事で、どの作業よりも優先して行うべきで、この素材が紛失や消去されることがあれば、すべての撮影をリテイクしなければならないからです。

　機材は、毎日掃除や整備をします。撮影現場で何らかの不具合が見つかっても、修理する時間がありません。自分たちで修理できるもの以外はレンタル会社に連絡し、速やかに交換、修

---

* 12　被写界深度を考えて送るということではないかと思います
* 13　毎日撮影の終わりに整備を欠かさないこと

【第4章】▶ 映像表現編

写真4-4

写真4-5

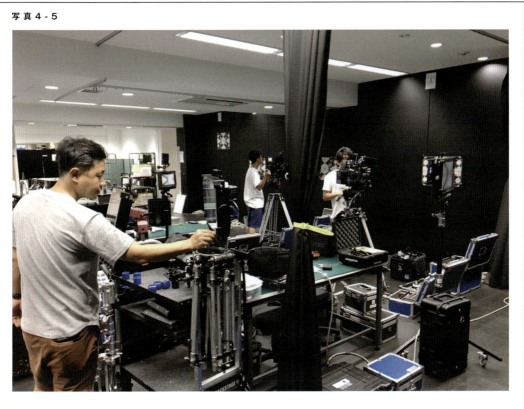

理をお願いします。

撮影チーフは現像場やグレーダー[*14]に連絡し、撮影済み素材について、異常がないかを確認します。もし何らかの事故や露出、フォーカスの不具合があった場合は撮影者とプロデューサーに連絡し、可能であれば演出部チーフにリテイクのスケジュールを組んでもらいます。

事故などの原因を調べることも必要で、原因がわかれば次に同じ事故を起こさないで済みます。

セカンド助手は、刻んだピントの基線とスケールが一致していることを確認するようにします。気づかないうちにレンズマウントが緩んでいたり、基線がずれていることもあり、少しのズレだとモニターでもわからないことがあるからです。

(f) 撮影後の機材手入れ

撮影がクランクアップしたら、すべての機材を掃除し、破損、紛失、整備不良部分を確認した上で、機材レンタル会社に返却します。

紛失や破損[*15]などは保険が適用されることもありますから、写真を撮っておくことと、その時の状況をレポートできるように準備しておきます。

この返却時の報告はプロデューサーと撮影者にも必要で、不可抗力であればその旨を伝えます。その対応が将来撮影者になっていく上で周囲から信頼を得ることにも繋がりますので疎かにしないで欲しいと思います。機材の保守点検を含めて、機材レンタル会社の人達はどういう撮影者とその助手なのか機材の扱いで判断していると思いますので、誠実な対応が求められます。

2. ライティングの様々な考え方

フィルムからデジタルに変化したことで、映画のトーンが大きく変わりましたが、デジタルでは暗部の再現が良い[*16]ことから、照明でもハイライトを抑え、暗部の階調を出すという方向へ行きつつあります。

機材の変化によって照明の手法も考えも変化していて、機材が変わることによって不可能だったことが可能になることもあり、新しい機材の出現と方法論が待たれています。しかし、ここでは新たな方法論が現れる前に、これまでの方法論を確認しておきたいと思います。

(a) 3灯照明

この3灯照明は前述したようにキーライト、抑えのライト、バックライトの3灯で照明されます。

サイレント映画からトーキー映画の全盛期まで、3灯照明の方法で盛んに映画が撮影されてきました。このライティングは本来写真館の照明方法から出発してきました。写真館での被写体は、小道具やバックグラウンドの模様は変わりますが、基本いつでも同じ方法のライティングをしています。

キーライトの光量をノーマルに取り、抑えを1/3から1/4にして、見た目でバックライトを決めていたのが3灯照明の基本でしたが、バックライトをキーライトの2倍、あるいは3倍にし、キーライトを1/3くらいにすると3灯照明でも異なった印象にすることができ、応用することもできます。

このように、女性ではキーライトを強めにし

[*14] 彼らは毎日の撮影を確認していますので細かなことでも気になることは教えてくれます
[*15] 弁償する場合もあります
[*16] DCPという映写の規格により全国の映画館の映写条件が同じになってきたことも挙げられるが、今でも映画館によって基準内での明るい暗いの差はあります

て肌色を白く見せたり、ブロンドの髪を強調するなどに応用され、ハリウッドスターの魅力を引き出すことに活用されてきました。男性では照明比のコントラストを強くして精悍なイメージにするなど、映画のスタジオ照明として多いに用いられました。

今日では、映像系の学校では簡単なセッティングで効果的なことから、照明の第一歩として教えています。

しかし写真館では完璧に見えた照明方法も、映画でロケーションの撮影が増えてくると3灯照明に違和感を感じる撮影者が出てきました。3灯照明によっての撮影は、光源や影の影響を受けることなく同じ照明方法で行われてきたこと、環境が変わったとしても照明は変わらないことなど、基本的に被写体であるスターを良く見せるための照明方法だったのです。

1960年代、ハリウッドのスタジオ撮影を中心とした映画作りが終わり、映画の作り手たちはスタジオでのセット撮影だけではなく、スタジオの外へ目を向け始めました。そして撮影もリアリズムを取り入れたロケーションでの撮影が多くなり、3灯照明とは異なったリアルな方向へのライティングになっていったのです。

(b) ソース・ライティング

その1つがソース・ライティングといい、**実際の照明器具から来ているかのように光を再現する**方法です。

これは室内の照明をプランする場合、どこに電気スタンドがあり、天井のどこにダウンライトが埋め込まれているのかを考え、実際の光源からの光を前提として、ライティングを設計するという考え方です。

光源の位置が限られているために、被写体が移動すると暗部に入り暗くなりすぎたり、光源に近付くと明るすぎることもありますが、こういったリアルさが映画の中に持ち込まれ、画面に陰影をつける方法になりました。

この考え方は、今の映画、TVのドラマにも受け継がれていて、我々もリアルな光源の位置に近い部分にライトを設置して、そこからの灯りのようにライティングすることもあります。

ただ、光源がショットの中にたくさんある場合や、フレームの外側に多くの光源がある場合には、ベタ[*17]の灯りになります。こういったときには光源を整理することが必要になり、不必要な光源を消すことやキーライト的な光源を決め、その光源を誇張するなどの必要があります。

また、キャメラ位置が光源と同じような方向の場合はベタ光線になりますので、その光量を弱くするか、光源の位置を不自然ではない位置まで盗むこともあります。

過去のハリウッド映画ではセットに天井を作らず天井の位置から照明するのが一般的で、その方法が俳優やセットの立体感をライティングでコントロールし易かったからです。反面、照明が綺麗にあたりすぎることから、不自然さも感じさせてしまうことになります。

ソース・ライティングが始まった頃からセットでは天井[*18]まで作り、部屋の照明器具からのようなライティングをするようになり、よりリアルな灯りになってきました。今もセットで天井を作る場合と無い場合がありますが、ライティングは天井がない場合のほうが圧倒的にやり易く、照明の技術も上がりましたので、どち

[*17] 影のないフラットな灯のこと
[*18] セットでは天井を作らないことが多かった

らがリアルなのか一概に判断はできません。

　しかし、ロケセットでの撮影が増えてきたことから光源を模倣するということではなく、実際の光源を使ってその場の光量を得る傾向にあり、暗い場所にあるはずの光源自体が煌々と輝いている画面を見ることもあり、照明技術者のセンスを疑うこともあります。

　誰がこのソース・ライティングを始めたのかは解りませんが、監督のスタンリー・キューブリック[*19]は3灯照明のような「不自然さ」を嫌い、自作ではソース・ライティングに拘ったと聞きます。これはキューブリックが報道カメラマン出身ということが大きく関係していて、報道カメラマンは、現場の光源つまりソース・ライティングに頼っていたからだと言われています。

(c) アベイラブル・ライティング
（写真4-6）

　アベイラブル・ライティングとは、そこにある光だけ、つまり**ノーライトで撮影する方法**です。

　これは、映画で最初にあった撮影方法であり、初期の撮影を見るとフィルムの感度が低かったので撮影は戸外に限られていて、その場にある光で撮影するというものでした。

　徐々にフィルムの感度や照明方法が進歩を遂げ、あらゆる場所での撮影が可能になると、今度は照明を使ってより良く被写体を撮影しようとする試みがあり、照明方法も3灯照明による劇映画の撮影になりました。

　1959年フランスでヌーベルヴァーグという流れが起き、監督ジャン＝リュック・ゴダール[*20]が映画「勝手にしやがれ」という作品で、同じアングルのショットを繋ぎ合わせる**ジャンプカット**という技法を用いたり、**手持ちカメラ**での街頭撮影、唐突な**クローズアップ**など、これまでの映画の既成概念をひっくり返し、照明方法も変えたのです。

　撮影者はラウール・クタール[*21]で、3灯照明が主流の頃、自然光を利用したノーライトでロケセットを撮影したのです。この撮影がこれまでのスタジオでの照明と大きく異なった撮影方法で、リアルな自然光による照明が新鮮に見えたのです。これは明るいレンズと高感度フィルムを組み合わせ、その場にある光で映像を撮影したことがこのライティングの始まりです。

　その場にある光による撮影は、被写体に対して自然光を使っているので、ライティングされているものよりリアルに見えます。室内に射している太陽光とその反射だけを利用しての撮影や、夜明けや夕暮れ時の風景などを自然光だけで撮影すると、雰囲気が忠実に再現されるのがその例です。

　技術的には、屋外の光とロケーションの室内もデイライトの状態はその場にある光といえます。しかし、今日アベイラブル・ライトと呼んでいる照明方法は、建物などで屋内の照明器具による明るさが外より強く、戸外をライトで照明する必要のないライトバランスの状態だったり、蛍光灯が主となる照明下で十分な明るさがある場合、照明用のライトを使用する必要のない状態などのライティング条件のことをアベイラブル・ライティングと呼んでいます。

　この照明方法の良いところは自然条件を利用することで、照明器具の選別や配置を気にすることなく撮影が進められることで、俳優のテンションを保った撮影ができることにあります。

　しかし自然の灯りは変化し続けていることから、絶えず露出に気を配る必要があります。

---

* 19　写真雑誌「ルック」のカメラマンとして働いたのち、「2001年宇宙の旅」「時計じかけのオレンジ」「シャイニング」など芸術性の高い革新的な映画を作り、映画史における最も偉大で影響力のある監督
* 20　フランスの映画監督。映画批評家として出発したが、「勝手にしやがれ」(1959) ほかの作品でトリュフォーやシャブロルと並ぶヌーヴェルヴァーグの旗手
* 21　フランス人でゴダール、トリフォーなどとの仕事が多く、ヌーベルヴァーグを代表する撮影監督

【第4章】▶ 映像表現編

写真 4-6

(d) プラクティカル・ライティング

　光源が映像の中に視覚的に現れている状態で光源を効果として利用する方法をプラクティカル・ライティングと言います。

　プラクティカル・ライティングを映画で用いる理由はいくつかあります。例えば、時代劇で行灯が使われていて薄暗い雰囲気の場合、観客をその時代に連れてゆき、物語に入りこむ手助けをします。同じようにテーブルに多くの電飾がある場合などでは華やかな場所へ誘う働きをします。

　映画「バリー・リンドン」[22]では歴史に忠実にするために、ライトの代わりにろうそくだけが使われました。もしライトがきらびやかなら、観客は物語を疑い、物語に入ることを邪魔されるかもしれません。

　今日の映像作家たちにとって、プラクティカル・ライティングは慣れ親しんだ手法です。しかし、この手法が広まるまでにはキューブリックのような監督たちが、古典的なハリウッド映画に使われていた幻想的でロマンチックな撮影方法から脱却し、現実と同じように闇や影のある映像を作り出すようになったという背景があるわけです。

　映画「アイズ ワイド シャット」[23]の中ではたくさんのライトが散りばめられています。これは観客に特殊な認識を与えるための演出です。あらゆる場所にライトを散りばめることで、画面に「深度」を与え、画面の奥で行われてい

---

[22] スタンリー・キューブリック監督が、18世紀のヨーロッパを舞台に撮り上げた1975年のイギリスの映画
[23] 1999年製作のスタンリー・キューブリック監督の遺作となった作品

ることと、手前の出来事を分離しています。これによって、短いシーンでも多くの情報を視聴者に与えられるわけです。

(e) モチベーテッド・ライティング

画面内で描かれている世界に自然な形で存在する光を利用した照明のことです。

モチベーションという言葉は「動機づけ」と訳されます。モチベーションは、人間の行動を喚起し、その行動の動機になることを促す心理的エネルギーを表す概念です。

プラクティカル・ライティングと同じように画面の中の光源を利用する方法ですが、モチベーテッド・ライティングは光源を操作する行為があることです。

例えば、部屋の中に蝋燭を囲んでいる2人がいるとします。そこで蝋燭の炎が風に揺れたとき、2人は何かが起こる徴候を感じ不安になり、蝋燭の炎が消えたときは不安が最高潮に達したことになります。光が消えることにより不安感が出たのですが、その後再び蝋燭に火が灯ると、今度は2人に安堵が戻ります。これは蝋燭の灯が揺れる、消える、灯るという明暗を利用して登場人物の感情を観客に表すモチベーテッド・ライティングの例です。

夜の街中、カップルが暗い街角を歩きながら、街灯の下に来ると明るく照らされます。今まで暗かった2人が明るくなると、2人の関係が良い方向に向いているような効果になります。これは光源を操作しているわけではありませんが、光源の明暗の違いによって2人の未来を暗黙のうちに語っているのです。

うす暗い部屋で机に向かって座っている人物がいます。目の前の電気スタンドは消えていて、長い間座って考えているように見えるとします。そこで人物が電気スタンドを灯す行為をすることにより、人物の決心が現れます。これがスタンドを点けたり消したりになると、迷いになります。これより前のシーンを思い出し反省しているのか、今後の復讐を考えているのか、連続した明暗があることで人物の迷いが伝わる行為だと思います。

こういった光による操作で、なんらかの心理を表す照明を、モチベーテッド・ライティングと呼びます。

(f) 動く光によるライティング

画面の中で光を動かす方法は、数多くの映画で用いられてきました。日本の時代劇では手燭、欧米の近代劇では石油ランプ、現代では揺れる裸電球や夜のロケーションで懐中電灯などが用いられてきました。

光の無秩序な動きには観客の恐怖心を促す性質があり、これを利用して主人公への感情移入度を高めることができます。これらの小道具の灯りが照明効果として用いられると、恐怖感を煽る効果になることが多く、光源が人の手で運ばれるとその動きは予測できないものとなります。この特性を利用して混沌や狂気のようなものを示唆することもできます。

例えば、追っ手と逃亡者の関係で言えば、暗闇の中、光だけで徐々に彼らの距離が縮まってくることを表現すると、観客の恐怖感も徐々に強まっていきます。逆に光が遠ざかったり、電気が点くことにより暗闇での恐怖感が解消し、観客に安堵するという心理状況を与えることもあります。

また、室内での揺れる裸電球の効果としては、見えている場所と見えない場所が絶えずフレームの中で動き続けることで、観客の動揺も継続したまま、光源の揺れが収まるまで緊張が続きます。揺れが収まることにより、観客の動揺も収まります。無秩序に動く光が人間に恐怖心を与えることは自然な反応で、いずれも感情移入を高める効果になります。

3. 特機

　特機とは撮影時のキャメラワークに、特殊効果をもたらすための機材のことで、通称「特機」と呼んでいます。

　多くの特機には専門のオペレーターが必要とされ、撮影者と一緒になって映像を作り上げるための良き相談相手となります。特機のオペレーターは作品中、撮影現場では移動車用のレールのセッティングやイントレの設置、クレーンの準備などを担当し、撮影を円滑に運ぶために不可欠な人材です。

　特機の1つであるドリーをレール上で移動させて撮影する技法は、トラッキング・ショットと呼ばれ、キャメラが動くことで新たな情報を観客に開示したり、芝居場所の範囲を表したり、隠れた登場人物を見せたりする場合などに有効です。

　レールは直線の他に円型もあり、組み合わせると360度になり、また直線と組み合わせることも可能です。被写体の周りをグルグルと回りながら移動する映像は特徴的で、被写体の心理と周囲の様子を同時に描写ができ、円型レールや手持ちキャメラ、ステディカムを利用しても同じような効果があります。

　円型移動のような動きが伝える意味は数多くあります。今日ではレールを使用しない場合でも、同じような映像が得られる場合にはトラッキング・ショットと呼ぶことが多く、車、ドリー、その他の移動機材で被写体を追いながら移動するショット全てがこれに当てはまります。

　映画撮影中の写真によく見かけるクレーンですが、大中小が有り、使用する場所と撮影効果によって選びます。アームの長さを考えながら設置場所を決めますが、三脚のように簡単に場所の移動ができないので、慎重にキャメラ位置を決めます。最近はリモートヘッドを使うことが多く、クレーンの先にスコーピオヘッドを乗せた撮影はロール軸も加わり、キャメラを回転させることもできますが、操作している撮影者も方向感覚を失ったような混乱に陥ることもあります。しかし、その効果を狙うような新しい描写も表現出来るようになりました。

　ヘリコプターを使った空撮のショットは、金額的、効果的にも困難なことがありましたが、比較的簡単に撮影ができるドローンで代用することが多くなりました。飛行場所の許可を得なければいけない規制はありますが、地上の芝居と合わせてそのまま空撮になるようなショットも出来、これも今までとは違う表現のショットです。

　ステディカムやモビ、ローニン[24]など防振装置を使ったキャメラブレの少ない映像も数多く見かけるようになり、手持ちの良さもありますが三脚を使わないアクティブな映像が新しい表現になってきています。

　キャメラに特殊効果をもたらすだけでは無く、特機には画面効果用の機材も含みます。例えば風ですが、自然の天候では偶然にしか起こりませんが、セスナ機のプロペラのような大型のファンで風を作ったり、また狭い範囲で風を作るジェットファンなどもあります。雨の効果を出すための噴霧器や広範囲に均一に雨を降らすパイプ、そして水を供給するタンクなどがあります。霧、煙、ディフュージョンなどを作るフォグメーカー、雪を作るスノーマシーンなど、これらを使うことにより、晴天以外の気候の画面効果を作ることが出来ます。

---

[24] 製造会社によって同じ働きをしても呼び名が違います

(a) クレーン （写真4-7）

シーソー状のシステムによりキャメラを上下させ、アングル・ポジションの変化を作ります。撮影者が乗ってキャメラ操作するタイプとキャメラを遠隔操作するタイプがあります。オプションの組み合わせによりアームの長さを変えたり、クレーンをレールに乗せ、移動と併用できるシステムもあり、遠隔操作もギアヘッドのタイプやパン・バーのタイプ、ジョイスティックなどがあります。

ミニジブと比べると大きな上下の動きで、例えば俯瞰[*25]の引きのショットから下降して、人物のバストショットの歩きに付け、左右に振ることなどの特殊な動きが特徴です。シーソーの原理を利用してバランスを取っているので、乗り降りする場合にクレーンオペレーターにその旨を告げることが重要で、バランスが崩れた場合クレーン自体が転倒することもあります。

全体としては大きな機材ですが、分解してエレベーターに乗せられる機種もあり、クレーンの種類としては、アームが伸びるテクノ・クレーンや、フォクシー・クレーン、ペガサス・クレーンなどがあります。遠隔操作用にはスコーピオ・スタビライズドヘッド、スコーピオ・クラッシクヘッドがあります。

(b) リモートヘッド （写真4-8／図4-9）

キャメラを遠隔操作可能なキャメラヘッドに取り付け[*26]、各種クレーンの先端やスタジオ等の構造物に吊り下げ、パン、ティルト、回転、真俯瞰、ズーミング、フォローフォーカス等キャメラの持つ性能と、ヘッド自体の性能をリモート制御するシステムヘッドです。動きをメモリー出来、機種によっても性能は様々です。

Movi XLは3軸電動ジンバルスタビライザーで、最大22kgのキャメラとアクセサリーが搭載可能です。3つのモーターと慣性測定ユニットによりパン、ティルト、ロールの3つの軸で

写真4-7

フォクシークレーン

スーパーテクノクレーン

---

*25 キャメラが高い位置から見下ろすショットのこと
*26 実際に操作すると出来ない動きもリモートでは可能になることが多い

【第4章】▶映像表現編

写真 4-8

スコーピオンスタビライズドヘッド

スコーピオ・クラッシック

写真 4-9

動きを生み出します。

　他にはスタビライザー付きのヘッドや、3軸で操作する機種や2軸で操作する機種があります。

(c) ドリー　（写真 4-10）

　撮影者が乗ることができ、タイヤ付きの台車と上下する支柱が一体で、電動または油圧や空気圧で垂直に上下します。専用アームを取り付けることにより、小型クレーンとしても使用できます。

　小回りの利く移動車でクレーン効果を演出できますが、基本はレール移動になります。アメリカでは常時キャメラをドリーに乗せたままで撮影することが多いのですが、日本では建物の構造上使える場所が少なく、セットや床がしっかりした場所で使います。

　種類としては、GFプリモドリー、パンサードリー、マグナムドリー、ピーウイドリー、フィッシャードリーなどがあります。

(d) 移動車　（写真 4-11／写真 4-12）

　キャメラを設置できる台車と台車用のレールの組み合わせで使います。これはドリーと呼んだり、移動車と呼んだりします。前述のドリー

165

写真 4-10

パンサー・クラッシックドリー

GF プリモドリー

写真 4-11

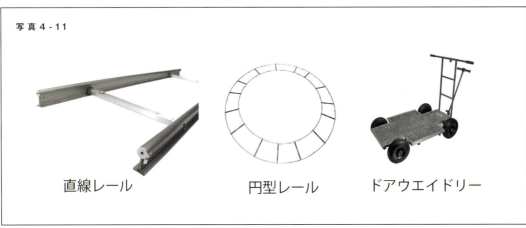

直線レール　　　円型レール　　　ドアウエイドリー

写真 4-12

は上下に動きますが、この台車は基本的にはレールの上に乗せて使用し、タイヤに付け替えることが出来るタイプもあり、平坦な場所ではタイヤだけで移動撮影する場合があります。

レールの上をスムーズに移動することが出来、トラックアップ、トラックバックなどで様々な演出効果を出します。レールの幅と長さは何種類かサイズや長さがあり、組み合わせて360度の円型になるレールもあり、撮影場所と目的によって使い分けます。

レールは水準器を使って水準をとり、毎回この作業は必要になります。高低がある場合、レールの水準は高い方から取り始め、左右と前後の水準を見ながら低い場所へと設置していきます。そのために、楔と薄いベニヤ板のパッキン、箱馬なども機材と一緒に持ち運びます。

撮影で一番多く使われる特機で、撮影中は常に撮影機材と一緒に持っています。

種類としてはドアウエイドリー、グリップドリーなどがあります。

(e) ミニジブ （写真4-13）

撮影者が操作する小型のクレーンシステムで、キャメラポジションに変化をもたらします。室内などの限られたスペースで使用することができますが、人が乗ることは出来ません。左右の振りも出来ることから芝居に絡んだ動きが出来ます。移動車に乗せたり、イントレに乗せたりして人物の動きをフォローでき、小型で軽量のため自由に動けます。

種類はGF-テレジブ、ウルトラクレーン、ミニジブ、プロジブなどがあります。

(f) イントレ （写真4-14）

撮影用と照明機材用の2種類があります。撮影用は3尺と5尺の高さがあり、この上にキャメラが乗り俯瞰台として使います。両方を組み合わせて使うことも多く、両方を積み上げると8尺の高さになります。

写真4-13　ミニジブ　プロジブ

写真4-14　5尺イントレ　3尺イントレ

イントレを組み上げたら、水準をとり、不安定な位置では楔やパッキンを使い転倒を防ぎます。

俳優をこの上に乗せて芝居をさせ、ローアングルのポジションを作ったり、天板を使って足場の悪い場所を水平にすることにも使います。

この機材も撮影中は常時持っています。

(g) ステディカム（写真4-15）

映画「シャイニング」[*27]や「ロッキー」[*28]で使われたキャメラの防振装置で、オペレーターのボディスーツに装着したスプリングアームが、撮影時の体の振動やブレを吸収し、キャメラに振動を伝えないシステムです。

手持ちで撮影されたショットのような揺れがなくなり、まるで空中に浮いているようなキャメラワークになります。

キャメラの重量とバランスを取るための重りと、両方の重量がオペレーターに加わり、フィルムキャメラの時代は体力的に大変でした。最近はキャメラもステディカム自体も軽量化され、以前と比べると重量的にはオペレートがしやすくなっています。オペレートするにはコツがあり、特に反転や角を曲がるときなどは体を使っての操作になりますので、専門のオペレーターによる操作を勧めます。

(h) モビ、ローニン（写真4-16／写真4-17）

新しい3軸[*29]の防振装置で、両手でキャメラと防振装置を保持します。ステディカムとは違う機構ですが、同じような浮遊感のあるキャメラワークとなります。3軸のバランスを取ることが生命線であり、そのバランスを取ることに時間がかかります。ただステディカムのような専門性がなく、操作に慣れると撮影者がオペレートできます。小さなキャメラだと1人で保持できますが、大型のキャメラだと重量があり、長いショットでは2人で持つこともあります。最近はそのためにステディカムのようなオペレーションスーツを着用して操作ができるようにもなってきました。

写真4-15

[*27] 1980年制作の監督スタンリー・キューブリックのホラー映画
[*28] 1976年制作のアメリカ映画。監督はジョン・アヴィルドセンで主演脚本はシルベスター・スタローン
[*29] パン、ティルト、ロールの3軸のこと

写真 4-16

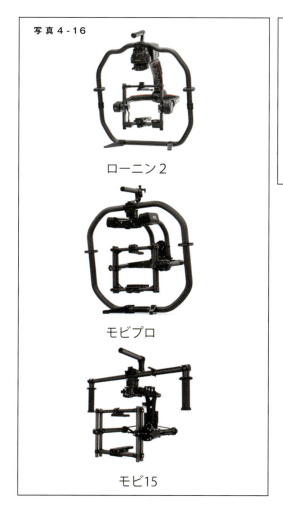

ローニン2

モビプロ

モビ15

(i) その他の特機
（写真4-18／写真4-19／写真4-20／写真4-21／写真4-22）

① イージーリグ
キャメラをオペレートする撮影者にハーネスを着け、ハーネスと一体になったワイヤーが伸び縮みすることで手持ちキャメラの重さを軽減させる装置です。防振装置ではありません。

② カーマウント
車での撮影の時、キャメラを車に取り付けるための器具で、吸盤を利用したものやドアに引っ掛ける構造のものがあります。

写真 4-17

③ ドローン
数枚のプロペラを持つ構造の小型ヘリコプターで、簡単に空撮のショットが撮影できることで盛んに使われるようになりました。飛行には許可が必要で、ロケ現場が決まると警察に問い合わせる必要があります。走行する車両に平行移動で撮影することや車両が走行中に上空をクロスすることなどができます。飛行する機体も大小あり、重いキャメラを乗せるには機種を選びますが、簡単に撮影できる利点があります。飛行するため絶えず墜落の可能性があるので、人が多い場所での撮影は避けた方が賢明です。

④ アイソレーター
車両での撮影や、タイヤ移動車で撮影する場合に三脚などの支柱とキャメラヘッドの間に装着し、緩衝用のバネを配置した作りでキャメラの振動を減らすために使用します。2軸と3軸の機構がありますが、2軸は前後左右の動きの振動を制御し、3軸はそれに加え上下の振動を制御します。

⑥ アップルボックス（便利箱）
日本では縦1尺、横半尺、高さ4寸の大きさの便利箱[*30]、箱馬と呼ばれています。アップルボックスはアメリカ映画の仕様で、キャメラの高さや舐めものの高低を調節する箱と板です。フルアップル、1/2アップル、1/4、パンケーキなど厚みが違う箱が1セットになっています。

[*30] キャメラマンの椅子として使うことも多く、高いキャメラ位置での足場、ローアングルのキャメラ台など使い道が沢山ある

写真 4-18

アイソレーター　バイパースモークマシーン　雨降しキット

ターボファン　ハリケーンファン　タイフーンファン

写真 4-19　写真 4-20　写真 4-21

カーマウント　イージーリグ　アップルボックス

写真 4-22

4.印象的なイメージ

(a) 日常から学ぶ灯り
（写真 4 - 23 ／ 写真 4 - 24）

ドラマで生活を描くことは、自然のうつろいの中での出来事の積み重ねですから、そのためには自然を観察する必要があり、日々の灯りからヒントを得ることがライティングの出発点だと思います。

シーンの狙いが極端に不自然さを必要としている場合を除き、自然な見え方からライティングを組み立て、ショットの方向によって修正しながら撮影をしていきます。

例えば朝の光が部屋に差し込んでいる場合、部屋のテーブル、壁、床には朝ならではの光が当たっています。この光は昼に差し込んでいる光とも、夕方に差し込んでくる光とも異なります。また窓の方角や夏の強い光、冬の光、季節、時間、雨の日、曇りの日などにより、陰影のつき方がすべて異なっているのです。

このように部屋だけを取り上げても、千差万別の光と影の状態がその時々において交差しているのが分かります。普段何気なく見過ごしている光線の状態を見つめ直し、その作品の意図に合った生活感、心理描写、雰囲気などを再現し、ライティングしていきます。

それが日常を適確に表現する照明となり、作品として一貫性をもつことに繋がります。

(b) 朝のイメージ （写真 4 - 25）

朝のイメージは時間の変化と共にいくつかあります。

どの時間帯の朝をイメージするかは作品の内容によって選べば良いのですが、前もって自分の中でそれぞれの時間帯の表現方法を考えているに越したことはありません。早朝の撮影では一刻ごとに光が変化しますので、灯りのバランスを取ることも露出のバランスを取ることも大変難しく、気がつくと昼間の光になってしまいます。特に朝はイメージを持っていないと、確実に失敗することがあり、画面に朝の感じを出すことは予想以上の難しさです。

実際の朝の光を観察すると、色味と明暗のあり方、光の質などが朝の印象を作っています。朝の具体的なイメージを上げてみると、

①薄明の状態

空はやや明るいが人物は暗く、夜との違いは空の明るさで少し逆光気味で人物の艶になっている。

②日の出直前

空の反射で人物が明るくなっているが、暗部は潰れていて暗い。

③太陽が水平線から出たばかり

逆光の顔に太陽の赤みが差し、暗部は空の青味の反射が少なく暗い状態。

④太陽が完全に上がった状態

顔に少し赤味があり明るくなっている。暗部も明るくなっているが、青味が残っている。

写真 4 - 23

写真 4 - 24

写真 4-25

　①では大気や地表が熱せられていないためクリアな印象で画面には透明感があり、シャープな感じが強いです。実際のライティングでは青味の画面に、弱い艶が被写体に薄っすらと当たっている状態を作り、キーライトは1/6から1/8で良いと思います。

　②では、空を白く飛ばさないことが重要で、反射式の露出計でノーマル以下が良いと思います。人物はまだ薄暗い状態ですが、キーライトは空の反射を考え、別にライトで作ったキーライトは1/3から1/5、暗部は青味を入れた1/16以下の光量にします。

　③の状態では太陽が出ていますので、艶のライトにアンバーのライトを使いノーマル程度の光量で考えます。暗部には青味があるライトもしくは反射板で1/10程度に抑えます。空は反射式の露出計でノーマルか、1.5倍程度に納めたほうが良いと思います。

　④では、曇天の昼間くらいの明るさを考え、キーライトには少し赤味をつけ、暗部にも少し青みを残した方が良いでしょう。朝の戸外では朝モヤ、スモークを焚くなどして雰囲気を作ることも大切です。

　室内の朝の印象は、拡散光でカーテンなどが納まった状態で薄っすらと室内が明るくなっている②の状態や、③では範囲的に少し赤味の直射を作っても良いと思います。

(c) 昼のイメージ（写真4-26／写真4-27）

　日中は映像の中でもっとも多くのシーンが撮影されています。日中のイメージは太陽がトップにあることを想定しますが、季節や場所に大きく左右され極端な話、沖縄と北海道では大きくイメージが違います。しかし、1日の中の昼設定では一番明るい印象を創るべきで、そうでなければドラマ全体の明るさのバランスが崩れます。同じ昼でも、季節によっても光の質は変わり、その創りかたと露光のバランスの取り方で季節を表現します。

【第4章】▶ 映像表現編

写真4-26

写真4-27

夏の日中の表現では、ハイライトが飛んだ印象を作ると暑い地域[*31]のようになります。同じ日中でも収まった光質だと春や秋を感じ、冬にはサイドからのあまり強くない光になります。

太陽がトップにある場合、日中の顔には醜い影が落ちますのでアップの場合、頭上に透明ビニールで太陽を遮蔽し、光を少し拡散して影を柔らかくすることもあります。露光的にはトップのハイライトを飛び気味にして、2.5倍から4倍くらいハイライトを飛ばし、暗部は暑さの設定と作品の狙いで変わり、1/8から1/3くらいで強弱をコントロールします。暑さの度合いは同じ日中でも時間帯や地域を考えることが必要です。

昼のイメージを挙げてみると、
① 濃いシャープな影。
② 飛び気味のハイライト。
③ トップ光線。
④ 夏は陽炎が出ている。
⑤ 秋のシャープな光線。
⑥ 春の少し拡散された光。
⑦ 朝と違い、色はナチュラルより暖色系な印象。
などがあります。

共通することは、トップ光線による濃い影で、飛び気味のハイライトがあるのが昼の印象です。そして季節によって光の質が変わり、暖色系の色調を創ることが1年を通しての昼のイメージです。

(d) 夕方のイメージ
(写真4-28／写真4-29／写真4-30)

夕方の設定では、ドラマチックな状況の芝居になることが多く照明もドラマチックに創ります。

画面を支配する色調は、朝の赤味と違いアンバー系の色調で空気感がモヤや湿度によって霞み、その影響で光の質も朝よりずっと柔らかな光質になります。

朝と同じように、夕景は思った以上に雰囲気が変わるのが早く、前もって何段階か自分でイメージを作っておいた方が良いと思います。朝と違うのは夕景では日没になると撮影が出来なくなることです。

夕方にも色々な時間帯があります。
太陽が空にあり、斜光の時間帯で光がまだ赤くなっていない時の夕景は、色味が少しアンバーを感じる程度で光量的には昼間よりハイライトを飛ばさずに処理します。出来れば逆光の条件が良いと思います。

[*31] 暑さは画面では伝わりづらく、人の汗などを感じさせることで伝えることが多い

写真 4-28

写真 4-29

写真 4-30

　日没まじかで太陽が赤くなっている状態の夕景では、画面に太陽を入れたようなショットがドラマチックになります。日没間際の太陽は光量的に弱くなっていて、天候によっては暗部の天空光と太陽のバランスが取れていることもあり、露出点によっては太陽と被写体がダイナミックレンジに収まります。逆の艶は強めにとり、暗部は1/3〜1/4くらいの拡散光が良いです。ドラマではこの時間帯か少し前の時間帯の設定がよくあり、例えば悲しい芝居に真っ赤な空のバックがあれば余計にその悲しみを印象付けられたりするものです。

　実際の撮影ではこの太陽と天空のライトバランスをライトで補いながら、明るさによって絞りを開けていき、撮影できる時間帯を伸ばします。

　日没直後、空の明るさが残っている頃は、柔らかな天空光だけで全てのものがライティングされた状態ですのでノーライトで

【第 4 章】▶ 映像表現編

撮影できます。これを再現するには天空に白幕をはり、大きなライトでバウンス光を作り、あらかじめ計測しておいた色温度に変換して作ることになります

映画「天国の日々」[*32]はこの頃に撮影時間を絞り、全編美しい光の撮影になっています。一度は見ておいた方が良い映画の1本です。

最後に殆ど夜で、空にはまだ明るさが残っていますが、日が暮れて人物は暗くなっている状態の夕景です。この状態で夕方を表現するには明るい空をバックにする他はありません。空が写っていないと夜と変わりないからです。空の反射は1/2〜1/4くらいで、被写体には青味のフィルターでライティングします。

この時間帯にフレームから空を嫌い、被写体をライティングして撮影する方法をスカイライン狙いと呼びナイターにしています。デイフォーナイト[*33]もおなじことです。

(e) 夜のイメージ（写真4-31／写真4-32）

夜間オープンの撮影では、何かしらの光源がある場所[*34]を選んだ方が良く、光源があるとソースライティングとして考えられます。

つまり公園などでは光源からの灯りをソースとしてキーライトを設定でき、環境を生かした照明が作り易いことです。

被写体の明るさもキーライトを1/2.5〜1/5くらいに設定すると自然な明るさのナイターになります。都会の街中の設定では、バックによってシルエット気味にしたり、半面にライトをあて暗部を作るなどします。どのナイトシーンでもそうですが、気をつけるのはキーライトが明るすぎたり、暗部を持ち上げすぎなど、明るくしすぎることです。あくまでシーンの狙いから考えますのでロケーション撮影は雰囲気にあった明るさを作るようにします。

光源がない場合の夜間オープンですが、装飾部と相談し、何かしらの光源を作る方法もありますが、何もない場合はバックに光源があるようにライトでハイライトを作ることもできます。実際のロケ場所に光源がないとしても、暗いだけのバックは避けるべきで、被写体に灯りを当てなくても、バックをある程度見せることで暗闇の表現ができますので、シルエットになる部分を作ることもナイターの照明方法の1つです。

ロケセットのナイターは、実際の夜に撮影する場合と窓を遮蔽して昼間撮影する場合があります。ドアでの出入りがある場合や窓の開け閉めがある場合は必然的に実際の夜に撮影しますが、その場合でもシーン全体ではなく、そのカットだけ夜に撮影する場合があります。そのときには、ライトのバランスと光源の色温度、出入りする被写体の露出点からの光量を覚えておく必要があります。光源の色温度を変換して撮影する場合には、どのくらいアンバーかブルーに変換したかを計測しておきます。

ロケセットでは多くの場合蛍光灯が使われていて[*35]、補正フィルターで変換する可能性があり、まずキーライトの配置と色温度を決め、カメラの色温度の設定をします。次は設定した色温度とは異なった光源を消すか撤去するのですが、異なった色温度が混在していても、その事によって色の深みが出る場合があります。

ロケセットの場合には、周囲の迷惑を考えれば昼間撮影した方が良いのですが、照明に関しては窓外の外光が見えず、あまり歓迎はできません。

[*32] 1978年のアメリカ製作の映画。ネストール・アルメンドロスによる徹底したリアリスティックで美しい映像が高く評価されている
[*33] 擬似夜景のこと
[*34] 何もない場所では無く「地明かり」などがある場所が良い
[*35] 最初からライトにしておいた方が調整が効きます

写真4-31

写真4-32

5. ハイスピード撮影と微速度撮影
（写真4-33／写真4-34）

映画は毎秒24駒で撮影され、毎秒24駒で上映されています。TV放送は毎秒30フレームで撮影され、60フィールドの30フレームで放送されています。

チャップリンの映画で代表されるサイレント映画の頃は1秒あたり16駒で撮影されていて、毎秒16駒で上映されていましたが、映画がトーキーになったときから、現在の毎秒24駒になりました。その結果、現在サイレント映画は1秒24駒で再生されることが多くなり、人間の動きが駒落としのように見えます。これはサイレント映画時代の駒数が、現在の1秒あたりのコマ数より8駒少ないため、人間の動きが1.5倍早く動く駒落としのように見えているのです。

このように映画の上映やTV放送では動画の再生するスピードが決まっていて、それを基準に撮影時の駒数が決まっています。ですから普通の動きで見せたければ、撮影された時の駒数で映写・再生されなければ普通の動きに見えません。

基準の撮影駒数の24駒より早いスピードの、例えば48駒で撮影されたものは普通の駒数の2倍ですから、通常より2倍ゆっくりしたスピードで映写されます。そして撮影駒数を上げれば上げるほど映写のスピードが遅くなり、これを**ハイスピード撮影**（スローモーション）と呼んでいます。

逆に12駒のスピードで撮影されたものは通常の半分の駒数ですから、駒落としになり通常より早い映像になります。1秒間に撮影する駒数を落とせば落とすほど映写で見る動きは早くなります。少しだけ撮影駒数を落としたものを**駒落とし**と呼んでいます。そして1秒間に数駒から数秒に1駒など間隔を開けたものを**微速度撮影**（タイムラプス）と呼んでいます。

微速度撮影は時間を凝縮させると同時にリアリティを短縮する手法でもあり、作品中において明確に他の部分とは異なったものとなりますので、この手法は特に強調したいところだけに使うべきです。コメディ映画に使われる頻度が高いのですが、シリアスなドラマにも効果的に活用できます。

アクションの撮影で素早い動きにしたい場合、駒落としの効果を使います。ジャッキー・チェンの映画ではかなりの駒落としが使われていて[*36]、結構それがバレていますが、映像を見慣れていない観客はその映像を楽しんで見ていたように思います。

(a) 駒落としと微速度撮影（タイムラプス）
（写真4-35／写真4-36／写真4-37）

駒落としは数駒、通常より少なく撮影する手法で、**微速度撮影は1秒につき数駒から、数秒で1駒など間隔を開けて撮影する**ことを言います。

撮影駒数を色々に変える駒落としの撮影は、誇張しながら自然に見せるための作業で通常の撮影とほぼ同じです。少しの露出補正とフリッカーの問題に注意すれば良いと思います。

アクションの撮影では、作品によって撮影駒数を変えることで実際より素早い動きを表現できます。素早い動きにしたい場合、例えば引きのショットがあります。引きのショットでは駒落としがバレやすいため、撮影速度をほんの少しだけ盗み、22〜23駒を選びます。これ以上

[*36] ジャッキーの超人的な動きは駒落としの効果が大きい

写真4-33

写真4-34

写真／佐藤昌道

【第4章】▶ 映像表現編

写真4-35

写真4-36

写真4-37

駒を落とすと確実に駒落としがバレます。フルサイズでも22駒程度までが限界で、つまり2駒落としただけで人間の動きが不自然に見えますが、バストショットやウエストショットでは22〜21駒が多用されます。多くのアクションのバストショットやウエストショットは、画面から見切れるくらいで迫力を出したいことや、少しでもアクションをスピーディに見せたいことがあり、この駒数を選ぶ場合が多くバレもあまり感じません。

　ドラマに使用される駒落としの方法の他に、微速度撮影として、数分に1駒を撮影したり、数時間、数週間、あるいは数ヶ月かかる動きを規則的に間隔を置いて撮影する手法があります。

　物品の製造工程や、植物の成長の撮影、時間の動きの研究、環境の変化の記録などにも微速度撮影が用いられます。撮影したものを実際に映写して見ると、まるで数分間か数秒間の出来事のように見え、人間の目では見えない出来事を凝縮して見ることができます。

　微速度撮影ではキャメラ、被写体、全ての器具を特別に安定した撮影台にセットする必要があります。撮影する間隔が長く、キャメラや被写体に体が触れないように意識していても触れてしまい、そうなると画像では駒とびのように見え最初からやり直しになります。それを防ぐためキャメラ機材を出来るだけ固定します。

　微速度撮影でフィルム撮影の時は専用のモーターに変えていましたが、デジタルカメラでは微速度撮影用（タイムラプスと表示されている）のプログラムが内蔵されている場合が多く、使う予定のキャメラがどういうことが出来るか調

179

べる必要[*37]があります。キャメラによって1秒間で撮影する駒数や撮影する間隔が決まっていることが多く、シャッタースピードが調整できるか、同じ絞りで連続撮影できるか、撮影間隔の調節ができるか、外部バッテリーを使用できるかなどの項目を調べます。

撮影には、キャメラや被写体や環境を綿密にコントロールする必要があります。例えば花が開いて行く過程を撮影する場合、花が咲く環境を変えないような気配りが必要になり、植物だけでなく土も一定の湿度状態に保ち、撮影以外のことにも注意しなければいけません。1ヶ月に何センチしか伸びない植物の成長をパンで追うこともできますが、非常に高度の技術が必要になります。

デジタルキャメラにおいてシャッタースピードと駒数の変化は関係がなく、秒あたり何駒で撮影してもシャッタースピードは固定していますから絞りを中心にして考えたシャッタースピードを決めていきます。

微速度撮影で目を引くのは、被写体の動きとともにカメラワークが加わっている作品で、これをモーションタイムラプスといいます。

この微速度撮影はカメラの動きを調節するのが難しかったので、これまでショット的には少なかったのです。

1時間にわずか数度という目に見えないほどのゆっくりとした速度での動きが必要になるので手動では不可能でしたが、微速度撮影にパンやティルト、回転などの動きを可能にしたマルチファンクションターンテーブル「TP-2」[*38]のような機材が開発され、この複雑なショットが可能になりました。これはスイッチを切り替えることで、パンやティルトを始めバーティカル回転など合計10種類の撮影モードを使用できます。このような機材の開発により微速度撮影には、今まで見たことのない映像を撮影できる可能性が出てきました。

フィルムの撮影では秒速4駒のモーターが多く使われていて、シャッタースピードは1/8秒か、開角度を90度にして1/16秒で撮影することが多かったです。微速度撮影の場合、撮影頭と尻はフィルムの巻き込みと頭の画像を撮影する必要のため、数秒間流して撮影することもあり、1駒ずつ撮影する場合と連続撮影[*39]の場合とでは、モーターのスイッチを切り替えていました。連続して撮影する場合、これくらいの速さが丁度扱いやすく、しかも適度なシャッタースピードだったと思います。

(b) 微速度撮影の方法と考え方

実際に撮影する方法ですが、例えば数秒間で植物の種子から成長までを見せる場合、少なくとも以下の①〜⑤に列記するようなことを解決してから撮影を始めます。

① 完成尺数（秒数）はどのくらいか。
それによって1駒の撮影間隔が決まります。
② 4KかHDか、アスペクト比はどうか。
キャメラの種類とアスペクト比が決まります。
③ 発芽からどの大きさまで撮影するか。
これでレンズとサイズ、キャメラワークが決まります。
④ 撮影時間帯はいつ頃か。
それを知ることで照明の準備が出来ます。
⑤ どこで撮影するのか。
それにより背景幕や電源など必要なことが準備できます。

---

*37 　機種によって設定が決まっている場合が多い
*38 　TOAST Technology 社の製品
*39 　撮影前後にクッションとして数秒つけるため、数秒の流し撮りを行うため

【第4章】▶ 映像表現編

以上のようなことが準備段階で分かると、植物の成長用光源の必要性や、撮影用ライト、背景幕などの準備ができます。

実際に撮影に入ると、撮りたいサイズで被写体を捉えるのは意外と難しく撮影距離や焦点距離も関係しますので、フォーカスが合う範囲も決まってきます。この時、撮影するレンズを広角レンズと望遠レンズのどちらにするかで画像の違いが出てきます。

広角では被写体の背景も画面の要素となるのに対し、望遠では背景をボカすことで被写体に注目を集める効果があり、どちらが必要なのかがレンズを決めるポイントとなります。

クローズアップで撮影する方法にはいくつかの方法があります。一番容易に準備できるのは、ズームレンズにプロクサーというクローズアップ専用のレンズをつける方法です。プロクサーには強度によって番数があり、何枚か重ねて使用することもできます。

リバースアダプターを使うという方法もあります。これはレンズを逆向けにカメラに取り付けるアダプターで、ファクターも掛からず、広角レンズほど拡大率が大きくなります。

マクロレンズがあればそれを使う方法もあります。かなりの拡大撮影が可能ですが、その分露出補正が必要になります。おおよそですが対象物と1:1の大きさになると約2絞り暗くなります。レンズのカタログに表記されている撮影倍率は現物に対して1.0倍が現物と同じサイズで、それがセンサーに映し出されることを表しています。

同一の焦点距離でもセンサーサイズが小さくなれば拡大率が上がり、その分画像が大きく記録されることになります。4K撮影できる機種で撮影サイズを4KからHDに変更すると画角が変わり、それだけ被写体の画面サイズが上がります。狙いのサイズと大きく変わらない場合はこの方法もあります。

同じような効果で、手ぶれ補正の種類によりますが、画素切り出し方式のキャメラでは手ぶれ補正を入れると画面サイズがアップするものもあります。

こういった幾つかの方法を利用して狙いのショットを撮影していきます。

(c) 微速度撮影の計算

微速度撮影における計算例を挙げておきます。

> 例）車での主観移動の微速度撮影をして10分くらいのショットにしたい。シャッタースピードは1秒とすると、撮影にはどのくらいの時間がかかりますか？
> A) 10分の長さだと、10 × 60 × 24 = 14,400駒必要になる。シャッタースピードが1秒なので、3秒に1駒撮影することにして、
>   3秒 × 14,400駒 = 43,200秒
>   43,200秒 ÷ 60秒 = 720分
>   720 ÷ 60 = 12時間
>   答）12時間必要になります。

> 例）風景を微速度で3時間撮影した。シャッタースピードは1/2秒で2秒に1駒の間隔で撮影しましたが、尺数はどのくらいになりますか？
> A) 3時間 × 60分 × 60秒 = 10,800秒
>   10,800秒 ÷ 2秒 = 5,400駒
>   撮影されたので、
>   5,400駒 ÷ 24駒 = 225秒
>   225秒の尺数のショットになります。

> 例）夜明けから3日間連続で撮影をしたときの尺の長さは約1分の完成尺で良いか？
> A)初日の日の出から3日目の日没までを考えます。夏だと3時半ぐらいから少し明るくなってきますから、3時にスタートし、翌日の同時刻まで24時間、2日目48時間、3日目の日の出までが72時間、

日没から夜空の明るさがなくなるのが7時半くらいだとして、朝の3時から夜の7時半までは16時間半となり、合計88時間半です。これを秒に直すと、

　88時間半×60分×60秒＝318,600秒

　これが全体の秒数です。

　1分あたりの映写コマ数は、

　24駒×60秒＝1,440駒

　単純にこれを撮影するとして、

　318,600秒÷1,440駒＝220秒

　となり、220秒に1駒の計算になります。これでは駒の間隔が長すぎて時間の変化を捉え切れません。こういう場合は、これを1分に1駒程度の撮影間隔を提案する方が良いと思います。これを計算しますと、

　318,600秒÷60秒＝5,310駒

　となり、5,310÷24駒＝220秒

　になり、220秒のショットになります。最初に想定した1分の完成尺と比べるとショットが長くなりましたが、ある程度の時間の流れを映像に取り込めたと思います。

これは単純に秒で分割しましたが、この方法ですと日の出や夕暮れがあまりに早く終わってしまうので、その時間帯は半分の秒数で撮影し、夜間や昼間の間隔を端折るなどしても良いと思います。これは現場にいる撮影者が判断すべきことだと思います。

昼間の明るい時間で適正絞りを設定して、昼も夜もずっと同じ絞りで撮影する人もいますが、朝から日の出にかけての光線のうつろいや、夕方の美しさを撮影したいなら絞りをある程度アジャストする必要があります。

現場には最低2人はキャメラそばについている必要があり、交代要員や食事、トイレなどを考えながらの撮影になります。

(d) ハイスピード撮影（HS）
（図4-38A／図4-38B）

　ハイスピードが撮影できるデジタルキャメラは何種類かあり、いずれのキャメラもセンサーはCMOSになっています。

　キャメラによって画素数とダイナミックレンジの違い、そして4KとHDとの違いがあります。

　重要なことは撮影の駒数によって記録時間が違ってくることです。あとはシンクロ撮影用のキャメラと同じです。

　ハイスピード撮影はドラマ性を高めることができ、リアリティをスローにして描く方法や、主人公の意識の中の出来事、その希望などを表現することにも用いられます。

　ハイスピード撮影において、どのくらいのスピードがそのシーンに合うか、あるいはその効果が出るのかショットのサイズにも関係し、例えば26〜30駒くらいですと、観客にハイスピードと気付かれることがなく、被写体が非常に優雅な動きをしているように感じます。32〜36駒ではすでにハイスピードの印象になっていて、人間の動きが良く見えるスピードだと思います。

　人間の動きで心地良いハイスピードというのは72駒くらいで、映画撮影では昔から使われているスピードです。これ以上のハイスピードを選んでも、今度は少し遅すぎると感じることがあり、あまり人間の動きを見せるのには適さないと思います。

　今は240駒あたりまでハイスピード撮影ができるシンクロキャメラもありますが、人間をこのスピードで撮影すると、動きより皮膚の感じや筋肉の動きに目がいき、人の動きは止まって見えます。

　物体ではハイスピードの感じが人間と異なり、ノーマルの10倍の240駒でも少ないと感じることがあります。5倍、10倍のハイスピードになると、普段我々が見ることの無い動きで、不思議な感覚になります。

　スピードを上げた撮影は、ドキュメンタリーや誇張したスローモーション効果によるスポーツの科学的な分析などに使われていますが、何

【第4章】▶ 映像表現編

図4-38A　デジタルハイスピードカメラ

	FOR.A FT-ONE	PHANTOM FLEX 4K	ナック Hi Motion2	P+S TECHNIK Wesscam HS-2 MKII
センサー	FT1-CMOS グローバルシャッター	CMOS	CMOS 3板式	CMOS
サイズ	スーパー35mm 相当	スーパー35 mm 27.6 x 14.5		22.18x22.18
有効画素数	4096 x 2304	4096 x 2160	1920x1080	2016x2016
Dレンジ	11stop	12 stop		10 stop
感度(ISO)	640	250～2000（推奨 400～600）		640
フレームレート	4096x2304p 24/60/120/180/240/300/420 480/540/600/720/760/780fps 4096x2160 816/840/850/860 fps	4K 10～1000 fps HD 10～2000fps	1920 x 1080 24～1000 FPS 1280 x 720 24～1500 fps Dsub9p RS422 でスロー再生 コントロール可能	1920x1080 1～2000 fps 1280x720 1～4000 fps 2K 1～1400 fps
記録時間	4096x2304p 860fps9.8秒	4K 1000 fps時 5秒 メモリー 64GB	1920 x 1080 500fps 約44秒	1080/2000 fps 6秒 720x4000 fps 6秒
レンズマウント	PL	PL./F/B4/EF	B4	PS-IMS(PL)
データ処理	12bit RAW	12bit		12bit RAW
ストレージ	内蔵メモリー SSD （約2TBで84秒のRAWデーターを保存）	内蔵メモリー 32 GB / 64GB フラッシュメモリー シネマグIV 1TR/2TR	内蔵メモリー 96GB (36GBx3ch)	内蔵メモリー 36GB
フォーマット	1080 59.94p/50p 4K 12bit RAW からDPXに変換	Cine RAW/AVI/H264Mpeg4/DPX ProRes/MultipageTIFF/ MXF PAL MXF NTSC/Quick Time/BMP	1080i or 720p/59.94 or 50	4:2:2 10bit RAW 12bit 非圧縮
電源	DC12V～17V	AC 100～240V DC24V	3Px2 DC11～17V	DC24V
寸法(幅×高さ×長さ)	232x294x393mm	14.0x20.0x29.2 mm	160x340x460 mm	200.7x210.4x315.9 mm
重量	7.5kg	6.9 kg	約7kg（カメラのみ） 28kg(CCU)	6.8kg
消費電力	約160W	190W	290～510VA (CCUとも)	80W

　れにしてもテストをして、狙いのスピードを確認することを勧めます。

　ハイスピード撮影(HS)で注意しなくてはいけないことは、撮影する場合の露出倍数とフリッカーと使用するライトです。露出計の章で述べたように、露出は感度と絞りとシャッタースピードによって決まります。ですから露出倍数は撮影する駒数によって変わってきます。駒数が上がるということは、シャッタースピードが上がりますから、その分のファクターを考慮しなければ、撮影された映像はアンダー露光になります。

　ハイスピード撮影の露出倍数は撮影駒数を24で割って計算することによって求められ、撮影スピードが48駒になると2倍、96駒になると4倍、192駒になると8倍になり、シャッタースピード的には1/8（3絞り分）になり、ファクターとして絞りを開けてやらなければいけません。

　その他の注意点は使用するライトの問題です。出来るだけ大きなライトを使うべきで、大きなライトはフリッカーの影響が少ないからで

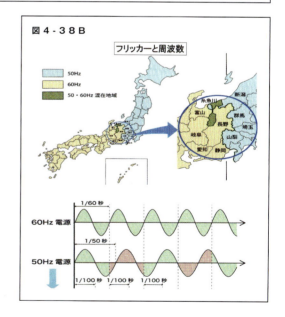

図4-38B　フリッカーと周波数

す。周波数の問題で交流の場合、糸魚川～静岡より東では50Hzの周波数で全ての電気製品が設定されています。これは1秒間に50回電気のプラスとマイナスが交互に入れ替わり、タングステン電球ではその周波数分だけ小さな振幅があります。小さなライトではフィラメントが

183

小さく、その影響が大きく、大きなライトはフィラメントが大きいため点滅で消えている時間が少なく周波数の影響も少ないのです。こういった事情もあり、出来るだけ大きなライトで照明する方が周波数の影響を受けません。

これが蛍光灯だとはっきりとしたフリッカーになりますので、ハイスピードの撮影には使用を避けた方が良いでしょう。

(e)「中学生円山」における微速度撮影
(写真4-39／写真4-40)

写真は映画「中学生円山」の撮影で微速度撮影をした時の移動ショットの1つです。

レールの横に楔があることに注目してください。これはレール全体の水平を取るための楔です。三脚を使った撮影では必ず三脚の水平をとり、これは撮影の際のカメラの水平バランスを取るためで、水平が取れていない場合、画面が場所によって傾いて撮影されるからです。

他に気付くことがあると思います。旗付きの割り箸ですが、これは微速度撮影における駒割りです。何時間の撮影で何秒のショットを撮影するか計算した後、1駒でどのくらいの距離を動かせば良いのかを考えて駒割りしたものです。1駒撮影するごとにマークを1つ進み、そしてまた次のマークに進むことを繰り返し、ショットを完成させているのです。

このように、一定の間隔を空けながら数百から数千枚もの連続撮影を繰り返し、膨大な連番の静止画を編集ソフトのタイムラインに並べ再生することによって、雲の流れや花の開花などのゆっくりとした動きを、時間を縮めて可視化するのが微速度撮影です。

写真4-39

写真4-40

6.「探偵はBarにいる」の撮影と照明

この章は著者が撮影した映画「探偵はBarにいる」の中からいくつかのショットを取り出し、撮影と照明について解説をしていきます。

この映画の舞台は札幌の繁華街ススキノで、そこで起きる事件に大泉洋扮する自堕落な探偵が関係していく話で、2018年までに3本[*40]作られています。

冬の北海道の撮影ですから、テスト撮影も雪の中で行いました。画面全体が雪に覆われた状態で雪の白を露出計の入射と反射でどの位に設定するかを確認するためです。入射露出計の値だけで露出を決めると雪の白はディテールを失いますので、天空光をどのくらいに絞ると雪のディテールがあり、尚且つ雪の白をグレーに沈ませないかを知るためためです。

天空は入射露出計を天空に向けて計測し、その後露出計を縦にし、キャメラ方向に向けて計測します。天空の計測値を1/2.5にすると雪の反射が2.5倍位になり、キャメラに向けて計測した値では1/3から1/4を示します。この露出値は白が納まり、白トビをすること無く納まっている値で、しかもグレーに落ち込まず白として残りますので、これを雪の入射と反射の数値としての目安にしました。

露出計を立てた状態でキャメラ方向に向けて計測するのは、人物の顔の状態を計測しているのと同じことで、天空から導き出された計測値は1/3から1/4、これは人物の顔としては少し暗く感じましたので、絞りは雪景色に合わせたまま、ライトやキャッチレフが使える状態では1/2.5まで光量をあげることにしました。

テストで行ったのは、天候条件が雪か曇りのときですが、天候が晴れの場合はどうしても直射を受けている雪の部分が白トビになります。その問題はフレームの範囲と直射を受けている部分の面積比で絞りを考えることにしました。

フィルムではハイライトの収まりが良いのですが、デジタルだと直ぐに白トビになりがちなので、反射メーターで露出値の32倍か64倍で抑え気味の露出にしておき、グレーディングで修正するようにしています。白トビさせると情報として二度と画像は戻って来ませんから、晴天では注意が必要な雪景色です

他にはアクションシーンで駒数を変化させたい狙いがあり、24駒より4倍の96駒まで何段階かスピード変えて、人物の倒れる動きをテストしました。

撮影素材を監督と映写で確認し、72駒を基準にスピードはサイズにより調整することにしました。本編ではラストシーンに近い結婚披露宴で、小雪さんの発砲する銃弾を受けた人物が倒れていくシーンで活かされています。

キャメラテストは前述したようにキャメラやレンズのテストを中心に行う項目と、作品ごとの狙いに則した項目のテストを行います。撮影者によってテストの方法は違い、こういったテストをしておくことが狙いを活かすことに繋がりますので、脚本から得たイメージを撮影してみることは大切です。

(a) 昼間のロケセット
(写真4-41／写真4-42／写真4-43／写真4-44／写真4-45)

写真は映画の中で主人公が馴染みの喫茶店のシーンです。3人が座っている席は店の一番奥に位置していて、戸外は薄日が差している状況

[*40] 東直己の推理小説を原作にして、1作目は2011年、2作目は2013年、3作目は2017年に東映で公開されている

写真 4-41

写真 4-42

写真 4-43

写真 4-44

の昼間のショットです。

　キャメラは室内の一番奥から入り口方向を向いていて、一番引いたショットでは窓と出入口が見える定番のロケセットでの撮影です。

　フィルムは富士フィルムの8547(500T)、レンズはツアイスの25mm、フィルターは85番と紗を使っていて、絞りはT4です。

　撮影当日は晴れていたので、それをキーライトと考えて窓外の左右から4kwのHMIをフロスト越しに室内に向けて当てています。左右の強弱をつけるために、下手からのHMIは窓辺のエキストラのあたりでノーマル、上手からは1/4位です。実際はもっと光量を当て絞りたかったのですが、外光が少し飛び気味です。フロストを外すことも考えましたが、生のライトにすると直射に感じましたのでフロスト越しで当てました。

　室内は同じ方向からのキーライトにしたかったのですが、人物の後ろに壁がありましたので、キーライトの方向を切り替え、上手逆目から大泉さんと松田さんに向けて当てています。露出計はライトに向けて計測し、光量は大泉さんの位置でT4の2/3です。小野さんへは窓方向から逆目のライトで弱く取っています。顔とスパゲティの艶が欲しかったのでクロス気味[*41]のライティングになっていて、カメラの上フレームギリの位置から拡散した光源で当てています。抑えはキャメラのほぼ上から、面積を大きくしたライトで当てていますが、大泉さんの後ろに壁があるため、ライトを黒フラッグ[*42]で上から切り込み、人物だけに抑えが当たるように落としています。

　光量はキャメラに向けて計測し、1/6位です。

　フィルムがタングステン設定なのでコンバージョンフィルターの85番とNDが一緒になった85N6を使い、その他には紗を使っています。NDフィルターは後ろのエキストラを少しアウトフォーカスにしたかったので、2絞り開

＊41　キーライトと反対方向から交差する様に逆目のライトを当てている
＊42　黒布を金属のフレームに貼ったもので、2×3フィートの大きさのもの

【第4章】▶ 映像表現編

写真4-45

け、T4にしました。室内の暖房の感じと逆光で埃が舞っている感じを出すために、薄くディフュージョン*43を焚いています。

(b) 昼間のロケーション（写真4-46）

秋の札幌は1日の中でも天候の移り変わりが激しく、写真にあるショットを撮影した日は全ての天候を経験しました。晴れ、曇り、雨、雪と目まぐるしく天候が変わり、その合間を縫っての撮影でしたからグレーディングでワンシーンの天候を繋げることに大変苦労しました。

映画の中のワンシーンはせいぜい数分なのですが、その中で天候が変化することは画が繋がらず、出来るだけ同じ天候を繋げるようにします。

それとは逆なのですが、シリーズ1作目のワ

* 43　フォグの薄いバージョンで、液体の性質が違うもの

写真4-46

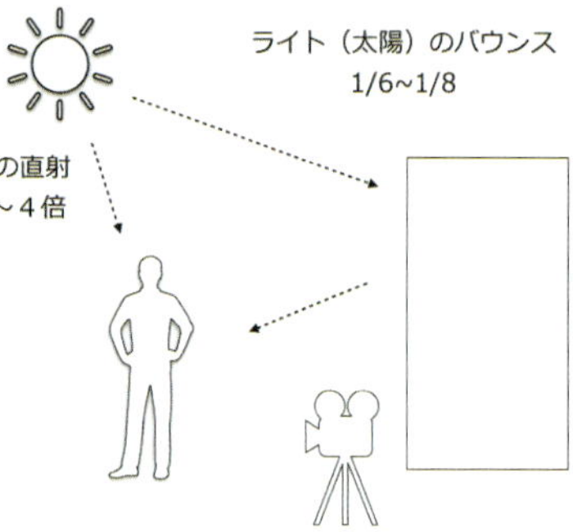

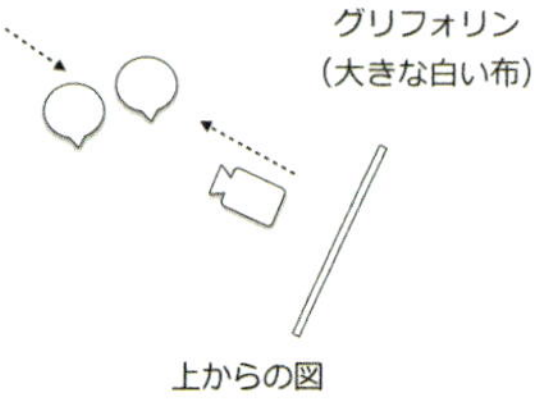

©2011「探偵はBarにいる」製作委員会

ライト（太陽）のバウンス
1/6〜1/8

太陽の直射
2倍〜4倍

グリフォリン
（大きな白い布）

上からの図

©2011「探偵はBarにいる」製作委員会

ンシーンの中で天候の変化を表現しようとしたこともあります。それはシーンの頭に太陽が差してきて、会話の合間に陰ってしまうという設定をライトで工夫しながら創ったのですが、効果的になりませんでした。ワンショットの中で光を変化させると上手く行くのかもしれませんが、カットが変わり、途中に異なったショットが入ることで観客に天候の変化が伝わらなかったと思います。

写真にあるショットは何の変哲も無いオープンのショットですが、今まで説明したように晴れ間で撮影したものです。前後のショットと繋がりやすくするために暗部の光量を通常より多めにし、撮影しています。暗部を持ち上げ、コントラストを下げることで曇りのフラットなショットに繋がりやすいようにしたつもりです。

晴れのオープンでも画角的に狭いショットであれば、撮影場所の天空に大きな白い布で太陽をディフューズできます。このショットのように主人公が移動すると、カメラもパンするこ

188

【第4章】▶ 映像表現編

とになり、何処かに漏れた天空光がバレますのでその方法も出来ません。

ですからこのカットのライティングダイヤグラムのようにフレームの近くでグリフォリンかバウンスシルクを使って太陽の反射を利用しています。

このショットでは、露出計を太陽に直角に向け計測すると露出点から3倍位明るい数値になります。暗部はキャメラに向けて立てるように計測すると、1/4から1/8の値を示します。この暗部に光が回るように太陽の光をバウンスさせます。しかし、俳優の前にいる多くの人でその光が遮蔽され、暗部を載せるにはあまり光が届いていません。画面の印象を揃えるには太陽からの光を露出点から2倍くらいにし、暗部を1/2.5から1/3にすることで繋がりやすくなると思います。要するに曇りと晴れの明暗比を揃え、グレーディングで調整をするのです。

太陽の直射がある場合と曇った時に撮影したショットを比べると、明らかにコントラストが違っていることがわかります。このショットは晴れの日のコントラストに近づける必要があります。

こういう場合、大きなライトで高い位置から逆光気味に艶をとると揃えやすいのですが、このショットに限るとライトは当たっていません。これは大きなライトが無かったことと、生ライトで当てると手前の人物の影が主人公にランダムに当たってしまうのを避けたからです。

このように撮影中には色々な葛藤があり、グレーディングのプロセスでどういう風に光線のバラツキを解消するか考えています。

(c) 夕方のロケセット
（写真4-47／写真4-48／図4-50）

小樽の観光遊覧船待合室での撮影です。夏には賑やかな場所なのでしょうが、撮影した頃は運休していました。建物の裏手には港があり、時々漁船が出入りします。この写真のシーンの前半は、帰港する漁船に沢山のカモメが群り、北国の叙情溢れるショットになりました。[*44] 助監督が漁船に乗り込み、「えびせん」を撒きながらカモメを呼び込んでくれたのです。これはそんなカモメの乱舞している漁船の次のカットです。

女からの連絡を待っている大泉さんが建物の裏手から待合室に入ってくる場面で、荷物を担いでいるエキストラの叔母さんたちが船から降りて家へ帰って行きます。街灯がともる頃の夕方で待合室には寒々しい蛍光灯が点いています。

フィルムは8573(T500)で、夕方の外光の青味を生かすため、コンバージョンフィルターの85Cを使っていて外光は青く、裸電球は赤くなるような設定にしています。レンズはツアイスの40mmです。

表の天空は1/6で、全体の印象は薄暗い日没後になっています。キーライトは画面上手の建物の裏から、ややサイド気味にあて、光量は1/3で露出計はキーライトに向けて計測してい

写真4-47

---

*44　予め仕込んだ漁船ではなかったのですが、偶然通りかかった船にカモメが群がっていたのを 監督がその場で決めたものです

写真4-48
©2011「探偵はBarにいる」製作委員会

ます。暗部は天空を生かし、ライトは当てていませんので、通常より落ち気味の1/16ですが室内のキーライトの余波を受けて、メーターの値より載っている気がします。

大泉さんが室内に入ったところから、天井に吊り下げた大きな面積の光源で創られたキーライトに切り替わります。もう少し下ろせば人物が下を向いた時に暗部にも抑えとして効いたのですが、ガラスに写りが出てきますのでこれ以上ライトを降ろせませんでした。外のライトと中のライトの光量が繋がるようにして光量的には外と同じ1/3あります。

抑えのライトは無いのですが、建物の天井には蛍光灯があちこちにありましたので、全体の抑えになっていたと思います。

(d) 夜のロケーション（写真4-51）

札幌の繁華街、ススキノの一角に車を止めての撮影で奥に見えるのがススキノです。繁華街

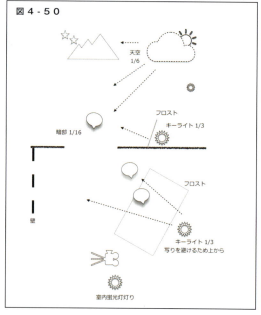

図4-50

で撮影する際には酔っ払いの野次馬に邪魔されることが多いのですが、東京の新宿や渋谷と違い札幌の野次馬は非常に協力的[45]でした。

この日だけではなく札幌は撮影がしやすい印象があります。以前、ススキノ方面を見渡す片

---

* 45　屋外は寒いので、立ち止まって見ているのは辛いのでしょう。皆すぐに立ち去って行きました

【第4章】▶ 映像表現編

写真 4-51

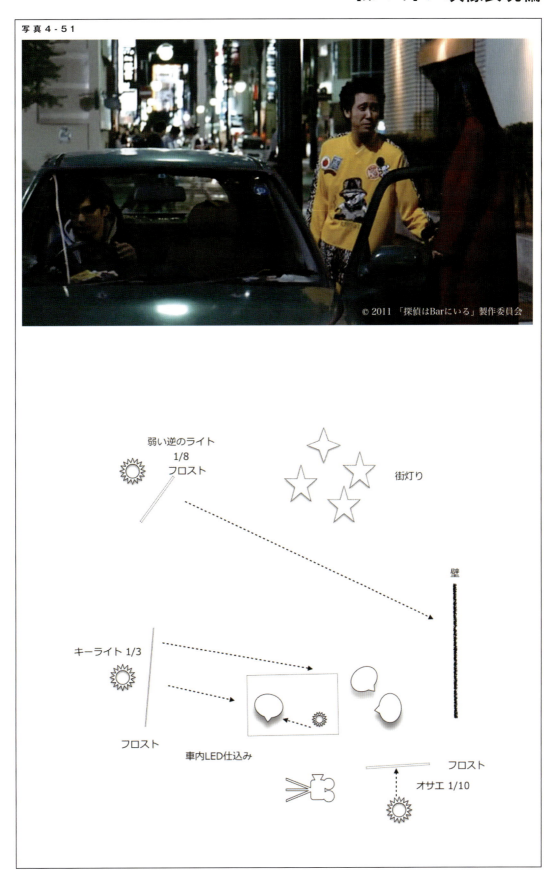

© 2011 「探偵はBarにいる」製作委員会

弱い逆のライト 1/8 フロスト

街灯り

壁

キーライト 1/3

フロスト

車内LED仕込み

フロスト

オサエ 1/10

道3車線の大通りに大クレーンを設置して、車の走りや大泉さんの歩きなどを撮影しましたが、苦情を言われることも野次馬に邪魔にされることもなくスムーズに撮影できました。

このシーンの設定は、3人が小野さんのルーツを探すために室蘭に向けて出発しようとしている所へ小野さんを探しているマネージャーがやってきて、3人が車で逃走する場面です。

フィルムは富士フイルムの8547(500T)、レンズはツアイスの50mm、フィルターは85C、絞りはT2.8です。

地明かりのある場所でしたが、周囲の街灯に水銀灯が使われていて、そのまま撮影すると蛍光灯以上に画面全体がグリーンになってしまいます。画面の上手に白いビルの壁があり、ここが一番水銀灯の影響を受けていたのですが、黒フラッグで切り、画面左奥の逆目からフロスト越しに、大泉さんと小野さんの2人に当たる位置から当てています。白い壁でしたので入射式の露出計で1/8、反射式の露出計で1/4の光量がきています。

キーライトは画面左サイドからフロスト越しの間接光で、遠目に設置したライトで範囲を作り、車と車外の大泉さんの両方を狙っています。フロスト越しですのでライトの範囲も広く取れ、全体に光が回っています。キーライトの位置によっては車にライトが映りますので、車のサイドから映らない位置を探してキーライトの位置を決めています。

光量は露出計をライトに向けて計測し、キーライトは1/3です。抑えは、広めの光源を作り車外の大泉さんの位置で光量は1/10です。車の中の松田さんにはキーライトが完全にサイド光になることもあり、車の中に仕込んだ小さなライトを強めにして1/5の光量にしています。

画面左奥の白い壁は、このショットのときは地明かりだけで明るくなっていますが、後にこの白い壁の前が芝居場になりました。ライトを上手正面から当てると地明かりとの色味が違い、ラッシュでは気になったのですが、グレーディングで色を合わせることが出来ました。全体に逆目の光が少なく、繁華街からの逆目の光をもう少し作るべきだったと反省しています。

(e) 夜のロケセット （写真4-52）

映画の撮影は場所設定が札幌でも、札幌で撮影するとは限りません。その地方で脚本のイメージの場所が見つからなかったり、俳優のスケジュールの関係で違う場所で撮影することもあります。

同じように設定が夜でも、夜に撮影するとは限らず、昼に撮影することもあります。

このシーンがそれに当てはまります。撮影場所は東京で、夜の設定なのですが窓を遮蔽し外光が入らないようにして昼間に撮影しています。

この場所は店内に沢山の装飾用のライトがあったので、そのライトを活かしながら[46]撮影しました。

このショットのキーライトは店内に備え付けてある装飾用のライトで、大泉さんと篠原さんには逆目の位置にあるライトを使い、松田さんには同じライトがサイドライトとして当たっています。それとは別に、松田さんへは顔の正面から照明用のライトでフロスト越しに光源を柔らかくして当て、光量は1/5くらいです。

大泉さんのキーライトは、露出計をライトに向けて1/2、篠原さんには完全にバックライト

---

[46] 店のライトはその時のショットによって消して撮影することが多かったと思います

【第4章】▶ 映像表現編

写真4-52

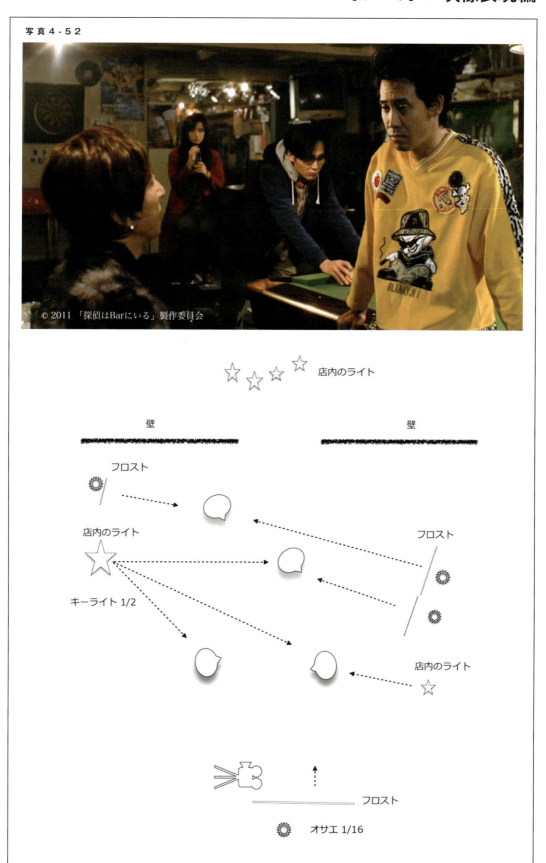

© 2011「探偵はBarにいる」製作委員会

になっていますが、1.5倍くらいの強さです。

　一番奥にいる小野さんには正面上手からフロスト越しでライトを足し、下手からきている店内のライトをフロストで弱めて上手のライトとのコントラストを作っています。この場合、ライトを計測するときは入射式の露出計の平板で全てのライトを入れた状態で計測しています。通常は顔に来ているキーライトだけとか、抑えだけで他のライトは切って計測するのですが、このような狭いロケ場所であちこちに光源がある場合は、すべてのライトのトータルの光量でバランスを取るようにしています。それぞれの光量を計測すると他のライトの影響が出てくるからです。

　抑えは、キャメラのほぼ同軸上から弱く当てていて1/16くらいで、手前の人物の暗部を少しだけ埋めています。

　店内の奥は照明用のライトは全く当てていません。この状態でライトを足すと、バックの壁の光量が上がり、電飾の感じが出ないからです。光源は暗い場所にあるから、光源と感じるのです。

　このような店内に備えつけのライトを利用した場合、人物が動くと嫌な影も一緒に動く場合が多いのですが、出来るだけ店内のライトは逆目で使うことで、人物の影が手前のキャメラ方向に流れ、画面内に被写体の影が影響しないようにしています。

　フレームギリにある店内のライトがフレアとして画面に出ていますが、このシーンにおいては画面効果として使っていて、リアルな雰囲気になっていると思います。

　こういった場所がクリアな空気感では違和感があることから、雰囲気としてディフュージョンを通常より多めに焚いています。

小樽観光船待合室

【第5章】

撮影現場

1. 撮影準備

(a) 撮影者の役割

本書では撮影者という言葉を使っていますが、日本では撮影監督やキャメラマンとも呼ばれていて、欧米ではDP (Director of Photography)、やCinematographer あるいは Lighting Cameramanなどと呼ばれていて、映像制作における技術部門を代表する責任者です。技術部門全体を統括しながら、各パートと連携して監督の望むイメージをいかにして画にしていくか、これが撮影者としての一番大切なことです。

国によっては撮影監督がキャメラをオペレート[*1]しない場合もありますが、日本では直接キャメラをオペレートしています。撮影監督は、国によって撮影のどの分野に重点を置いているのかの違いがあります。

撮影現場ではキャメラ位置の決定から露出の決定や照明、フォーカスの指示などの他、キャメラの操作を行い、それによって監督のイメージを具体化した画像を観客に提示し、狙いを伝達させることが使命になります。しかし、いくら露出やフォーカスが正確で照明が良くても、シーンやショットの狙いが表現できていなければ撮影者としての使命を果たせたことにはなりません。

それは写真や動画の映像が、人間の眼で見ていると同じようには映らないからです。人間の眼は意思を持っていて、都合よく物を大きく捉えたり、あるときは場所を広く感じたり、高い場所では恐怖を感じたりしますが、レンズを通して撮影された画像は2次元として提示されますから、3次元で見ている人間の眼と比べると違って見えるのです。

こういったことが、監督の見ている位置にキャメラを持っていき撮影したとしても、監督が持つイメージと異なることになります。

撮影者としては、現実と映像の違いを理解して監督のイメージを汲み取り、実際よりパースペクティブをつけた広角レンズを使ったり、対象物に注目させるために望遠レンズを使うなどの工夫をしながら、監督のイメージを正確に捉え、狙いを表現していくことが必要になります。

また、事前に照明部との話し合いも重要で、撮影設計を確実にしていく同僚ですから、最初に明確なルックを提示することにより、キャメラテストで確認しながら撮影や照明が果たす作品における方向性を共有しておくことです。

各パートとの連携ではセットを含め、美術デザイナーや装飾部、CGとも綿密な打合せをして、作品の意図、映像のルックを明確に伝えることが不可欠です。それにより、様々な役割を持った人たちの技術を結集することが出来るので、優れた作品に仕上がっていきます。撮影者もその中の1人であり、各パートの人達との連携をよく考えながらチームワークとして最善を尽くし、責任を果たさなければいけません。

(b) 撮影設計

撮影設計は、脚本に示された意図を汲みながら撮影者の視点で具体的に各シーンの撮影方法を準備することです。

全体的にどういったルックで統一するのかを考えることは作品の印象を左右しますので、全体の印象から考えて行きます。

明暗ではハイキー、ノーマル、ローキーなど

[*1] 米国のユニオンの作品ではキャメラ操作専門のオペレーターという職種もある

【第5章】▶ 撮影現場

が考えられますが、色調も大きな要素になります。ノーマルな感じが良いのかそれともクールやウォームでいくのか、時代感は出ているかなどシナリオから受ける印象を色調で考えることは言葉以上に印象が変わってきます。

　レンズの傾向では、まず標準レンズを決めることです。著者の場合には、内容がコメディの要素を出したい場合には35mmを標準レンズに考え、これがシリアスな内容でしたら50mmを標準レンズに選びます。そしてロケハンを重ねることにより、標準レンズから導いたワイド系や望遠系のシリーズを選んでいきます。

　絞り値も画面の印象を左右しますので撮影設計の段階で考えに入れておきます。例えばセットでT2.8位の絞りで撮影すると、被写界深度が狭いためボケの部分が多く、柔らかな印象になります。オープンではバックグラウンドが広くなりますからセットの絞りより絞り気味にしておかないと画面全体のフォーカスが甘く見えますので、撮影設計の段階で方向性を考え、キャメラテストで確認しておくことです。

　エフェクト用のフィルターも必要であれば候補のフィルターを選び、実際に撮影し、映写での効果を確認する必要があります。画面の大きさにより効果[*2]が異なって見えるからです。

　照明では照明比が作品の印象を左右しますので基本の照明比を決めることです。さらにシーンによって直接か間接照明かなど、光の質も考慮します。考えがまとまっても、ロケハンすると机上プランで終わることもありますから、プランに拘らずに修正していきます。

　狙いによっては特機を使う必要が出てきますので、別に発注する場合は、ロケハンで監督と出来るだけ詳しく打ち合わせする必要があります。例えばクレーンを使うことになれば高さの確認が必要で、それによって機種も変わって来ます。ドローンですと警察の許可を得る必要がありますから、代替案を考えておく事も忘れてはいけません。

　こうやって撮影に関する前準備を経て撮影設計の完成となりますが、撮影中にも色々な事が起こるのが映画の現場ですので、その都度最初の撮影設計に立ちもどり考えていきます。重要なことは、作品全体を考えた結果でのルックを準備しておくことで、現場でその都度考えたのでは作品の統一感が生まれません。

　さらに撮影部や照明部全体で共有しておくと、スムーズに現場が進みます。このように作品全体から考えた撮影者の構想を準備しておくことが撮影設計です。

2. ロケハン

　ロケーション・ハンティングのことを略してロケハンと呼んでいます。

　候補に挙がった場所が脚本に書かれた内容を満たしているかを選んでいく作業です。

　監督の演出プランから、候補地の地形や建物、交通状況、周囲の環境などを考慮して探します。理想の場所は簡単には見つからないことがあり、そうした場合には現在ある候補地で違う視点から撮影の方法を考えることで解決するのか、あるいは美術で何かを持ち込めば良いのかを検討します。他の候補がある場合には、そちらもロケハンして監督のプランに近い方を中心に考えます。

　いずれの場所でも、曜日や時間的な制約、交通量、近隣の状況、そして周辺の工事現場など

[*2]　画面の大きさにより見え方が変わるために確認します

の音の問題も考慮しながら検討していきます。

どうしても理想の現場が見つからない場合は、最悪シナリオを調整しなければいけないかもしれません。

撮影には、撮影現場の物理的な制約も影響します。例えば、町の全景を俯瞰で撮りたいと思っても、適当な山や展望タワーでもなければ撮影できませんので、その時は代替案としてそのショットをどう成立させるか、例えばドローンを利用するかとか、全景に変わるようなショットを撮影できる場所が探せるかということもあります。

湖や海での撮影では劇用の船の他に撮影用の舟の手配などを前もってしておかなければなりません。

ロケハンは、初めて一緒に仕事をするスタッフ[*3]と打ち解ける機会でもあります。お互いに初めての仕事ですと、気軽に話すことが難しい場合もありますが、ロケハンを重ねると一緒にいる時間も多く、徐々に監督の演出プランやロケハンで訪れたシーンでの考えを聞く機会も出て来ます。他のスタッフも同じで、ロケハン中は実際に物件を見ながら意見を交換することができますから、作品の方向性が見えてきます。こういったことの積み重ねで、映画が作られていくのです。

ロケハンは物件の検証だけではなく、こういった人間関係をまとめることもあり、この段階で監督やスタッフと打ち解けることができれば、一緒に作品を盛り上げていくことに多いに役立ちます。

アメリカではロケハンの後に、テック・スカウト（テクニカルスカウト）という作業があり、制作部と技術スタッフを中心にロケハンで決まった場所を下見して、撮影に関わる電源や車の配置などを確認する作業もあります。

過去に全くロケハンに来ない監督と仕事をする機会がありましたが、著者も含め制作部、美術部、装飾部は監督のプランがない状態で準備を続けましたが、スタッフの協力で作品が完成するということを忘れた映画の作り方でした。こういった人は監督という立場に立ってはいけないと思います。

3. 撮影スタッフ

(a) 撮影助手

映画の規模によって撮影助手の人数は増減しますが、ある程度の規模の映画は撮影技師（撮影者、キャメラマン）を筆頭に撮影助手の人数は4人[*4]くらいです。

一番経験者であるチーフ撮影助手以下、それぞれの助手には大まかな仕事の分担があります。

チーフ撮影助手の仕事は、撮影者の意図を十分に理解し、撮影者の望む表現を補佐することです。そして、撮影者が不在の場合には代行できる技術が必要です。現場での露出計測と照明部へ光量の増減の指示、ラボ、レンタル機材会社への連絡、キャメラテストの手配、Bキャメラがある場合にはBキャメラの助手の手配など、撮影するための全てにわたり準備をします。

セカンド撮影助手の仕事は、主に現場でのフォーカス送りです。撮影ではフォーカス送りは極めて重要な要素を占め、フォーカスのミスはそのショットが使用できなくなる可能性があ

---

*3 スタッフはフリーで仕事をしていることが多く、初めて一緒に仕事することが良くあります
*4 作品の予算規模によっては1人の場合もあります

【第5章】▶ 撮影現場

ります。他には、キャメラの取り扱いとレンズ交換、フィルター交換、バックグラウンドのバレの指示、ハレーションの切りの指示、マイクのバレや影が出た場合の指摘などキャメラに付属するもの全ての操作とキャメラマンの目の届かない部分、指示できない部分を代行します。

サード撮影助手の仕事は、記録メディアの交換管理、キャメラの運搬、三脚の移動、レンズボックスの移動運搬、キャメラのレベルとり、キャメラのスタートスイッチなどキャメラ周辺の仕事です。

フォース撮影助手の仕事は、撮影経験が少ないこともあり、撮影ショットの記録、ハレーション切り、機材の運搬管理を主に撮影部として仕事をスムーズにするキャメラ以外の撮影の仕事です。

インターンとして、学生が現場に参加する場合もあり、撮影助手の人数は作品によって異なりますので、あくまでも1つの例として参考にしてください。

(b) 照明部

映画の規模によって人数は変わりますが、ある程度の規模の映画では照明技師を筆頭に照明助手[*5]の人数は5人くらいです。

照明助手も撮影部と同じように、チーフと呼ばれる助手から順番に大まかな仕事の分担が決まっています。

チーフ照明助手の仕事は、照明技師から作品によって助手の人数を聞き、その必要な人数を集めます。技師からオーダーされた照明機材が揃っているかの確認と点灯チェック、新しい機材があれば使用方法などを調べます。セットやロケでの電源確保や配置、ロケセットでは搬入経路の確認など、照明技師がライティングを行うための機材、人員などを含めた照明全体を見る役目です。

そして、照明技師がロケハンや撮影現場で不在の場合は代行することもあります。

セカンドの照明助手は、現場でキーライトや抑えに使うライトを扱い、技師からの指示で主に人物周りのライティングをします。

サードの照明助手は、キャメラ周りから離れたバックグラウンドやロングのライトを作ります。

フォースの照明助手は、フロストやコンバージョンフィルターなどの管理と、フラッグやフレーム枠の管理、設置、補修など主にフィルター関係の管理です。

フィフスの照明助手はテープ、紗、黒紙などの消耗品の管理と、照明トラックからの機材の出し入れ、積み込みなどを行います。

これらの役割は会社や組によっても違うこともあり、人数自体も作品によって変わりますので、あくまで一般的な例と思って参考にしてください。

(c) 特機部

特機を使う場合に、特機のオペレーターがいつもいるとは限りません。作品の規模にもよりますが移動車とイントレだけマイクロバスに積み込み、移動車の操作を助監督チーフにお願いする場合もあります。

作品で特機のオペレーター[*6]がいる場合は、トラックに移動車、直線と円形レール、イントレ、ミニジブ、などをいつも積んでいます。作

[*5] 作品の規模により人数は変わります。米国などのシステムではギャファーにあたりますが、日本ではレフなども扱います
[*6] 米国などのシステムではグリップになりますが、照明的な仕事には参加しません

品によってはパンサーなどの電動ドリーやクレーンを積んでいることもあります。

　雨降らし、雪降らし、スモーク、風などの効果も特機の範囲で、撮影効果全般に渡っています。

4．照明機材の選択

(a) ロケーションでのライト選択
（図5-3）

　照明機材を選択する場合はまずロケーションで必要な機材を選ぶことから始めます。

　昼間に必要なことは、太陽の直射をコントロールすることで、それは光を柔らかくしたり、暗部を作ったりすることです。

　図5-3は照明機材発注表で、機材レンタル会社により多少の差がありますが、概ねこういった機材表に必要なものを記入していきます。

　機材発注表を見るとバタフライフレームの、20×20（フィート表示）、12×12、9×12などがあり、これらにシルクなどのディフューズする布を張ることで、太陽の直射を拡散して柔らげます。間接光にしたい理由と、人物への光の当たり具合が良くない場合、拡散光にすることで光の当たり具合を曖昧にしておくことが出来るからです。

　フレームが小さい場合、太陽が動くと直射の漏れが出る場合がありますので、同じような状況を持続するためには出来るだけ大きなサイズが良いのですが、風などの影響[*7]を受けることもありますから、これを保持出来る人数や機材も必要になります。このため使いやすいサイズを選び、小さめのフレーム2セット(6×6、4×4)をレンタルするという方法もあります。

　曇っている場合は、最初からディフューズされているような条件になっていますので、天空はそのまま活かし大きめのライト(12kw、6kwのHMI)で逆目かサイドからビニールやオパール越しに当てます。少し直射感を弱めて当てることで自然なライティングになり、ショットが力強くなります。しかし、大きなライトを使うと、それに必要なゼネレーターも必要となりますので、手持ちのゼネレーターで賄えるキロ数のライトを使うか、大きなライトを使いゼネレーターを呼ぶかの判断が必要です。

　ロケーションではレフ板やミラーも使いますが、天候が安定している条件で使います。雲が多く天候が安定しないようなら天気待ちになりますので、現場の進行を止めないためにはライトを使った方が良いと思います。

　寄り目のショットでは、直射は力強い印象になり、露出点を何処にするかで印象が変わります。ハイライトを飛ばし気味で撮影するか、抑え気味にするかを選択し、小さなレフ（キャッチレフ[*8]）で目にキャッチを入れるか、白のカポック反射で暗部を埋めます。ライトを使うことも考えられますが、先程述べたように天候による雲の動きで、キャッチレフを使うかライトを使うか判断し、現場の進行を円滑に進めるようにします。

(b) セットでのライトの選択
（写真5-4）

　セットでは硬い光源のライトと柔らかな光を作ることが出来るライトを準備します。セットではあらゆる光源を作ることが出来るように準備をしておくことが必要です。

　硬い光は点光源のライトで、パーライトやオープンフェイスのライトのことで

---

*7　風で吹き飛ばされることもあるので危険な場合があります
*8　30センチ四方の小さなレフ板のこと

【第5章】▶ 撮影現場

図5-3

機材表

CINERENT Japan
TEL:044-750-0612
FAX:044-750-0613
E-mail:info@cinerent.jp

PD		PM	様	連絡先		発注日 月 日
TT				準備・移動日		/
st/loc				使用日	/	~ /
LD	様	AL	様	連絡先 予備日		/

機材名	数量	予備	スクリム	コード	ショーター	サクラ	機材名	数量	機材名	数量	バタフライフレーム	数量	白	黒				
HMI 18kw							ロングエンドジョーズ		60sコード									
HMI 12kw Wエンド							エンドジョーズ		38sコード		20x20							
HMI 12kw Sエンド							ミニエンドジョーズ		22sコード		12x12							
HMI 6kw							グリップヘッド(メス)		ショートコード		9x12							
HMI 4kw							グリップヘッド(オス)				6x9							
HMI 2.5kw							シングルクランプ		ケーブルマット		6x6							
HMI 1.2kw							ダブルクランプ		スパイダーBox 大									
HMI 575w							ボックホルダー 3x6		スパイダーBox 小									
							ボックホルダー 4x8											
							カポックフォーク		100A延長コード		6フレーム		ジョイント		バタフライグリップ	12x12		
							ボードホルダー		60A延長コード		3フレーム		コーナー			20x20		
									30A延長コード			機材名	数量	機材名	数量	備考		
							ライトパイプ		2P延長コード		レフ(大)							
							28φハンガー		ドラムコード		レフ(小)							
							17φハンガー		60A Boxタップ		レフアーム							
							ワイヤー		30A Boxタップ		4x4レフ(アーム付)							
							エレンクリップ		100A⇒60A		ミラー(木枠)							
									60A⇒30A		ミラー(チビ)				ボーダーロープ(太)			
機材名	数量	予備	スクリム	コード	ショーター	サクラ			Y型プラグ						ボーダーロープ(細)			
T-24kw (200v)									メス変換(各種)		4x4ミラー(アーム付)		グリップマット					
T-12kw (200v)									工具ボックス				ブルーシート					
5kw Jr.											x フレーム		テニスボール(1set30個)			Set		
2kw Jr.									ダウントランス 3kw		x フレーム		アップルボックス			Set		
1kw Jr.									2kwフリッカーマスター		x フレーム		Full	1/2	1/4	1/8		
650w Jr.									スタンド		1kwディマー		ウエイト					
300w Jr.									ウルトラクランク				黒フラッグ(大)		2段マグライナー			
150w Jr.									シネベーター		30v 28Ahバッテリー		黒フラッグ(中)		アルミリヤカー			
									ロードランナー		30v 14Ahバッテリー		黒フラッグ(小)		台車			
									クランクスタンド		チャージャー		サバイバルセット		打ち枝		オリジナル	
									ローボーイ		Vマウントバッテリー		フィンガーセット		打ち枝(スマイラックス)		オリジナル	
											チャージャー				無線機			
											12V変換(大/小)		オートポール( )		DF-50			
									コンボトリプル		AC変換		オートポールジョイント 2m					
									コンボダブル		15kvaゼネレーター		オートポールジョイント 1.5m		キノフロ	数量	バラスト	コード	マウント
									ローコンボ		5.5kwゼネレーター		オートポールジョイント 1m					
									マスタースタンド		2.8kwゼネレーター		コーナーL					
									黒マスタースタンド		1.6kwゼネレーター							
									ハイハイローラー				アルミパイプ(綱)4m					
									ハイローラー		軽油ポリタンク		アルミパイプ(綱)3m					
											機材名		アルミパイプ(綱)2m					
									5kロースタンド		段基		アルミパイプ(細)ジョイント					
									1kプレート		イントレ枠・プレス		アルミパイプ(細)コーナー					
									ランウエイベース		キャスター				LED	数量		
									スタンドカーゴ		ジャッキ							
									センチュリーカーゴ									
									センチュリー(大)									
									センチュリー(小)									
私物カーゴ									アーム 大									
私物フラッグ									アーム 小		脚立 尺		鉄管パイプ m					
私物消耗品											脚立 尺		鉄管パイプ m					
私物カポック									ライトブーム				直交	自在				
									MJブーム		コンパネ 3x6		ラチェット		フィルターセット			

MEMO

写真 5 - 4

セットで使う色々なライト

す。基本的にセットでの硬い光は太陽を模した光で、窓外から室内への流し込みや窓外の作り込んだ風景に当てるために使うのが主な使い道です。

柔らかな光を作る場合には12×12や20×20のフレームのグリフォリンなどを張ったものにバウンスさせて使うか、また直接キノフロやLEDを使うこともあります。

セットではロケセットと違い、自然に光が回っていることはありませんから、ライトでそれらしく[*9]作る必要があります。

セットで天井が無ければ、全面にライト(スカイライト)を吊り、ほぼ均一にセットに当てます。これはアンビエンスを作るためで、スカイライト、蛍光灯などのライトでシルクなどの布ごしにセット全体を柔らかな灯りで作ります。

これが会社の事務フロアや廊下など普段から蛍光灯が沢山点いている場所ですと光を強くしてアンビエンスではなくキーライトとして使いますが、通常は殆ど光量にならない程度まで弱く作ります。セットによってはスカイライトのような吊りのライトになります。

セットに窓があれば、窓外からの流し込みが必要になり、流し込みは太陽の直射のような光で、前述したようなライトで作ります。流し込みの反対側、窓に対して流し込みの方向から90度くらいの位置の窓に弱いバウンス光(6×6)

[*9] セットではロケのように、ロケではセットのようにライティングします

を作り、室内の直射が反射したような灯りを作ります。これは直射以外の暗部を埋める目的です。白いカーテンなどがある場合には、窓全体が光源になりキーライトの役目となりますが、光量的に足りなければ方向性と光質を同じにした蛍光灯やLEDで足していきます。

窓があるセットばかりではありませんが、セットのライティングでは上部にあるバトン[*10]や二重など上からライトを当てることが多く、アルミの単管を吊ったり、心木にライトをつけたりすることが多くなりますので、細引やスーパークランプなどを多めに準備しておきます。

ライト用のフィルターも、HMIのライトとタングステンタイプのライトを混合して使う場合がありますから、色温度を変換するフィルターも準備しておきます。

繰り返しになりますが、セットでは色々な灯りを作る可能性がありますので、セット図面を見ながらライティングダイヤグラム[*11]を作り、わかりやすくすることも1つの方法です。

(c) ロケセットでのライトの選択
(写真5-5)

ロケセットでは最初に昼間の撮影に必要な機材を考えます。まずロケセットの周りを確認して、ゼネレーターの場所や、ライトを置く位置があるかを確かめます。2階以上が撮影現場になる場合は、それに伴う準備が必要で、流し込みをライト(6kw、4kw)で作る必要があるときは、イントレ、ハイライダー、リフトラ(リフト付きトラック)などを発注します。

ライトの選択はゼネレーターが呼べるかどうかで決まってきます。呼べる場合には、12kwや18kwのHMIが使えるので曇っていても晴れているようなライティングが出来ますが、呼べない場合には、最大で4kwのHMIで、薄日程度の天候を作れます。生ライトを直射として使うことは少なく、ライト前に6×6や4×4のフレームを使いビニール越しにライトを当てます。曇りの設定ですとオパールやフロスト越しの流し込みが多いですが、バウンスで作ることもあります。

室内にはキーライトの足しとして窓枠の上部からライトを当てられるように、ポールキャットや心木を利用してスーパーグリップでライトを吊ります。以前はキノフロの蛍光灯を使うことが多かったのですが、最近はLEDを使うことが多く、特にLEDのライトマット[*12]が軽くて光量もあり、こういう場合には理想的なライトです。

人物は窓辺に座っているばかりではありません。部屋の奥にいる場合もあり、その場合にはサイドからLEDなどで窓からの光のようにキーライトを作ることもあります。

ロケセットでは日没になることもあり、その時は窓にトレペを貼り、裏当て[*13]で昼間を作ることもありますから、それに対応するライトも考えておきます。

ロケセットはセットと違い、場所も狭くなりますので、出来るだけ少ないライトでライティングが出来るように考えます。例えばLEDライトでは、タングステンとデイライトの色温度が切り替えられ、同じライトが昼と夜に使えます。これは2台のライトを準備するよりはるかに効率的で、場所によっては吊ってあるライトの色温度がスイッチで切り替われば、吊ったままで使えるかもしれません。

効率だけではありませんが、以前は色温度を

---

* 10　セットの天井から昇降できるように設置してあり、ライトをつることができるバーのこと
* 11　ライトやフレームなどの場所や大きさを記した図面のこと
* 12　LED光源で多少折り曲げることができるライトのこと
* 13　カメラの反対方向からライトを当てること

写真 5-5

ロケーションでの色々なライト

スイッチで切り替えることなど考えられませんから、やはり機材の進歩によってライティングの方法も変わってきています。

LEDはAC、DCの両方で点灯できるものが多く、しかも長時間にわたって使えますから、ゼネレーターを使わないでバッテリーだけによる夜のロケーションの照明も出来る場合があり、録音部もセリフに集中出来るようになります。

204

【第5章】▶ 撮影現場

(d) グリップ機材、アクセサリーの選択
（写真5-6／写真5-7／写真5-8／写真5-9）

何処の撮影場所でもライトやフィルターなどを効率的に使うためにグリップの機材が必要です。

機材発注表を見ると細かく種類は出ていますが、この中で エンドジョウズ、スーパーグリップ、カポックホルダー、ボードホルダー、単管ホルダー、ハンガー などはよく使いますので、いずれも数個は持っていた方が良いと思います。

フレーム、フラッグ、ポールキャット なども必要に応じて[*14]数種類は持っていきます。

消耗品のピンチや黒紙、白紙、ギャファーテープ、ガムテープ、両面テープ、セロハンテープ、黒紗、黒アルミなどは買い揃えます。

以上ざっとよく使いそうなものを列記しましたが、作品によって必要なものが変わってきますので、その都度必要なものを揃えます。

写真5-6 照明助手の持ち物

写真5-7 グリップ関係が積まれたカーゴ

---

* 14　撮影場所によって必要なものが大きく変わりますので、ロケハンで何が必要なのか確認します

205

写真 5 - 8

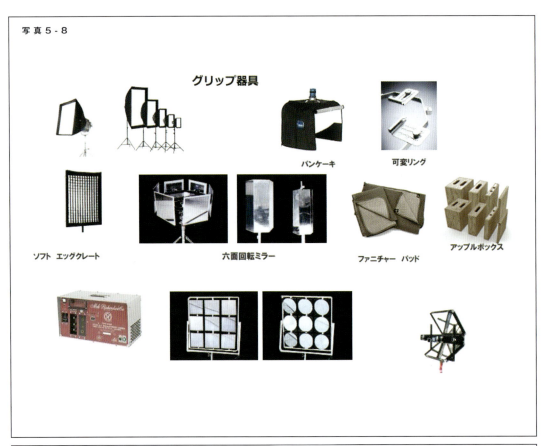

写真 5 - 9

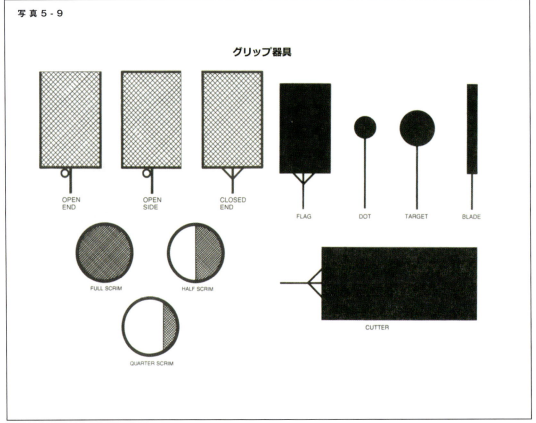

5. 東京藝大大学院映像研究科映画専攻の実習から

著者は大学院映像研究科の映画専攻で撮影照明を担当しており、今回取り上げている作例は私のゼミでの実習から選んだものです。

ゼミでは撮影技術は勿論ですが、1年次には学生に共通している未経験の映画照明を取り上げることが多く、最初のうちは手こずっていた照明機材の扱いも製作実習を積み重ねるごとに慣れて来て、卒業の頃には学生それぞれが独自にライティングを覚えて映像を作り上げていきます。

入学して来た学生に共通して言えることが幾つかあります。それは照明で言えば、正面気味からライトを当てる傾向が強いことです。バックライトを生かした明かりを作ることが少なく、フラット[*15]な印象が多いことです。陰影を考えた配光に気を遣う照明方法が少ないということです。

撮影に関しては、フォーカスを合わせる意識や技術の経験が浅いこと、プロが扱うデジタルキャメラのセンサーサイズではピンボケが多くなります。今回取り上げた作例でも、アウトフォーカスのショットが数多くあります。

そして、露出計を使っての計測の経験がほぼ未経験なことです。デジタルでは適当に計測しても、モニターには映像が映り、絞りを加減すればちゃんとした明るさになるのですから、計測に身が入らないのも分からないではありませんが、撮影には露出とフォーカスが重要な要素だということを思い返して欲しいと思います。

このような理由から、私は学生にとってモニターは弊害にしかならないと思い、実習製作では大型のモニターの使用を禁止しています[*16]。監督領域の学生がモニターの前であれこれと指示をすることも間違っていると思うからです。

取り上げた例はあくまで練習ですが、このようなイメージを作る過程を経て、学生たちが映像を創り上げていることを参考にしてください。

* 15　影の部分が少なく、陰影が少ないこと
* 16　それでもモニターを使って実習を行なっているようです

【第 5 章】▶ 撮影現場

209

(a) 作例集

　ゼミでは、学校の施設を利用して、撮影と照明機材を扱いながらショットを作り上げています。作例の課題は「歩いてくる人物を引きのショットからアップまで捉え、その中に陰影を作る」で、引きと寄りの2カットを撮影してあります。場所は自由で構内の一角です。

Aさんの作例　（写真5-19）

　1から4までは連続したショットで、5、6は寄りのショットです。

　1番の引きから移動し、部屋の中に入るところまでです。ハイライトを背負ったロングの人物はシルエットで、途中から人物の顔が見え始め、カメラ前は再び暗くなり、ドア前ではダウンライトでハイライトを受けています。

　写真では良く分かりませんが、番号の3と6はフォーカスが甘くなっています。

　歩いてくる途中の2では後ろのハイライトからの逆目の艶[*17]が欲しく、人物へのライトが画面右からきていますが、左からに変えることでそのライトが上手の柱にも少し漏れ、多少周囲の雰囲気が見えたかもしれません。キャメラ

写真5-19　　　　　　　　　　Aさんの作例

---

*17　ハイライトを背負っているのに、その方からの光が全く無いのが気になります

【第5章】▶撮影現場

写真5-20　　　　　　　　　　Cさんの作例

前の3はカメラ側から正面の抑えではなく画面下手から逆目の艶で顔を当てた方が画面に深みが出るのではないかと思います。

Cさんの作例（写真5-20）

同じ場所での撮影ですが、全体的に露出が明るく、フラットな印象です。

1の出始めだけはシルエット気味ですが、全体に逆目のライトが効いていて、柱など場所の雰囲気が逆のライトで雰囲気は良いのですが、2のトップからのタングステンタイプのダウンライト、3の正面からの抑えのライト、ドアな

ど全てが明るすぎて陰影の雰囲気[18]がありません。手前のライト位置が低いためドアに人間の影が不自然に出ていることも気になります。寄りの5と6は別カットですが、最初から最後までピンボケなので、フォーカスマンに修正を伝えなければいけません。

Mさんの作例（写真5-21）

1から3までが1つのショットで、4、5と6が寄りのショットです。

1では窓から光が差し込んでいて、キーライトの創り方は良いのですが、バックが全く照明

* 18　ライティングの方向性は良いと思いますが、光量のコントロールがうまく行ってないと思います

211

写真5-21

Mさんの作例

されていなくて暗過ぎます。このバックに2階の窓から光が漏れるようなハイライトがあるような狙いなら大変力のあるショットになったと思います。3は2から180度パンしての後姿ですが、これも暗すぎて周囲が潰れて[19]いて見えません。人物にもサイドからの光や、奥のハイライトから逆目のライトがあれば良いショットになると思いますが、現状ではただ暗いだけに終わっています。

4、5、6の寄り目のショットは、やはりライトが足りていません。ほとんどの人物ショットは正面の余波しかありませんので、これにバックライトの艶があれば良かったと思います。もしくはバックグラウンドにライトを当て少し持ち上げるか、ハイライトを少し作っておけばよかったと思います。フォーカスも比較的にあっている方ですが、所々ピントが甘いところもありました。

Rさんの作例 （写真5-22）

全体的に明るく撮影されていて、歩いてくる人物もトップからの灯で平均に当たっていま

---

[19] 黒の部分の陰影がないこと

【第5章】▶撮影現場

す。陰影をつけるという課題からはずれています。3のカメラ前が特に明るくフラットな印象です。1、2、4、5の画面下手の柱は逆のライトの光量を落とすか、少しトップの漏れ切り[20]をすれば、これほど明るくはならずに済んだと思います。寄りのショットも構図的には落ち着いていますが、引きの画と比べるとハイの部分が画面から切れたので暗く感じます。少し絞りを開けてもよかったかもしれません。フォーカスは手前だけが甘かったです。全体的に明るい印象のため、映像としての深みにかけ、もう少し冒険をしてもよかったと思います。

Sさんの作例（写真5-23）

ハイを一切無くした例で、陰影のバランスがうまく取れています。

1では画面下手が完全に黒になっていて、観客の目[21]を奥に注目させています。

画面1、2では奥の逆目の灯りで人物と柱を良い角度で当てられていて、人物はシルエットですが歩いてくるに従ってトップからのライトが丁度良い明るさで人物に当たってきています。3のカメラ前に来ると人物の光量は落としてありますが、左からのキーライトが人物に対してサイドで当たり、抑えのライトが無いの

写真5-22　　　　Rさんの作例

---

* 20　ライティングで必要でない部分へ当たっている光を切ること
* 21　見せるべきところと見せなくて良い部分が照明で活かされていると思います

213

写真5-23　　　　　　　　　　Sさんの作例

も陰影を作っています。
　ドア前も逆目のトップから人物に当てられ、嫌な影もありません。引きの絵は上手くできていると思います。欲をいえば1本目と2本目の柱の光量が違いすぎますので、もう少し差が少ない方が自然になると思います。さらに1本目の柱の上部をもう少し暗めにした方が良いと思います。寄りのショットも、サイズ、構図ともバランスが良く、陰影のバランスとその明るさもこの画面の雰囲気に合っています。

Tさんの作例　（写真5-24）
　引きの絵として1、2、3は強さがあります。残念なのは玄関上のアーチの部分が強過ぎて強弱のバランスが悪くなっていることです。2の画面では、窓からの艶もなくサイドからも人物に当てるライトが無いのが残念で、窓の近くの人物が光量的に落ち込んでいるのが気になります。

　3でも抑え的な正面のライトで人物を当てていますが、キーライトであるはずの窓や玄関からの逆目の光が一切ありません。4、5の寄りのショットでも同じようにキーライト側からのライトがないために、人物が落ち込んでいるのが気になります。引きの画面が良いだけに人物へのキーライトを忘れては困ります。

Fさんの作例　（写真5-25）
　全体の明るさは人物の陰影も含めて丁度良いバランスだと思います。ただ、1から4まで画面中央の壁が明る過ぎて気になります。
　この場合、人物へのライトを左から当てる工夫をすべきだと思います。ジブを使っていますから、人物が近くに来た場合はカメラの位置を人物の目高位に下げれば、人物に注目させられたように思います。2、3での人物の通過は逆のライトがあり、バックグラウンドのハイを

【第5章】▶ 撮影現場

写真5-24　Tさんの作例

写真5-25　Fさんの作例

写真5-26　　　　　　　　　　　　　Kさんの作例

背負っている感じが出ています。

4のショットでは下手からのライトが強すぎますので少し弱くてもよかったと思います。

フォーカスが甘いのが気になり、寄りのショットに至ってはピントが合っている場所が全くありません。フォーカスを担当した人はもう少し練習をして欲しいものです。

Kさんの作例（写真5-26）

表を考慮した露出点[*22]になっていて、暗い建物に入ってきた雰囲気をうまく出していると思います。1、2の柱は丁度良い明るさで、下手側の壁はしっかりと潰れています。2の人物の通過では、逆のライトが当たり表情もわかります。残念なのはキャメラ前の人物が分かりづらく、下手からサイド目や逆目の光があってもよかったと思います。寄りのショットの陰影のバランスも良く、フォーカスも良いです。全体に渋い感じがよく出ていると思います。

撮影直後に、ここで述べたようなことを講評しているのですが、学生の照明に感心することもあり、毎回楽しみにしています。

[*22] 室内も外も描写できている点で、どこを露出の基準にするのかが明確だと思います

索　引

あ

ISO 感度 …………………………53
朝のイメージ …………………171
アナログ映像とデジタル映像 ………27
アナログからデジタルへの変換……28
アベイラブル・ライティング ……160

い

移動車……………………………165
EV 値 ……………………………49
イマジナリーラインの理解…………85
色……………………………………23
色の表示…………………………25
色収差……………………………133
色温度……………………………18
色温度計(カラーメーター)………20
色温度の設定……………………19
色温度変換用フィルター…………140
色温度補正フィルター……………119
インターレスとプログレッシブ……36
イントレ…………………………167
印象的なイメージ………………171

う

動く光によるライティング…………162

え

映画のアスペクト比………………78
映画撮影の基礎的パターン…………90
映像機器の変遷……………………10
映像の基礎知識……………………78
HMI ライト ………………………66
SD カード ………………………43
LED ライト ………………………66
ND フィルター …………………116
エフェクトテスト…………………105
エフェクトフィルター……………118

お

オートフォーカス誤作動……………150
オート露出と露出補正 ……………54

か

解像度 …………………………… 122
階調 ……………………………… 123
加法原色と減法原色 ……………… 24
各社のログカーブの比較 ……… 114
過焦点距離 ………………………… 63
カットの種類 ……………………… 82
画面サイズ ………………………… 81
画面サイズの決定 ………………… 94
画面サイズの種類 ………………… 81
カラーコンバージョンフィルター…119
間接照明 ………………………… 139
ガンマ ……………………………… 35

き

キーライト ………………………… 71
機材チェック ……………………… 96
機材の変遷 ………………………… 10
基礎知識編 ………………………… 13
キネコとフィルムレコーディング…80
カメラテスト …………………… 105
キャメラの選択 …………………… 94
キャメラフィルター …………… 115
基本的な構図 …………………… 124
記録モードの選び方 ……………… 44

く

クランクイン …………………… 153
クレーン ………………………… 164

黒つぶれ ………………………… 150
グリップ機材、アクセサリーの選択…205

け

蛍光灯補正フィルター ………… 142
蛍光灯ライト ……………………… 67
計測する …………………………… 50
ゲインアップノイズ …………… 149
劇映画の撮影 …………………… 152
劇映画の注意事項 ……………… 156
劇映画のフォーカス送り ……… 155
劇映画の露出計測 ……………… 154

こ

光源の色分布と演色性 …………… 68
光質 ………………………………… 70
光質のコントロール …………… 137
光色 ………………………………… 70
光量 ………………………………… 70
光量変換用フィルター ………… 141
駒落としと微速度撮影(タイムプラス)
 …………………………………… 177
コンパクトフラッシュカード …… 44
コンピューター処理 ……………… 28

さ

ザイデルの5収差 ……………… 128
作例集 …………………………… 210
撮影前の機材チェック ………… 152

撮影後の機材手入れ……………158
撮影者の役割……………………196
撮影設計…………………………196
撮影スタッフ……………………198
撮影助手…………………………198
撮影素子(センサー)……………29
撮影現場…………………………195
撮影時のトラブル………………149
3灯照明……………………71,158
三原色と補色……………………24

し

CCフィルター…………………119
紫外線……………………………15
時間帯、季節感の表現…………142
色彩効果用フィルター…………141
色彩………………………………23
照明………………………………64
照明機材の選択…………………200
照明光の4要素…………………70
照明比……………………………75
照明比と画面の印象……………75
照明部……………………………199
照明用フィルター………………140
ショットの種類…………………84
小絞りボケ………………………149
絞り値とシャッタースピード…51
焦点距離…………………………60
焦点深度、被写界震度を決める3つの要素
　………………………………60
白黒フィルター…………………121

白トビ……………………………149
人物へのキーライト……………73
人物のテスト……………………102

す

ズームアップ、ズームバック…92
ステディカム……………………168
スプリット………………………75

せ

赤外線……………………………16
セットでのライトの選択………200
ゼブラパターン…………………38
センサーのサイズと画素数……34
全体のルックを決める…………94

そ

総画素数と有効画素数…………34
ソース・ライティング…………159
その他の特機……………………169
その他のライトの種類…………72

た

ダイナミックレンジ……………100
タングステンライト……………68
「探偵はBarにいる」の撮影と照明
　………………………………185

219

ち

「中学生円山」における微速度撮影…184
直接照明……………………………137

て

ティルト………………………………91
適正露出とアンダー、オーバー露出…55
デジタル圧縮…………………………31
デジタルキャメラの規格……………33
デジタルキャメラの構造……………30
デジタル撮影…………………………33
デジタル撮影の画像………………122
手ブレ………………………………150
手持ち…………………………………93
テレシネ変換とフィルムスキャン…79

と

動画における構図…………………127
動画の構図…………………………124
東京藝大大学院映像研究科
映画専攻の実習から………………207
特機…………………………………163
特殊なレンズ…………………………59
トラックアップ、トラックバック…92
ドリー………………………………165
ドロップフレームとノンドロップフレーム
　…………………………………37

に

ニーとニー・アパチャー……………39
入射式露出計…………………………46
日常から学ぶ灯り…………………171

は

ハイキートーン………………………76
ハイスピード撮影…………………182
ハイスピード撮影と微速度撮影…177
波形モニター………………………146
バタフライ……………………………75
バックライト…………………………71
パン……………………………………91
反射素材………………………………65
反射鏡面の形状と反射光……………65

ひ

ピーキング……………………………38
光……………………………………14
光と可視光線…………………………15
光の特性………………………………14
ピクチャープロファイル……………41
ヒストグラム………………………147
微速度撮影の方法と考え方………180
微速度撮影の計算…………………181
昼のイメージ………………………172
昼間のロケセット…………………185
昼間のロケーション………………187

標準レンズ、広角レンズ、望遠レンズ
……………………………58
ピン打ち……………………………99

ふ

フォーカスイン、フォーカスアウト…93
フォロー……………………………93
フィックス…………………………90
フィルムからデジタルカメラへ……10
フィルライト………………………72
プラクティカル・ライティング……161
ブラックガンマとブラックレベル…41
フラッシュバンド…………………149
フリッカー現象……………………149
フレームテスト……………………96
フレームイン、フレームアウト……93
ブロードライティング………………73
ブロックノイズ……………………149

へ

ベクトルスコープ…………………147
偏光フィルター……………………117

ほ

方向性………………………………70
ホワイトバランス…………………20

み

ミニジブ……………………………167
ミレッド値…………………………22

も

モチベーテッド・ライティング…162
モニター……………………………145
モニターの役割……………………145
モビ、ローニン……………………168

ゆ

夕方のイメージ……………………173
夕方のロケセット…………………189

よ

夜のイメージ………………………175
夜のロケーション…………………190
夜のロケセット……………………192

ら

ライティングの様々な考え方……158

り

リモートヘッド……………………164
輪郭補正……………………………40

221

る

ループ…………………………74
Lut(Look up table)……………113

れ

レンズ……………………………56
レンズの画角変化………………57
レンズの基礎知識………………56
レンズの構成……………………135
レンズの選択……………………97
レンズの収差……………………128
レンズ補正不対応………………150
レンブラント……………………73

ろ

Rawでの撮影……………………115
ローキートーン…………………75
ローリングシャッター現象………149
ロケーションでのライト選択……200
ロケハン…………………………197
ロケセットでのライトの選択……203
Log（ログ）の撮影………………109
露出計……………………………45
露出計と18％グレー……………45
露出とイメージコントロール………51
露出を決める3つの要素…………51

【参考文献】

プロフェッショナル撮影技法	ブライアン・ブラウン著　フィルムアート社
映画技法完全レファレンス	ジェレミー・ビンヤード著　フィルムアート社
CMムービー撮影の基礎知識	野本康夫著　玄光社
映画の教科書	ジェイムズ・モナコ著　フィルムアート社
映像プロフェッショナル入門	安藤紘平著　フィルムアート社
filmmaker's eye	グスタボ・メルカード著　ボーンデジタル
Practical Cinematography	Paul Wheeler 著　Focal Press
照明基礎	Chuck Gloman/Tom Letourneau　ボーンデジタル
アナログ基礎講座Ⅰ	古賀信明著　スペシャルエフエックススタジオ
映画撮影技術ハンドブック	白井茂／山本豊孝／八木信忠／広沢文則　写真工業出版
デジタルシネマ	デジタルシネマ研究会 著　米田出版
フィルムメーキング	ほしのあきら著　フィルムアート社
構図完全マスター	益子広司／内田一夫　玄光社
映画製作のすべて	八木信忠／広沢文則／高野徹／新井靖久／山田顕喜／橋本勝次
	宮崎正弘／宮沢誠一／川又昂　写真工業出版
マスターズオブライト	デニス・シェーファー／ラリー・サルヴァート　フィルムアート社
The Lens in Action	Sidney Ray 著　HASTING SHOUSE, PUBLISHERS
レンズデザインガイド	高野栄一著　写真工業出版
ビデオ技術の全て	原田益水 著　電波新聞社
新ビデオ技術ハンドブック	グループU著　持木一明監修　電波新聞社
ビデオα新ビデオ技術マニュアル	写真工業出版
最新MPEG教科書	
マルチメディア通信研究会編	藤原洋監修　アスキー
映画表現の教科書	ジェニファー・ヴァン・シル　フィルムアート社

【協力】

(株)シグマ
マップカメラ
中西光夫
(株)ナックイメージテクノロジー
シネレント　ジャパン
ヒコーキ・フィルムズ インターナショナル
東映(株)
ソニーイメージングプロダクツ&ソリューションズ株式会社
TVLogic (Vidente Co., Ltd.)
(株)NKL
石川幸宏（HOT SHOT）
吉角荘介、西山太郎
新島克則、福澤勝広、佐藤昌道
佐藤良樹、油淺頌子
東京藝術大学大学院映像研究科映画専攻 第14期
　大迫秀仁、黄李清、Kang Hyonho、白川幸彦
東京藝術大学大学院映像研究科映画専攻 第15期
　藤田恵実、Muqeddes Muxter、Sybilla Schwaerzler、祝立志、母必成、高橋真実、李少庭、安震寧

【プロフィール】

撮影｜田中一成

鳥取県出身。横浜放送映画専門学院（現日本映画大学）卒業後、フリーの撮影助手として映画、テレビの撮影に携わる。1994年度文化庁芸術家在外研修員として米国、オーストラリアで研修を積む。主な担当作品は『探偵はBARにいる』（11〜17）シリーズ、三池崇史監督作『極道恐怖大劇場　牛頭GOZU』（03）、『ゼブラーマン』（04）、宮藤官九郎監督作『少年メリケンサック』（09）、『中学生円山』（14）、『R100』（13／監督：松本人志）など、テレビドラマ、Vシネマ多数。日本映画撮影監督協会理事。元東京藝術大学大学院映像研究科教授。

デジタル撮影技術完全ブック

発行日　2019年12月30日　第一刷発行
　　　　2024年 3 月22日　第四刷発行
著　者　田中一成
発　行　東京藝術大学出版会
　　　　〒110-8714　東京都台東区上野公園 12-8
　　　　TEL 050-5525-2026
　　　　FAX 03-5685-7760
　　　　URL　https://www.geidai.ac.jp/

表紙及び中ページ原画　　　田中盛栄
編　　　集　　　　　　　　(有)カワイオフィス
編　集　協　力　　　　　　小澤良造
表紙本文デザイン&DTP　　 藤井国敏（office push）
印　刷　・　製　本　　　　三共グラフィック株式会社

※定価はカバーに表示してあります。
乱丁・落丁本はお取替えいたします。
本書の無断転載を禁じます。

©Kazushige Tanaka 2019 TOKYO GEIDAI PRESS
Printed in Japan